WikiLeaks

Julian Paul Assange

维基黑客
阿桑奇

世界上知道秘密最多的人

王永忠 著

重庆出版集团 重庆出版社

图书在版编目(CIP)数据

维基黑客阿桑奇 / 王永忠著. -- 重庆：重庆出版社, 2011.7
ISBN 978-7-229-04249-3

Ⅰ.①黑… Ⅱ.①王… Ⅲ.①阿桑奇，J.P.-传记
Ⅳ.①K836.116.16

中国版本图书馆CIP数据核字(2011)第115609号

维基黑客阿桑奇
WEI JI HEI KE A SANG QI

王永忠 著

出 版 人：时代书苑
策　　划：华章同人
特约策划：阮　芳
责任编辑：王　水
特约编辑：孟繁强
封面设计：私制设计

重庆出版集团
重庆出版社 出版
(重庆长江二路205号)
北京玥实印刷有限公司　印刷
重庆出版集团图书发行公司　　发行
邮购电话：010-65584936
E-MAIL: haiwaibu007@163.com
全国新华书店经销
开本：710mm×1000mm　1/16　印张：14.25　字数：162千字
2011年8月第1版　2011年8月第1次印刷
定价：24.00元
如有印装质量问题，请致电023-68706683
版权所有，侵权必究

WIKILEAKS维基黑客阿桑奇

目 录

◎第一章 动荡不安的身世 /1

◎第二章 辍学的黑客青年 /13

◎第三章 创立维基解密 /36

◎第四章 真相斗士与维基解密哲学 /65

·1·

维基黑客阿桑奇WIKILEAKS

目 录

◎第五章 泄露美国的军事与外交文件 /86

◎第六章 性侵丑闻与对簿公堂 /124

◎第七章 支持与反对 /156

◎第八章 阿桑奇启示录 /196

◎ 第一章

动荡不安的身世

阿桑奇被人们称为"黑客罗宾汉"(the Robin Hood of hacking),就连著名的《时代周刊》(2010年7月26日)刊登的一篇介绍他的文章《维基解密创始人朱利安·阿桑奇》(*Wiki Leaks Founder Julian Assange*)也用这个绰号。这篇文章对阿桑奇的简介,非但没有消除阿桑奇身上的神秘光环,反而勾起了全球读者对他的更大兴趣。该文的作者伊本·哈雷尔(Eben Harrell)写道:"作为维基解密的创始人和公众形象,该网站致力于将机密文件和信息曝露在公共领域,朱利安·阿桑奇相信完全透明化对于所有人都是好的。但是阿桑奇——据说过着四处漂泊的生活,背着一个背包和笔记本电脑浪迹天涯——自己却是一个迷雾重重的人物。

他的生平鲜为人知：他在一次采访中拒绝确认自己的年龄或给出一个固定的地址。但是在2010年7月26日，这位受过数学训练的澳大利亚人通过将90000件美国军方的阿富汗战争记录文件公开，从而改变了媒体的图景，也可能改变了历史的进程。"

阿桑奇本人就是一个谜。他个人的职业和身份很难确定：黑客、CEO、社会运动家、强奸犯、作家、自由斗士，似乎都是又似乎都不是，他或许是黑客中最有文采的；记者中电脑技术最纯熟的；作家中最隐匿的；社会活动家中最好色的（或性能力强的）；强奸犯中智商最高的（或受害者最喜欢的，也许他创办的维基解密强奸的是美国正义的形象）；自由斗士中敌人最强大的（单枪匹马与整个五角大楼和美国官方为敌）。"成年的阿桑奇变成了一个变形人（shape-shifter）：不断地变换发型，穿别人的衣服。今天，他还是一名英国乡村的绅士；明天，他就变成了一个冰岛渔夫；或者一位老太太。甚至他在维基解密中的角色也不清楚。他是一名揭秘者、一位出版商、一位记者还是一位活动家？当表演完了以后，他就会继续变下去。"他向来独来独往，行踪诡异，不时出现在网络的江湖和媒体的聚光灯下，似乎没有人知道他来自何方，又将去往何处。在曝光之前，人们对他的身世也所知甚少。

《纽约客》杂志（2010年6月7日）的记者拉菲·卡查杜里安（Raffi Khatchadourian）追踪阿桑奇的行踪，在冰岛对他进行了深度采访，发表了题为《没有秘密——朱利安·阿桑奇为了完全透明化的使命》（*No Secrets:Julian Assange's mission for total transparency*，以下简称《没有秘密》）的文章，成为报道阿桑奇生平事迹较为权威的资料。早在1997年，阿桑奇就与作家赛利特·德雷福斯（Suelette Dreyfus）合著过一本书，题为《地下：黑客与疯狂的传奇及对电子前沿的痴迷》（以下简称《地下》），该书几乎成为澳大利亚黑客发展史的经典之作，同时也提供了这位化名"Mendax"的黑客（阿桑奇本人）的成长史和黑客生涯的第一手资料。而今年（2011年），阿桑奇将会出版自己的传记，题目为《维基解密对世界：阿桑奇的故事》，人们期待此书会让人们更多地认识这位传奇人物。此外，自从2010年，维基解密渐渐浮出水面成为世界各主流媒体争相报道的最具吸引力的非官方组织以来，《纽约时报》就在报道中不遗余力地追逐事件的进展。2011年初，一本由亚历山大·斯塔尔（Alexander Star）主编的新书《公开的秘密：维基解密、战争与美国外交》（以下简称《公开的秘密》）与观众见面，将维基解密与美国的对抗进行了细致入微的披露，同时提供了媒体、学者、美国官员、国际人士等对阿桑奇的各种观点和言论。安德鲁·福勒的新作《世界上最危险的人》（2011年）是由阿桑奇的母校（未毕业）澳大利亚的墨尔本大学出版社出版的一本有关他的传记，文笔流畅，颇具可读性。随着阿桑奇涉嫌的性侵案发展的深入和维基解密进一步的揭秘行动，阿桑奇和维基解密的命运一定会越来越吸引世界媒体和公众的眼球。

据《没有秘密》一文称，阿桑奇的名字来源于"阿桑（Ah Sang）"，或者"桑先生"（Mr.Sang），是一位中国移民，18世纪上半叶来到澳洲，在澳洲沿岸的星期四岛（Thursday Island）上定居下来，他的后裔后来迁往澳洲大陆定居。阿桑奇是继父的姓，因而，他其实并没有所谓的中国血统。为了寻找更多的土地，阿桑奇的母系祖先在19世纪中叶从苏格兰和爱尔兰移民来到了澳大利亚。阿桑奇怀疑（只是半开玩笑），他那么喜欢漂泊不定的生活应该是遗传的。他的电话和E-mail邮箱地址从来就不是固定的，他的"神龙见首不见尾"的作风以及"不识庐山真面目"的身世常常把他周围的人弄得抓狂。

阿桑奇于1971年7月3日出生在澳大利亚昆士兰州东北海岸的

汤斯维尔（Townsville），母亲克里斯汀（Christine），其生父是约翰·西普顿（John Shipton）。《地下》一书以半传记的形式提到了阿桑奇自己的母亲和童年生活。阿桑奇自由自在、无拘无束的天性多半来自母亲的遗传和身教。阿桑奇的母亲克里斯汀颇有绘画艺术气质，尽管她是一名新教教徒，但她本性中的叛逆（新教 Protestantism，一词就有抗议的意思）成分远远大于基督教所教导的顺服。克里斯汀的父亲沃伦·霍金斯先生是一位学院院长，无论在学校还是在家中都是一位严格的循规蹈矩者。一位回忆起他的人评价他是一个"彻头彻尾的传统主义者"。克里斯汀 17 岁的时候，靠卖画赚来的钱买了一辆摩托车、一顶帐篷和一本澳大利亚公路地图。然后她烧掉了她的所有课本，向不知所措的父母说了声再见，就义无反顾地离开了自己在昆士兰的家，驶入了日落之处。她骑着一辆摩托车狂奔 2000 多公里，来到悉尼，在那里的"反主流文化社区"（当时，欧美澳洲各地此类嬉皮士的社区非常流行）作为一名艺术家谋生。克里斯汀在一场反对越南战争的示威游行中爱上了一位同样具有反叛气质的青年，1971 年，他们生下了阿桑奇。

在阿桑奇还不到一岁的时候，他的母亲和生父的关系终结了。在他两岁的时候，母亲与另外一名艺术家——戏剧导演布莱特·阿桑奇（Brett Assange）结婚，小阿桑奇的姓即从继父得来。他们有两个住处，一处是位于新南威尔士州的拜伦湾，一个海边的社区；还有一处就是磁岛，一组礁石组成的岛屿，当年航海家库克船长航行到此，认为这个岛屿上的礁石具有某种磁性，让他的指南针发生偏移，无法准确识别，因此取名磁岛。据阿桑奇的回忆，接下来的 70 年代是颠沛流离的动荡年代，他的父母追逐着左翼波西米亚式的亚文化，反战、反主流、性解放。母亲与继父运营一家巡回剧团，四处奔波。作为一个小男孩，他身边总是围绕着各式各样的艺术家。

他的继父负责戏剧的舞台和导演，而母亲则负责化妆、服装和布景。

《地下》一书提到，在他4岁的时候，一天晚上，在阿德莱德，他的母亲和一位朋友从一场反核示威集会上回来，这位朋友声称掌握了科学证据，显示英国人在位于南澳大利亚西北的一片沙漠马拉林加（Maralinga）进行了高当量的地上核试验。便衣警察随后不久就把她带走了，搜查了她的汽车，并要她说出她的朋友的去向以及集会上所发生的事情。当她表现得不那么合作的时候，一位警官对她说："你有一个儿子，凌晨两点钟跑了出来。女士，我认为你最好远离政治。可以这么说，你不是一个称职的母亲。"在这个欲盖弥彰的威胁之后几天，阿桑奇母亲的那位朋友在她家中出现了，浑身青一块紫一块。他说警察修理了他，在对他再三警告之后，放了他。他宣布："我要退出政治了。"此后，母亲和继父继续他们的剧团的巡回演出。尽管阿桑奇从小就跟着剧团走南闯北，但他从来没有想过要子承父业加入这个剧团。在阿桑奇9岁生日后不久，母亲再次离异。

阿桑奇的童年主要在邻近的磁岛上度过。关于磁岛岁月，阿桑奇的母亲克里斯汀在2009年9月28日发表的一篇杂志文章中写道："我的名字叫阿桑奇。我在磁岛上住过三次。1971年，作为一位带着一个婴儿的单身母亲，我在野餐海湾以每周12澳元的租金租下了一处海边小屋。它现在还在这里。它有一个绿色的水泥地板，从地板到天花板有木制的百叶窗，中间有一个螺旋形柱子插进地板。它还在阿尔泰亚。我平时和岛上其他的妈妈们一样，就穿着比基尼，带着我的娃娃，过着'返璞归真'的生活。我曾经捡到过一枚白色宝贝贝壳。老派特，一位年长的绅士，将诺比斯海德兰的地以500澳元的价格租了出去，为期10年，自己住在一幢破旧的石头房子里，常常每周请我们过去喝一次下午茶。他退休前是一位大厨，总是穿着一件狩猎夹克。兜里总是鼓鼓囊囊塞满了从大陆弄来的给我们吃的各种美味，简直太棒了。1976年，和新夫再次回到了岛上。我们住在马蹄湾，一处被废弃的旧菠萝农场。我们用斧子把门前清理出一条道路。我射杀了一条太班蛇，就在儿子床边的水箱里。我们不得不在天花板上挂一些水果以防负鼠。"后来，他们在磁岛上的房子遭遇了火灾，烧成了一片废墟，克里斯汀储存在家中用来打蛇的步枪子弹像放爆竹一样劈啪作响。克里斯汀继续写道："再次回到岛上是1982年，又有了一个小孩。住在野餐海湾空地的一所公寓里。再一次回到岛上的时候，我已经当祖母了，和另外一名长时间相处的男友，只住了两个星期，——却依然热爱着这座岛。"

其他人的回忆印证了阿桑奇的母亲的回忆。乔治·赫斯特（George Hirst），在线报纸《磁岛时报》的编辑，回忆说，20世纪70年代，这座岛就像一块磁石一样吸引着形形色色的离经叛道者和嬉皮士，"对一些人而言，就像是一个避难所……一个当你在别的地方无处容身的时候想去的地方"。一位49岁的岛上居民罗尔斯·达利斯顿（Royce Dalliston）记起了小阿桑奇和他"隐姓埋名"的母亲克里斯汀。"他时常在榕树的树荫下画一些画，"达利斯顿回忆说，"她穿着绿色的比基尼，戴着的一顶帽子是用椰子树叶做成的。他（小朱利安）是一个安静的孩子……一个骨瘦如柴、金发碧眼的小孩，相当内向。"

由于父母的忙碌以及母亲赋予的秉性中的自由，阿桑奇的童年时光充满着冒险尝试和无拘无束的简单快乐。他对记者说："我童年的大部分时光都像是汤姆·索亚。我拥有自己的马，我建造了自己的木筏，我去钓鱼，我爬进我自己的井穴和隧道中去玩。"阿桑奇以前的同学和玩伴尼杰尔·扫默维尔（Nigel Somervill）说，阿桑奇家的窗户上"总是挂满了各式各样的玩偶。他妈妈非常有艺术气质。她给我做了一只风筝，我珍藏了多年。它色彩非常鲜艳，上面有大眼睛，还有很多颜色，橙色、红色和蓝色"。小阿桑奇和玩伴们会把晶体管收音机拆开来玩，还玩比试谁砸东西厉害。

在阿桑奇的回忆中，继父布莱特·阿桑奇是一位好父亲，就是有点酗酒。布莱特在2010年12月9日接受澳大利亚电视台的采访时，回忆了朱利安小时候的事情以及他的性格特征。布莱特称他是一个"非常有洞察力的孩子"，"对自己非常、非常有自信"，并且"是非分明"，布莱特回忆说，"他总是站在弱者一边，例如对待自己的同学。他总是对那些合起伙来欺负别人的人感到非常愤怒。同时他也很有幽默感。他一向有点老于世故，不仅就他的幽默感而言，还有他看待世界的方式"。布莱特还谈到了有一次朱利安从树上跌了下来，"他从树上掉下来，摔伤了胳膊，我记得他躺在地上，显然摔得很疼。但他没有哭，或者大喊大叫啥的，你知道，他不想表现，他不想表露出他的情感"。对于朱利安的所作所为，老布莱特丝毫都不感到惊奇，"很奇怪，我一直都认为他会做出这样的事情。他从来就非常独立，为了找到一个答案，他一定会打破沙锅问到底"。老布莱特表示非常支持朱利安，"我想让他知道，我全心全意地支持他所做的任何事情"。

1979年，阿桑奇的父母离异，母亲再嫁给一位据称与邪教的新潮生活组织有关系的业余音乐家凯思·汉密尔顿（Keith Hamilton）。后来当阿桑奇被问到这段经历时，他说有证据表明那个男人属于某个组织，其信条为"隐形、无闻、死寂"。这个臭名昭著的组织的首领是凯思的母亲安娜汉密尔顿-比尔纳（Anna Hamilton-Byrne），一名瑜伽教练，但她让那些中产阶级信徒相信她是耶稣的转世轮回。该教还从事收养婴儿的活动，动机不明。他们向那些十几岁的单亲母亲把小孩要过去，然后同那些"阿姨们"住在一个周围围着铁丝网的一幢与世隔绝的房子里。通过一种奇怪的方式培养他们，谁也不知道发生了什么，最多的时候，孩子数量达到了28名，里面常常传出打骂声。两人有一个儿子，但他们的关系并不融洽，时常伴随着剧烈的争吵。阿桑奇很怕那个男人，因为他控制欲极强，并且有着严重的暴力倾向。"他的钱包里放着5张身份证件，从国籍到出生日期的所有身份背景几乎都是伪造的。"

1982年，母亲再次离异，据她说那位音乐家成了瘾君子。母亲与阿桑奇的第二位继父在两人的儿子、阿桑奇同母异父弟弟的抚养权上产生纠纷，母亲感到恐惧，害怕凯思和那个组织遍及澳洲各地的信徒会抢走自己的儿子。阿桑奇回忆母亲当时对他们说："现在，我们要消逝。"于是，阿桑奇的母亲带着阿桑奇与他的弟弟开始了长达5年的逃亡生活。不过阿桑奇认为这次的流离失所的生活经历有别于以前的那种随遇而安的奥德赛式的流浪生活，这次，母亲带着他们东躲西藏显然是为了逃避那个男人的施暴。从11岁到15岁这段少年时光的"玩失踪"生涯对阿桑奇日后的亡命天涯经历一定产生了巨大影响。到阿桑奇15岁的时候，他已经在十几个地方居住过，包括佩斯、磁岛、布里斯班、汤斯维尔、阿德莱德山以及新南威尔士州和西澳大利亚的一串沿海的城镇，同时，注册过同样多的学校。最后，在使用了各种化名在澳洲各地躲藏了很长时间之后，16岁的时候，母亲带着他和弟弟终于在墨尔本郊区的埃莫莱德（Emerald）安顿下来了，但对于这个年龄的一名头脑灵光的男孩来说，这个小地方简直闷死了。

早在1980年代初，朱利安曾经在新南威尔士州北部的里斯莫尔（Lismore）小镇居住过。居民们还记得他那行为怪异的母亲。他在邻近的古尔曼伽尔村（Goolmangar）的一所小学就读，朱利安就努力融入他的同学中去，他们大部分是奶牛农场主的孩子。"朱尔斯（指阿桑奇）绝不是什么乖僻的人，"他的同班同学沙伦·格雷厄姆（Sharon

Graham)说,"他就是有点保持自我本色。"另一位同学巴特·杜汉(Bart Doohan)记得他是一个长头发的男孩,嬉皮士家庭长大,"绝对不是最聪明的孩子,但也不是最笨的那种"。还有一位同学彼得·格雷厄姆(Peter Graham)则对阿桑奇的同情心印象深刻,"他是那种人,当其他人都要弄死一只蜘蛛的时候,他却把它移走,然后放生,"彼得这样说,"他一直是那种有教养的人。"

阿桑奇17岁的时候离开了家,此时他已经是一位小有名气的黑客了,他收到一个警告,提醒他可能会有一个警方的突击搜查。阿桑奇格式化了他的磁盘,烧掉了打印资料,离家出走。一星期后,维多利亚州警方的犯罪调查科(CIB)出现了,搜查了他的房间,却一无所获。大约在1989年,18岁的阿桑奇爱上了一位16岁的女孩,他形容这位女孩"聪颖但有点内向,且情绪波动大"。他离开了母亲,开始了与这名女孩的同居生活。发现女友怀孕之后,他们举行了非正式的婚礼(据他自己说是结婚,也许比小孩过家家稍微严肃一些),然后,女友生下了一个儿子,取名丹尼尔。儿子的出生并没有将初出茅庐的年轻黑客的注意力从他的荧光屏吸引开。他们所住的地方的一位居民这样回忆到:"我们总是看到她一个人推着一辆婴儿车里的孩子来商店。她好像总是一个人。你会看到她在本地的一家洗衣店里洗婴儿的衣物,但是难得有机会看到她和她的男友一起带着婴儿出来。"

1991年,阿桑奇遭到了联邦警察逮捕,这是他人生的一个低谷,可能也是第一次大的考验。在阿桑奇住所被警方搜查之前(见下一章),他的女友已经带着丹尼尔离开了阿桑奇。阿桑奇《地下》一书记述了女友出走的情景:"房间看起来被洗劫过。它确实被Mendax的妻子(即阿桑奇的女友)洗劫过,在她离家出走的时候。一半的家具没有了,另一半杂乱地放着。衣橱的抽屉半开着,里面的东西不

·9·

见了，衣物散落在房间里。当他的妻子离开他的时候，她不但带走了他们那蹒跚学步的儿子，她也带走了对于 Mendax 具有重要情感价值的一些东西。当她坚持要拿走几个月前送给他作为 20 岁生日礼物的 CD 播放机的时候，他请求她在原来的地方留下一卷她的头发。他仍旧无法相信与他生活三年的妻子就这么卷起铺盖离他而去。"此后的一个星期对阿桑奇来说糟糕透了，他伤心至极，没有胃口吃东西，也常常睡不着。克里斯汀回忆说，她的儿子在医院住了好几天，情绪极为低落，"我不想说那是崩溃。他压力很大，非常大，并需要休息一下，完全恢复过来。"

阿桑奇同他的前女友进行了旷日持久的对孩子监护权的争夺，经过三四十场的法律诉讼和上诉，直到 1999 年，他才与该名女子达成监护协议。打完官司不久，据阿桑奇的母亲说，他的头发就从原来的深棕色，变成了现在人们看到的银白色。为了排遣心中的郁闷，他骑摩托去越南做了一次旅行。此后，他开始做各式各样的工作，甚至当了一名计算机安全顾问（以黑客反制黑客），尽其所能地赚钱来抚养他的儿子。目前，阿桑奇的这位前女友仍未露庐山真面目，也许她比其他人更了解阿桑奇的过去岁月。对此，媒体也十分好奇，"她在保守自己身份的秘密上一直做得很好，"一位与这对夫妇有些关系的人士这么说，他承认即使是他自己也不知道阿桑奇的前女友到底是谁。"我们确实知道的是在离开了阿桑奇之后，她与别人好上了，结婚并有了一个新的名字。"他们的孩子丹尼尔很少谈论自己的母亲，只是在他的推特（国外一个社交网站）上简单地留过一条信息："母亲认为我是一个怪物。"也许暗示了他和母亲之间的关系有了麻烦。

其实，丹尼尔的身世几乎就是他老爸的翻版，父母离异，自小由母亲抚养大，某种意义上的电脑天才。尽管丹尼尔处于他的父母争夺监护权的焦点，丹尼尔对自己从小和父亲在一起的成长时光有着美好的记忆。年长一些的时候，丹尼尔有了自己的事业追求。丹尼尔现年（2011年）21岁，拥有一个理学的学士学位，在这一点上有别于老爸，目前就职于一家软件设计公司。就网上公布的二人的照片来看，丹尼尔与父亲朱利安长得真是非常像。丹尼尔·阿桑奇是这样描述自己的："一个公开宣称的无神论者、双性恋、超人类主义者（transhumanist）、神奇宝贝（Pokémon）的欣赏者以及其他一些自我定位，会让年龄大的保守主义者直摇头、感叹唏嘘，说些'如今社会真是世风日下、道德沦丧'这类的话。"尽管在他16岁的时候，在父亲问他是否愿意加入维基解密工作团队时，他没有接受，因为他不觉得维基解密会有很大成就。丹尼尔说："他真的要把政府文件泄露给全世界，这实在是一个滑稽的想法。"丹尼尔离开了澳大利亚，同父亲的联络也少了。结果阿桑奇的想法并不那么滑稽，维基解密现在成为世界上最为广泛报道的网站，而作为该组织公共形象的朱利安·阿桑奇成了全球最著名的人物。

作为阿桑奇唯一的孩子（据最近出的一些书的暗示，阿桑奇还可能有其他绯闻的孩子），丹尼尔比任何人都更了解老爸。丹尼尔是这样评价自己的父亲的："我想说他是一个非常聪颖的人，但有着许多和他聪明才智相对应的特征性的烦恼。他很容易就对那些人感到沮丧，他们无法同他保持同样的工作水准，也无法理解到那些他非常直观地就把握的想法。"而且他认为，父亲对于政治活动总是很感兴趣，也热爱科学、哲学与对知识的普遍追求，阿桑奇认为这类知识地球上的每个人都应当有机会获得。"维基解密就是这种概念的巅峰之作。"丹尼尔这么说。作为父亲，阿桑奇对于与自己的儿子分享自己的知识抱有很高的热情，而这也是丹尼尔最喜欢父亲的地方。丹尼尔说："我发现有一件事让我特别欣赏，当要谈到一些知识性概念的时候，他不会像对待小孩一样对待我，而是会用这样的口气对我说话，仿佛他真的试图让我理解一个想法的完整意思。"虽然没有在父亲的团队里工作，丹尼尔由衷地表达了他对父亲的崇敬："我非常尊重我的父亲和他的事业，而那些滑稽拙劣的性侵犯指控只会让他从他真正进行的气魄非凡的事业中分心。"

在阿桑奇出名之后，许多媒体都争相对他的儿子丹尼尔进行采访。丹尼尔认为此前有关他和父亲"疏远"的报道把事情弄得非常敏感，而且在很大程度上使人们对自己造成了误解。最为恶名昭彰的就是《纽约邮报》一篇题为《我的维基老爹同女人打交道糟透了》的文章，更是歪曲事实，信口开河。在2010年阿桑奇陷入性侵犯困境后，丹尼尔曾在脸书（Facebook）上留言："那个人（即自己父亲）在为自己弄一大堆女人为敌方面确实有一套。"《纽约邮报》以此为材料，发表了上述文章。该文声称丹尼尔"很有兴趣知道，这件事的结果到底是政府阴谋还是个人怨恨"。文章提及丹尼尔称自己的父亲是"一个有着政治视野的犯罪大师"。丹尼尔否认《纽约邮报》曾对其作出采访，而且那篇文章中关于他自己的一些信息（如年龄）也有误，"无论如何，从我的这段原话他们就认为，我对他（父亲）在他的一生中与女人相处方面给出了评价，"丹尼尔说，"我认为这的确扯得有点远。"尽管不少人猜测这件事情与政府有关，丹尼尔在做出评论方面非常谨慎，他认为："我会说这不太可能，但对这件事的整体感觉是这样，因为那些事涉及的两个女人直接认识我父亲……对我而言，这意味着那件事更可能是一个个人问题。"

◎第二章

辍学的黑客青年

阿桑奇的母亲相信，正规教育会在她孩子们的头脑中灌输一种不健康的对权威的尊重，从而抑制他们学习的愿望。"我不想让他们的精神崩溃。"阿桑奇的老妈如是说。其实，阿桑奇也没有什么机会接受完整的学龄教育，这个可怜的孩子打小就过着朝不保夕、颠沛流离的生活，在他只有15岁时，就已搬了37次家。据一位朋友说，阿桑奇的智商非常高，超过了170。据称智商达到170的孩子一定会对学校提不起精神，或者有自信地不喜欢。克里斯汀说她非常理解朱利安作为一个具有"高水平天分"的孩子所面临的种种问题。他非常容易就厌倦了，而一旦他得了一种类似于腺热的病，她就找机会把他带出学校。在18个月里，阿桑奇都是在家由专业的老师进行家庭教育。他的学术生活由此起步。当他再回到学校的时候，他已经自学了机器代码——一种计算机编程语言。

阿桑奇自己写道："有时去上学，更经常不去。自己对学校系统毫无兴趣。光顾悉尼的计算机系统比乡下的高中要有趣得多。"再加上老妈自由奔放的生活理念和教育观念，他的教育都是在家里完成的。偶尔参加一些函授班，以后零星地旁听一些大学里的课程。但是，最重要的是他从来没有间断如饥似渴的阅读。渐渐地，他对科学产生了兴趣。他回忆说："我总是在图书馆里花大量时间，从一件事儿到另一件事儿，我仔细地在书本引言中寻找蛛丝马迹。"他依靠自学读了大量书籍，通过阅读，他很早就掌握了大量词汇，但是只有到了年龄更大一些的时候，他才知道如何准确地读出他所学过的那些词汇。

就在逃离生活中，母亲克里斯汀租下了一家电器商店街对面的一间房子。阿桑奇就天天跑到那家店里，在当时最新款的家用电脑Commodore64（由 Commodore International 公司 1982 年 1 月推出的一款 8 位机，俗称"面包盒"）上面写程序，直到母亲为他买了一台，他们才为了省钱搬到更便宜的地方去了。他很快就能够破译那些著名的程序了，因为他找到了那些程序设计者留下的隐匿信息。"一个人与计算机打交道时的严谨作风是某种吸引我的东西，"阿桑奇这么说。"这有点像玩国际象棋——象棋是非常严谨的，你并没有多少规则，也没有随机性，而问题是非常难的。"阿桑奇如同一个局外人一样拥抱生活。他在后来写到自己和一位少年朋友的时候说："我们是一群活泼敏感的孩子，无法适应主流的亚文化，并且无情地鞭挞那些像无可救药的傻瓜一样行事为人的家伙们。"

在后来上高中的几年里，正是计算机时代的黎明，阿桑奇越来越被方兴未艾的地下计算机文化所吸引。这使他有机会接触外部世界，而不需要亲自同那些人打交道。在他那些值得回忆的高中岁月里，阿桑奇的书生气在他的同学中为他赢得了一个"教授"的绰号。他说他喜欢学习，"并告诉别人我学了什么"，因而，"教授"是一种自然而然的被大家使用的标签。在阿桑奇16岁的时候，他在他的计算机上加了一个调制解调器（modem），将计算机转化成了一个门户。当时互联网还不存在——那是1987年——但是电脑网络和远程通信系统还是充分地连接在一起的，从而形成了一个隐匿的电子图景，具有相关技术能力的青少年可以自由超越。在摆弄电脑的过程中，阿桑奇成了网络江湖上鼎鼎大名的黑客，自由出入这个星球上的各种网站，随心所欲地获取他所需要的各种信息。

阿桑奇的黑客名"Mendax"取自古罗马诗人贺拉斯的名言"splendide mendax"，意为"高贵的虚伪"，书中的Mendax是典型的西方传统中的反英雄。《地下》一书描述了他心目中的黑客法则："不要损坏（包括崩溃）你所侵入的电脑系统；不要更改那些系统中的信息（除了修改日志掩盖自己的踪迹）；分享所获得的信息。"阿桑奇在网络世界的信条正是该书序言中引用的英国作家奥斯卡·王尔德的一句话："一个人做他自己的时候未必会说真话。给他一个面具，他就会对你说真话。"他渐渐建立了一个经验老道的程序员的知名度，能够侵入最安全的网络。童年时代所建立起来的正义感也让他不仅成为一名黑客高手，同时他也有着"罗宾汉式"的侠客精神，那就是"同情弱者、匡扶正义"，这在后来的维基解密公布美军的战争文件事件中表现得淋漓尽致。还是在青少年时代，他已经成为"澳大利亚最著名的伦理计算机黑客"。

20世纪80年代后期，是澳大利亚计算机发烧友和黑客的黄金时代。正所谓"时势造英雄"，网络英雄们成长的年代正是家用电

· 15 ·

脑方兴未艾之时。在1980年代后期的澳大利亚的计算机地下社区已经渐成气候，从而滋生和形成了后来大名鼎鼎的WANK蠕虫的始作俑者。城镇家庭能够负担得起的家用计算机，例如苹果Ⅱ和Commodore64进入了寻常人家。尽管当时这些计算机并不是那么普及，它们至少是在一个合理的价格范围，使得那些计算机发烧友们有能力得到它们。1988年，就在WANK蠕虫攻击美国航空航天局（NASA）前一年，澳大利亚正蒸蒸日上。这个国家正在庆祝建国两百周年。经济正在成长。贸易壁垒和旧的管制结构正在减弱。一部拍摄于1986年的展示澳大利亚硬汉形象的电影《鳄鱼邓迪》已经风靡世界各大影院，并成功地在诸如洛杉矶、纽约这样的世界都市提升了澳大利亚人的形象。与同一时间美国电影《第一滴血》系列所展示的肌肉男加机关枪的硬汉兰博不同，鳄鱼邓迪表现的是人情味十足、充满质朴气质的澳洲男人。人们的情绪是乐观的，他们认为这个当时只有1700万人口的和平的国家，地处亚洲的边缘却有着欧洲式的民主制度，正处在进步的道路上。也许是历史上第一次，澳大利亚人抛弃了他们文化上的卑躬屈膝，那是一种独特类型的不安定感，这在那种崇尚成功主义的文化中（例如美国）是很难找到的。探视和实验需要信心，而在1988年，信心是澳大利亚终于得到的东西。阿桑奇和他的黑客战友们正是在这种乐观的氛围下成长起来的年轻人，他们在电子前沿自由驰骋，信心十足地面对技术的日新月异。

　　1988年，澳大利亚电脑的地下社区就如同一个生机勃勃的亚洲巴扎（维吾尔语，集市、农贸市场）一般兴起。那一年，它还只是一个空间的领域，而非实体空间。这场景就像这样：顾客们光顾他们常去的摊位，同摊贩就商品讨价还价，不时遇到朋友，挤过拥挤的道路去和熟人握个手，市场就好像商店一样是一个社交的场所。人们鱼贯而入，进入小咖啡馆或街角酒吧，亲切地交谈。刚刚进口的商品，如同大量光鲜亮丽的中国丝绸一样陈列在货柜上，作为打开话题的谈资。而且，就像所有的街边市场一样，最好的东西一定是被藏了起来，等待着货主最赏识的买主或朋友。这个地下社区的货币不是金钱，而是信息。人们分享和交换信息的目的不是为了积累金钱财富，他们这么做是为了赢得尊重，并买到一种激动的感觉。信息对于黑客而言是非常重要的，黑客界最尖端的领域评价标准就是你能够提供多少信息，侵入多少计算机或电话系统。

澳大利亚电脑的地下社区的成员在电子公告牌系统（也就是BBS）上聚集。按照今天的标准来看，当时的BBS是非常简单的，常常就是一台改装过的苹果Ⅱ电脑，加上一个调制解调器和一条电话线。阿桑奇当时的全部家当也就是这些玩意儿。但就是这些BBS吸引了众多电脑发烧友，圈子里的诸色人等包括：工人阶级家庭的青少年，上私立学校的子弟、大学生以及二十来岁刚刚在他们的第一份职业上探索的年轻人。甚至还有一些三四十岁的专业人士也加入其中，他们周末刻苦钻研计算机手册并在空房间里动手造最原始的计算机。最常见的BBS用户是男性。有的时候，某个用户的姐妹也会摸索着跑到BBS的世界，常常是为了找一个男朋友。任务达成之后，她就会消失几个星期，也许几个月，直到她需要再回来。1988年是整个澳大利亚BBS文化的黄金时代。那是一个纯真和社团的年代，一个充满活力和分享观念的露天巴扎。对于大多数人而言，他们相信社区里的伙伴和BBS的版主，那些版主常常受到圈内人的顶礼膜拜。那是一个欢乐的地方，而且，总的来说，那是一个安全的地方，也许正是这个原因使得那些访问者在探索新思想的过程中感觉放心。也就是利用这个平台，WANK蠕虫的创造者阿桑奇雕琢和磨砺他创造性的计算机技术。这个欣欣向荣的新的澳大利亚电子文明的中心是墨尔本。非常难说为什么这个澳洲南方城市会成为BBS世界及其灰暗的一面——澳大利亚电脑地下社区——的文化中心。

在《地下》一书中，作者德雷福斯和阿桑奇在第一章中详细描述了WANK蠕虫攻击美国航空航天局（NASA）计算机网络，并成功地导致了阿特兰蒂斯航天飞机的发射延迟事件，并将其视为澳大利亚黑客历史上最为辉煌的事件。WANK蠕虫在1989年通过DECnet[①]网络来攻击DECVMS[②]计算机的自我复制程序。它是用数字命令语言写成的。该蠕虫被认为是由墨尔本的黑客所创造的，也是第一种由澳大利亚人发明的蠕虫。计算机蠕虫与计算机病毒相似，是一种能够自我复制的计算机程序。与计算机病毒不同的是，计算机蠕虫不需要附在别的程序内，可能不用使用者介入操作也能自我复制或执行。计算机蠕虫未必会直接破坏被感染的系统，却几乎都对网络有害。墨尔本的联邦警察认为创造这一种蠕虫的黑客是Electron和Phoenix。而他们二人都是在阿桑奇的指导下研发的。这是世界上第一个带有政治信息的蠕虫，以及在世界范围内的计算机网络历史上第二个主要的蠕虫。

美国航空航天局（NASA）准备于1989年10月17日（星期二）发射航天飞机阿特兰蒂斯号，此次发射还承担了搭载伽利略太空飞行器升空的任务。就在发射前几周，在佛罗里达州的肯尼迪航天中心外，发生了由反核团体组织的抗议活动，他们认为伽利略所使用的是基于铀的动力模式。抗议者认为如果这架航天飞机"像挑战者那样"发生爆炸，泄漏的铀将会造成佛罗里达居民的大规模死亡。数周以来，抗议者倾巢而出，示威游行，以吸引媒体的注意，场面

---

① DECnet是一种基于数字网络体系结构的较为全面的分层网络体系结构，它支持大量的所有者和标准协议。

② 虚拟内存系统。

十分火爆。10月7日，星期天，挥动着标语旗帜的运动者，装备了防催泪瓦斯面具，在卡纳维拉尔角（航天中心所在地）附近的街道游行。10月9日上午8点，NASA开始了发射前的倒计时。然而，就在阿特兰蒂斯号的时钟开始朝着点火升空滴答作响的时候，来自佛罗里达和平与正义联盟的运动者开始在发射中心的旅游接待大楼前抗议。

这些抗议确实引起了媒体的注意，并夺去了NASA此次雄心勃勃的发射计划的风头，但这并非是航空航天局最头痛的事情。真正令人头痛的是该联盟向媒体表示，他们"将让人到发射台上去进行一场非暴力的抗议"。联盟的领导人布鲁斯·加农（Bruce Gagnon）将这种威胁用俗语表达出来就是，抗议者在对抗一个巨大的邪恶政府机关。其他的一些抗议团体也对NASA发射可能面临的核辐射污染向媒体表达了强烈抗议。但是，抗议者并非唯一同媒体打交道的，NASA在如何应付这方面也非常在行。他们只要简单地推出他们的超级明星——宇航员——就行了。毕竟，这些男女是开拓太空边疆的英雄，敢于代表全人类的利益，进入到冷冰冰、黑漆漆的太空去探索。亚特兰蒂斯号的指挥长唐纳德·威廉（Donald Williams）没有以一种鲁莽的方式直接批评那些抗议者，他只是以一种高高在上的姿态回击了他们。"总是有那么一些人，他们对这件事或那件事指手画脚、说三道四，无论是什么事，"他告诉一名采访者。"另一方面，举一块标语是容易的，而勇往直前并做点什么有益的事儿，却不那么容易。"抗议者似乎无法阻止发射。以现代美国解决冲突的最佳的传统方式，抗议者将他们的抗争诉诸法律。反核联盟和其他组织相信NASA低估了一个钚残余事故的风险，他们希望美国华盛顿特区法院能够终止发射。10月16日，消息传来，上诉法院的裁决站在NASA一边。抗议者再次倾巢而出，在肯尼迪航天中心的大门口抗议，其中8名抗议者遭到逮捕。一位抗议者简·布朗宣布："这仅仅是政府准备在太空使用核武器，包括星球大战计划的开始。"

美国航空航天局（NASA）做了许多工作之后，总算扫除了影响发射的各种障碍，于是，各部门开始为发射忙碌起来。NASA为了保证发射成功，在发射现场部署了200多人的安全警卫。1989年10月16日，距离发射只有一天，一切准备就绪。庞大的NASA"帝国"在世界各地——从马里兰到加利福利亚、从欧洲到日本——的研究中心和所属机构员工都相互祝贺，检查他们的邮件，端着各自的咖啡杯，坐到自己的位子上，进入自己的计算机系统，准备解决复杂的物理问题。美国航空航天局（NASA）与美国能源部所共享的一个DECnet计算机网络，即太空物理分析网络（SPAN），它联接着全球约100000台的计算机终端。不像今天的互联网，一般大众都可以进入，SPAN网络只对那些为NASA、美国能源部和相关研究机构、大学工作的研究者和科学家开发。

但是，那一天，许多计算机系统的表现非常奇怪。就在他们打开计算机的时候，他们的计算机被某人或某种东西控制了，屏幕上弹出的并不是系统官方的识别标志，他们惊奇地发现屏幕上显示了四个大大的字母"WANK"，屏幕上方打出这四个字母代表的意思是"蠕虫反抗核武杀手"(Worms Against Nuclear Killers)，下方的一行说明文字是"你的系统被正式万客了。"而那个词"被万客（WANKED）"，它没有实际的意义。当一个系统"被万客"了是什么意思呢？它意味着NASA失去了对其计算机系统的控制。而且，越来越多的计算机被该蠕虫所控制。那么是谁进攻了NASA的计算机系统呢？事实上，此时正是澳洲黑客登上网络发展历史的时刻，众多黑客向当时世界最为先进的计算机系统发动了攻击，并成功地控制了系统。NASA的计算机专家不得不与时间赛跑，赶在发射之前解决越来越多的计算机被蠕虫控制的问题。然而到了 10 月 17 日下午 1 点 18 分，亚特兰蒂斯号的发射倒计时只有 5 分钟的时候，由于系统仍被蠕虫所控制，NASA 不得不做出决策，将发射推迟到 18 日。最终在 NASA 的计算机小组处理了 WANK 蠕虫问题之后，系统才恢复正常。10 月 18 日 12 点 54 分，亚特兰蒂斯号终于顺利从肯尼迪航天中心发射成功，穿过大气层，进入太空。6 小时 21 分后，伽利略号探测器与航天飞机分离，进入轨道飞行。

除了成功对 NASA 的计算机系统实施攻击之外，阿桑奇与另外两名黑客 Prime Suspect 和 Trax 一起组建了一个叫做"万国颠覆"（International Subversives）的团体，以侵入其他机构的电脑为乐趣。一名认识阿桑奇的黑客这样描述侵入网络的快感："就像一个遇到海难的船员被冲到了一个大溪地岛上，发现自己被 11000 名处女包围着，每一个都风情万种，等着你去采摘。"首先要去做，另外，不要被抓住。在《地下》一书中，阿桑奇叙述了他们之间的友情和他们所形成的团队："他通过最初的计算机网络所形成的社区结识了许多朋友。他发现和 Trax 非常谈得来，他们常常通一次电话谈上 5 个小时。另一方面，Prime Suspect 则不太善于煲电话，他有点沉静而内向，常常在电话里讲不到 5 分钟就没词儿了。而阿桑奇自己性格上也是害羞的，所以，他们之间的谈话常常充满了长时间的沉默。并不是 Mendax 不喜欢 Prime Suspect，他喜欢。到了 1991 年中期，他们三个黑客在 Trax 家里聚会的时候，Mendax 不再把 Prime Suspect 看做是组织严密的万国颠覆（IS）圈里的人了，Mendax 把他看成是一个朋友。"另外两个黑客通过访问阿桑奇的 BBS 渐渐熟悉起来。终于，他们交换了家庭电话号码，他们的这种谈话首先是通过调制解调器之间（modem-to-modem）进行的，一连好几个月，他们先呼叫对方，然后在他们的电脑屏幕上打字开始聊天——从来没有听到过对方的声音。直到 1990 年末，19 岁的阿桑奇挂电话给 24 岁的 Trax，通过语音开始聊天。阿桑奇和 Trax 发现他们有一些共同的东西，都是在穷困但受过教育的家庭长大的，都住在城市的远郊，但他们却有着极其不同的童年。1991 年初，阿桑奇和 17 岁的 Prime Suspect 也开始通过电话用语音聊天了。

  当然，黑客的目的并不是相互聊天，他们的乐趣在于侵入世界各地的计算机系统，尤其是怀着某种高尚的理想主义，攻击那些貌似非常强大的网络系统，美国军方的网络系统就成为黑客的首选攻击目标。使用一款由阿桑奇编写的叫 Sycophant 的程序系统，黑客们对美国军方系统发动过一次次的大规模攻击。他们将 Sycophant 分散在 8 台发动攻击的机器上，常常选择当地的大学系统，如澳大利亚国立大学或者德克萨斯大学。他们将 8 台机器对准目标开火。在 6 小时内，8 台机器进攻了数以千计的计算机。黑客有时一个晚上能够收获 100000 个账户。使用 Sycophant，他们就能实质上操纵一组 Unix①机器去大规模地进攻整个互联网。而那只是他们所侵入的领域的开始。他们曾经到过如此众多的网站，以至于他们常常想不起侵入过哪一台特定的计算机。他们能够回忆起来的那些网站，读起来好像美国军事工业集团的名人录，包括：五角大楼空军第 7 集团军指挥司令部；加利福尼亚州的斯坦福研究所；弗吉尼亚州的海军水面作战中心；德克萨斯州的洛克希德－马丁战术飞机系统空军工厂；位于宾夕法尼亚州布鲁·贝尔的联合系统公司；美国航空航天局的戈达尔德航天中心；伊利诺伊州的摩托罗拉公司；加利福尼亚州的雷顿多海滩的 TRW 公司；匹兹堡的阿尔科阿公司；新泽西州的松下公司；美国海军水下作战工程站；马萨诸塞州的西门子－尼克斯多尔夫信息系

---

① Unix，是一个强大的多用户、多任务操作系统，支持多种处理器架构，属于分时操作系统。

统；纽约的安全工业自动化公司；加利福尼亚州的劳伦斯·利弗摩尔国家实验室；新泽西州贝尔通信研究所；加利福尼亚州的施乐公司帕罗－阿尔多研究中心。

黑客生涯惊险而刺激。随着知识和技术的增长，"万国颠覆"的黑客所侵入的系统越来越多，所使用的黑客技术也越来越复杂。同时，当黑客达到一定级别之后，他们所面临的风险也加剧，于是，他们开始脱离那些低级别的澳洲黑客社区，形成了自身较为紧密的黑客圈，只和圈内的人进行沟通。看到顶级黑客的隐匿并未阻止新一代的黑客出现，而这更加促使了那些顶级黑客潜入地下。顶级黑客的目标是更加具有挑战性的系统。1991年春，阿桑奇和自己的同伴 Prime Suspect 展开了一场竞争，看谁率先侵入美国国防部网络信息中心（即 NIC）的计算机，那是当时网络上最重要的计算机。一天晚上，当两名黑客在网上聊天的时候，Prime Suspect 在一台墨尔本大学的计算机上边聊边通过另一块屏幕静静地工作，他进入了一个网站，一个与 NIC 紧密相连的美国国防部系统。他相信这个姊妹系统与 NIC 是相互信任的，他可以通过信任进入 NIC。

但 NIC 做好了一切防范措施。NIC 为整个互联网分配域名，同时也发布整个互联网的通信协议标准。此外，NIC 决定互联网上的计算机网址如何转换为 IP 地址，因而，具有识别任何网站及其 IP 地址的能力。一旦某人控制了 NIC，他就具有了暂时控制互联网的能力，即为不同的网址分配 IP 地址。然而，唯一可以绕过这种能力进入该系统的方法就是直接输入全数字的 IP 地址，而不是字母表示的网址，很少人知道他们的网址的 12 位数字的 IP 地址，更少人能够使用它们。控制 NIC 的另一个好处就是能够获得一个虚拟的口令钥匙，进入互联网上"信任"其他一台电脑的任何一台电脑。而互联网上的大多数电脑都至少相信一个其他系统。在网上的一台电脑在任何时候与另外一台电脑相连都要通过一个特定的"相遇并打招呼"过程（meet-and-greetprocess）：回答一系列约定的问题。而接收计算机回答这些问题主要是基于 NIC 所提供的信息。这一切都意味着，通过控制 NIC，你就能让网上的任何一台计算机"装作"是被一台你想侵入的计算机所"信任"的机器。安全常常取决于一台计算机的名字，而 NIC 有效地控制着那个名字。当 Prime Suspect 进入了 NIC 的姊妹系统之后，他告诉了阿桑奇并提供了进入的方法。于是，两名黑客展开了他们各自对 NIC 的攻击。他们最终使用不同的方法侵入了 NIC，阿桑奇甚至开始在其中安插了一个后门，这是一种黑客常常使用的为以后进入该系统预留通道的办法。阿桑奇还侵入了军方网站（MILNET）的安全协调中心，该网站用于收集任何一台军方网站计算机可能出现的事故报告。

就在"万国颠覆"的黑客活动一次又一次得手的时候，有关部门也开始对他们感兴趣了。澳大利亚联邦开始着手对该团体（也许按照我们的传统可以称其为"团伙"）展开了一个调查行动，该行动被命名为"天气行动"（Operation Weather），而那些黑客也努力在网上对该行动进行监控。1991 年 9 月，阿桑奇 20 岁的时候，他成功侵入了在墨尔本运营的北电网络——加拿大的一家电信公司——的主终端。阿桑奇侵入北电网络的动机，在《地下》一书的叙述中，更多地表现为满足黑客的好奇心和战斗欲。阿桑奇侵入过许多世界一流的具有层级结构的电脑系统，黑客只要控制了系统中最重要的计算机系统，就可以如鱼得水地进入所有系统。但北电系统的结构同那些系统不同，它的每个系统都是在虚拟空间内，都是一样的，这种每个子系统都是平等的结构，对于黑客而言，要想自由在系统内漫游是非常困难的。况且北电网络安装了防火墙，意味着在虚拟空间没有任何外部通道可以进入该系统，如果黑客使用拨号上网的方式试图进入的话，是很容易被逮个正着的。因为北电网络通过互联网侵入非常困难，它的安全防范有时也会松懈下来。通过从后门（阿桑奇他们一伙掌握的黑客技术）溜进去，黑客发现他们自己能够攻击北电所有类型的网站，从他们位于墨尔本圣吉尔达路的分公司到位于多伦多的公司总部。

成功侵入北电网络之后，阿桑奇没事儿就到该主终端游逛（如同女人没事儿就喜欢上街购物什么的，黑客没事儿就喜欢到别人的系统内闲逛）。阿桑奇一般会在夜间侵入计算机系统，系统多半处于半睡眠状态，但是这一次，一名北电的经理在值班。我们几乎可以想象得出，阿桑奇在虚拟世界同那位经理的遭遇，就像在现实世界中晚上进入一个房间做贼被发现的感觉是一样的。预感到他可能被抓住，阿桑奇幽默地接近他，"我接管这里，"他写道，并没有透露自己的名字。"已经几年了，我一直在这个黑暗中挣扎。但是，现在我终于看到亮光了。"那位经理并没有回答，于是，阿桑奇又发了一条信息："在你们的系统中玩玩真是不错。我们并没有搞任何破坏，我们甚至还改进了一些事情。请不要告诉澳大利亚联邦警察。""万国颠覆"侵入北电网络成为"天气行动"的一个重大进展。联邦调查员窃听了电话线，以确认黑客正在用那条线。"朱利安是他们一伙中知识最丰富和最隐蔽的家伙，"探长肯·德伊（Ken Day）这么说，"他有着某种利他主义的动机。我认为他这么做，是相信人人都有权利知道任何事情。"警方发现，阿桑奇利用调制解调器，曾侵入一家澳洲大学与加拿大北电网络的电脑系统。

预感到警察即将到来，阿桑奇在《地下》一书中描写了他对警察突袭的那种恐惧："Mendax 总是梦见警察突击搜查。他梦见行车道的砾石路上皮靴发出的吱嘎作响的脚步声，梦见黎明前的黑暗中的阴影，梦见一队持枪的警察在凌晨5点钟破门而入。他梦见沉睡中醒来，却发现几名警官站在他的床前。正是这些梦搅得他心烦意乱。它们也进一步强化了他的焦虑，警察正在看着他、跟踪他。这些梦变得如此真实，Mendax 常常在黎明前死寂的一小时里感到不安。在通宵的黑客时间结束时，他会开始变得非常紧张、非常亢奋。"只有在他将自己的磁盘藏在他自己所拥有的一个蜂房里的时候，阿桑奇才感到轻松一些。到了 10 月份，他的心情沮丧到了极点，寝食难安。他的女友不久前刚刚离开了他，带走了他们的孩子，家里一团糟。一天晚上，警察终于来了，那是 10 月 29 日，他将电话接在立体声音响上，收听繁忙的信号，直到晚上 11 点 30 分，传来了警察的敲门声。

阿桑奇当时正处于非常沮丧的心情，夹杂着惊弓之鸟的恐惧，在《地下》一书中，他详细地叙述了警察到来时的情形：

"Mendax 从他的书上面看过去，发现前门的毛玻璃板上有一个人影在晃动。那个人影非常矮。看起来非常像'老鼠脸'——Mendax 妻子的老同学，大家都知道他是一个很喜欢恶作剧的家伙。Mendax 对着外面喊了一声：'谁啊？'但他并没有从沙发上挪窝。

'警察。开门。'

是的，没错。晚上 11 点 30 分，Mendax 朝着门口方向揉了揉眼睛。人人都知道警察只在凌晨的时候突击搜查你的房子，那个时间人是在睡着的时候，非常脆弱。

'去你的，老鼠脸，我没有心情。'Mendax 说着，转回到他的书上去了。

声音变大了，更加坚定，'警察。开门。现在。'

其他的身影也在玻璃后面晃动，将他们的警徽和枪顶到了窗格子上。妈的，真的是警察！

Mendax 的心跳开始加速。他要求警察对他出示搜查证。他们立刻照办，将它压在玻璃上。Mendax 开了门，发现几乎有十来个便衣警察在等着他。

'我不能相信这个，'他用一种声嘶力竭的声音说，'我的妻子（女友）刚刚离开我。你们就不能晚点儿来吗？'在这一群警察最前面的是探长肯·德伊，他是澳大利亚联邦警察（AFP）的计算机犯罪部门在南方地区的头头。他们两人互相知根知底，但是还从未见过面。

德伊率先开口了：'我是肯·德伊。我相信你一直在等我来。'

Mendax 和他的那些万国颠覆黑客们一直在等着联邦警察的到来。几周以来，他们一直都在截获电子邮件，显示警察正在关闭网络。所以，当德伊出现了，说'我相信你一直在等我来'的时候，他完成了那个信息环。这个环就是警察正在看着黑客们。

Mendax 仅仅是没有料到警察在任何特殊的时刻来。他的脑子里一团乱麻，不相信在他们面前的一群警察。他看着德伊，有点儿迷茫，然后大声地脱口而出，好像是对他自己说话一样，'但是你当一个警察太矮了。'

德伊看起来有点纳闷，'那意味着侮辱吗？'他说，当然不是。"

阿桑奇的房间被搜查之后，并没有交代任何事情，他认为警方并未掌握他从事黑客活动有关的证据。但令他料想不到的是警方彻底搜查了房间，包括阿桑奇认为非常安全的蜂房，于是，警方搜出了那些磁盘，肯·德伊再也查不出比这更好的证据了。那些磁盘里存储了盗取的用户名单、加密口令、开启口令、调制解调器电话号、不同计算机系统文件显示安全漏洞以及澳大利亚联邦警察自己的调查文件等等，全都是阿桑奇非法侵入计算机系统所获取的信息。阿桑奇的问题还不仅限于那些磁盘。在被捕前一天他所干的那些事还在电脑的屏幕上，那是一个有着1500个账户以及它们的密码的清单，还有阿桑奇获取它们的日期和其他一些次要信息。警察进进出出,一直忙个不停,他们对他的电脑设备进行拍照取证,收缴各种磁盘,掀开地毯对接入调制解调器的电话线进行摄像,他们翻开阿桑奇的各种藏书看看有没有隐藏的电脑密码,他们将他所有手写的文字材料——笔记本、情书、私人日记统统收缴。一个警察还对他说:"我们不在乎要在这干多久,我们已经拿了加班费,还有危险补贴。"他们干得确实很卖力,甚至连阿桑奇收集的旧杂志也一并打包带走。

阿桑奇一直看着他们将自己的房间弄得乱七八糟,他说了些什么,一个警官跑到他面前,叫他滚出这个房间。阿桑奇对他说,并不想离开自己的房间,他并没有被逮捕,并且他想确信警察不会给他栽赃什么东西。于是,他看着那个警察说:"这是我的家,我想待在这个房间。我现在被逮捕了还是没有?"警官向他吼道:"你想被逮捕吗?"阿桑奇沉默了下来,德伊则把他带到另外一个房间去问话。在搜查的过程中,阿桑奇不可避免地同警察有着某种程度的冲突与对抗。但此时他最想做的事情是向同伴传递他遭到搜查的信息,阿桑奇意识到"万国颠覆"的其他两名成员 Prime Suspect 和 Trax 也早就被电话窃听,并且被警方高度怀疑。警察也许同时突击搜查了三名黑客,也许没有,阿桑奇怀着这种侥幸的心情想试一试。在警察忙着搜查的时候,阿桑奇想办法给自己的前女友打了个电话,让她去转告 Prime Suspect 警察搜查的事,并要他注意。虽然他们二人在感情上有些不合,但阿桑奇还是认为她会帮自己的朋友一把。她当天晚上果然去了,Prime Suspect 回答说:"是的,我这里也有一个'晚会'。"

阿桑奇看到警察正将他越来越多的个人物品装箱带走。一名女警官正试图搬他的打印机,她冲阿桑奇甜甜地一笑说:"能帮个忙吗?"他勉强做了。警察一直忙到凌晨3点才离开阿桑奇的家。他们花了三个半小时,带走了他63箱个人物品,却没有对他提出一项犯罪起诉。当最后一辆没有标识的警车离开之后，阿桑奇走到寂静的市郊街道上，朝四周看了看，确信没有人跟踪之后，他走到附近的一间电话亭，给 Trax 拨了一通电话。"警察晚上突袭了我的房子。"他警告自己的朋友，"他们刚走。"Trax 电话的声音怪怪的，有点语无伦次，"哦，哦，……我知道了。"阿桑奇急忙问："出了什么事吗？你的声音听起来很怪。""哦，没……没，没什么。就是……嗯，有点累。那么，嗯……警察随时都……啊，可能到这来……"Trax 越来越微弱。然而，确实发生了一些事。警察已经去过了 Trax 的家，他们 10 小时前就去了那里。

至此，"万国颠覆"的黑客们全都被警察突击搜查了，但他们几乎等了 3 年才被正式提出起诉。犯罪指控的威胁就像高悬在他们每个人各自头上的达摩克利斯之剑一样，闹得他们惶惶不可终日。在 1991 年 10 月 29 日的警察突击搜查之后，他们时刻担心接下来要发生的事情，他们不能找工作，无心交朋友，也无法像其他二十几岁的年轻人一样去规划自己的未来。最后，终于在 1994 年 7 月，每名黑客通过邮件接到了正式的起诉，阿桑奇被提出起诉的罪名多达 31 项，都是与黑客、非法侵入电脑系统、非法盗用电脑资料等活动相关的罪行。在准备对阿桑奇他们一伙提出起诉的过程中，官方的态度很明确。探长德伊告诉记者当时的情形："我们将情况告诉了反计算机犯罪小组，政府方面的人说，'你们的宗旨就是要杀鸡给猴看'。那么，要杀一只鸡的话，就要起诉一些人，于是，我们就拿阿桑奇他们一伙人开刀。"一个计算机安全小组开始为加拿大的北电公司工作，并起草了一份事故报告，声称黑客行为导致的损失，将要花费超过 10 万澳元进行修复。一名主检察官在描述阿桑奇那几乎无所不在的黑客侵入行为时，对法庭说："只有全能的上帝四处走动时能像你所做的那样。"

在被突袭之后，他几乎有6个月没有碰电脑。在等待审判的这段日子里，阿桑奇陷入了极度沮丧之中，曾经短时间地入医院检查。他曾经试图待在母亲那里，但是没过几天，他就跑出去睡到了附近的公园里。为了寻求解脱，他跑到旦德农山国家公园进行徒步旅行，并在那里小住了一段时间。早在20世纪80年代初，朱利安还是十六七岁的时候，母亲带着他同母异父的弟弟曾经在旦德农山山脚下的一幢小水泥平房里度过一段隐居的生活。据说那里"鸟儿在绿树间歌唱，绵羊在绵延青山上吃草"，"对于一个学习如何使用他的第一台电脑的年轻人，真是一个宁静安逸的场所"。旦德农山是一组海拔只有600多米的低山，位于墨尔本东部大约35公里的地方，此地山势绵延起伏，山谷溪沟纵横，植被四季分明，热带雨林茂盛，以郁郁葱葱的桉树林为主。自从欧洲人在该地区建立移民定居点之后，这里就成为墨尔本的一个主要木材来源地。从19世纪70年代开始，这里也成了墨尔本人踏青郊游的首选地，一直持续到今天。尽管这里风景优美，但此时故地重游的阿桑奇却着实有点水土不服，桉树林蚊虫密布，蚊子的叮咬如此之严重，竟然在他脸上留下了一个疤。但是在人迹罕至的热带雨林，阿桑奇还是得到了某种自然或宗教的启示，尽管他自己不属于任何宗教。"你内心的声音平静了下来，"他把这段经历告诉了《纽约客》杂志的记者拉菲·卡查杜里安。"内在的对话是被一个预备好的要说话的期望所激励，但是，如果没有别人在旁边的话，它实际上并没有多大用处。"阿桑奇补充道，"我不想听起来那么像个佛教徒。但你那关于你自己的意象消失了。"他开始慢慢地重建自己的生活，到他接到起诉书的时候，他已经重新租了一个房子，同自己的孩子（丹尼尔）短暂地生活在一起。在这段时间里，他依旧常常同Prime Suspect和Trax通电话，现在是作为朋友，而不是黑客战友了。

在警方对阿桑奇展开调查期间，他也有"立功赎罪"的表现。澳大利亚的《时代报》(*The Age*)2011年2月11日报道了此事，在2011年被解密的当年庭审记录显示，阿桑奇在1993年帮助维多利亚警方的反儿童剥削机构，为他们提供技术指导，帮助调查那些涉嫌利用互联网进行儿童色情活动的嫌疑人。阿桑奇在墨尔本的律师，来自罗伯特·斯塔瑞律师事务所的格瑞斯·摩根（Grace Morgan）小姐于2011年2月10日，在法院以阿桑奇的名义发表了一个声明，证明了他的"立功表现"："我的当事人协助了两项调查。他的作用限于提供技术方面的建议和支持，帮助警方对涉嫌在互联网上进行发布和传播儿童色情信息的嫌疑人提出起诉。"摩根表示，阿桑奇参与警方的活动在90年代中期结束，他并不知道那些行动的结果，但是他明白他的技术专长在那些调查活动中是有价值的，另外，"阿桑奇先生对此贡献没有接受任何个人利益，而是非常乐意提供帮助"。

自从1994年7月案件审理以来，不断有新的罪名被增加进来，到1995年5月，三名黑客一共面临了63项指控：其中，阿桑奇有31项；Prime Suspect有26项；Trax有6项。另外，北电公司声称黑客事件所造成的损失高达约16万澳元，而公司正寻求向责任方要求赔偿。国立澳大利亚大学提出了4200澳元的损失赔偿。大多数这些指控都与非法进入商业或其他系统，安插和删除众多计算机中的数据有关。删除数据并不是十分有害的，它一般都同消除黑客活动的证据有关。然而，所有三名黑客都被以某种形式的"煽动"罪名被起诉。通过为《万国颠覆》杂志撰写文章，起诉方声称这些黑客涉及到了散布信息，鼓励其他人从事黑客和电话飞客（phreak）活动。如果这些罪名成立，他将有可能面临10年监禁。在此期间，他买了一本亚历山大·索尔仁尼琴（Aleksandr Solzhenitsyn）的小说《第一圈》，一口气读了三遍。这是关于前苏联的科学家和技术员被关进古拉格（劳改监狱）的故事，但因为是为领导人工作，所以待遇比起其他古拉格要好一些。阿桑奇感觉这与自己的冒险何其相似。

1996年12月5日，审判的结果公布，尽管黑客是一种无受害方的罪行，阿桑奇还是对25项罪名认罪，6项罪名没有成立。因为表现良好，在被罚款2100澳元后，阿桑奇被保释释放。公诉人称，"调查显示，此宗案件，系由当事人对情报信息的好奇及对于侵入其他电脑乐趣的追求所引起，并无其他因素"，只是为了获取一种类似于在不同的计算机上冲浪的快感。当时这一新闻曾被澳洲电视台的新闻节目报道。法官告诉阿桑奇，如果不是他有着一个支离破碎的童年，他很可能被判10年监禁。法官对他说："你的母亲和你不得不过着一种游牧般的生活，造成了不稳定的个人经历，而且在你的家里发生了种种个人变故。"法官接着警告他，"这些犯罪行为只能是由一个高智商的人进行的，你现在已经在你的人生留下了一个污点。如果这种行为再犯的话，我想你逃过牢狱之灾的可能性就会微乎其微。"尽管法官已经网开一面了，但阿桑奇还是告诉法官，他认为这种起诉和审判是不公正的。

创建维基解密后，阿桑奇对于自己的这段黑客生涯曾评价道："（媒体总是提及我之前的黑客经历）实在是有些恼人。就因为我以前（就黑客经历）与别人出了本书，也有相关的纪录片，人们就对此津津乐道，媒体也用尽了复制粘贴的伎俩。人们都忘了，那个已经是20年前的事了。到现在还能看到有文章称我为电脑黑客，着实让我十分恼怒。不是因为我认为那是我不光彩的历史；不，我对于那段经历感到骄傲。只是因为我现在是维基解密的发言人，媒体就翻出以前的旧账。我想，这背后的动机与试图给出的暗示，想必很明确。"虽然黑客的生涯充满传奇和挑战，并且圈内也听闻了阿桑奇的名声，但在维基解密创立之后的阿桑奇看来，那只是过眼云烟。

在案件审理期间，阿桑奇当然放弃了黑客生涯，开始从事程序设计方面的工作。1993年，阿桑奇参与创建"萨伯比亚公共接入网络"——澳洲最早的互联网服务提供商之一。1994年起，居于墨尔本的阿桑奇成为程序设计员，开始自由软件的研发。1995年，阿桑奇写成"Strobe"，即首个自由开源的端口扫描仪。1996年，他为PostgreSQL①计划提供多个补丁。尽管，这些软件开发的工作对于电脑天才的阿桑奇不是困难的事情，并且能为他带来稳定丰厚的报酬，但在公司里按时上班、按月拿工资并非阿桑奇的理想人生，这只是人生过渡时期的一种权宜之计，他注定是那种不安分守己的颠覆者。波西米亚式的流浪生活一定让他对不受任何约束的自由有着比别人更为深刻的理解。

1997年，他花费了3年时间与德雷福斯合作完成的《地下》一书出版，德雷福斯女士是一位从事日益兴起的互联网颠覆性研究的学者，该书在计算机圈子迅速受到热捧，成为畅销书。阿桑奇在本书中以真实的经历向读者展示了一个黑客的成长经历、一场场惊心动魄的黑客攻击以及黑客发展的社会技术环境。德雷福斯女士就他们的共同研究经历评价说："计算机地下社团的成员都是一些非常羞涩的人，他们隐匿起来做些地下的事情，从不轻易现身。与他们建立起友谊和找到他们花了很长时间。朱利安提供了许多技术建议和专业知识，我们一起去做访谈并找到很多信息源。而我提供写作和研究方面的专业知识。"阿桑奇本人也参与了与黑客群体相关的研究工作，德雷福斯将阿桑奇描述为一个"非常专业的研究者"，"对有关政府应该和不应该做什么的伦理观念、正义观念非常感兴趣。"《地下》一书让人们不禁对黑客发展初期的那种"自然状态"产生无尽

---

① PostgreSQL，是以加州大学伯克利分校计算机系开发的Postgre4.2为基础的对象关系型数据库管理系统。

的遐想，但这种黑客的"黄金时代"似乎一去不复返了。德雷福斯在序言中写道："计算机地下组织随着时间发生了变化，主要是回应在全球范围内引入了新的计算机犯罪法律以及多次警方的打击。这部著作不仅试图记录澳大利亚历史中的一个主要部分，而且试图展示地下组织的变迁——实质地展示地下组织转移到了更加地下的状态。"然而，随着以"万国颠覆"为代表的早期黑客英雄退场，阿桑奇开始构思更大规模、更具颠覆性、更加透明化的"信息战争"。

1997年起，阿桑奇与别人共同研究出 Rubber hose[①]否认加密系统。这一系统后成为 Linux[②]一个软件包的基础，为软磨硬泡攻击（rubber-hose cryptanalysis）[③]提供似是而非的否认（plausible deniability）[④]。在德雷福斯所撰写的该系统网站的说明中，她介绍阿桑奇发明该系统的初衷："Rubber hose 最初的设想构想来源于加密程序员朱利安·阿桑奇，是为人权工作者提供在该领域保护敏感数据的工具，尤其是那些人权运动者的名单以及践踏人权事件的细节的数据。……人权工作者在极度危险的情境下在手提电脑上携带重要数据，不时被巡逻的军警拦下，他们会毫不犹豫地折磨一个有嫌疑的人，直到他或她说出一个口令来打开那些数据。我们想要帮助这种运动者，尤其是那些勇敢的人，他们在该领域冒着如此大的风险将践踏人权的数据带到外部世界去。"除此以外，阿桑奇参与发明的免费软件还有：Usenet 缓存软件 NNTPCache，与为网络搜索引擎设计的命令行界面 Surfraw。他承认在 1999 年就注册了一个网站，但他并没有用它来做什么。在此期间，他成为免费软件运动的发起

---

① 一种有保护功能的加密软件。
② 是 Vnix 计算机操作系统的统称。
③ 指对密码分析者威胁、勒索，否认或折磨某人直到他交出密钥为止。
④ 泛指做事后不留证据的行为。也就是指发生任何事与原文件主人无关，也是一种推卸责任的说法。

人，免费软件就是"把它从所有意义上解放出来……它是人类智力遗产的一部分。真正的智力遗产不应该受到知识产权的限制"。

　　阿桑奇上过六所不同的大学，但从来没有从其中的任何一所毕业，也从来没有得到过正式学业所需要的学分或成绩。从2003年到2006年，阿桑奇试图获得一个墨尔本大学的理科学位，于是开始在该校学习物理，据说是为了破解宇宙背后的秘密法则进行智力刺激。他还学习过哲学和神经科学。事实上，阿桑奇的许多同学据称都在为五角大楼的DARPA（即防务尖端项目研究所，Defence Advance Research Project Agency）工作，这也成为促使阿桑奇退学并创办维基解密的一个重要因素。他还发现在参加澳大利亚国立大学物理系百年校庆期间，有多达1500名贵宾参加——包括四名诺贝尔奖得主，"他妈的每个人都由车子迎来送往，在他们背后，都有一只国防科技组织给的背包"，阿桑奇在接受采访的时候愤愤不平地如是说，那是澳大利亚的国防科研机构塞的好处。2007年，在经过一番痛苦的灵魂挣扎之后，阿桑奇决定退学。上班和上学都不可避免地要被制度化，与其说是"上"，不如说是"被上"。阿桑奇认为自己被大学"上"之后，不再留恋那俗人们所看重的文凭、学位，毅然走上了反叛之路。阿桑奇没有"上"完大学，他却"上"了世界上防护最严密的网站；"上"了美国国防部的网站；"上"了美国外交机密；"上"了两名瑞典女人的床；"上"了伦敦法院，还可能"上"瑞典的法院、美国的法院；"上"了世界各大媒体的头条；"上"了CIA和美国军方打算暗杀的名单；"上"了牛津大学、剑桥大学的演讲台……这一切都因为他创立了一个史上最大的公布机密信息的网站——维基解密。

◎第三章

创立维基解密

阿桑奇这个自由人开始了在网络江湖结成一个自由的联合体的乌托邦实验。这个乌托邦所希望实现的不是马克思所谓的物质的极大丰富而"各尽所能、各取所需",而是信息的极大丰富,这个联合体的自由人可以"各尽所能、各取所需"地提供或获取他们所需要的信息。他草拟出一个类似宣言的文件,标题为《阴谋即统治》(Conspiracy as Governance,2006年12月),旨在应用于政治领域。他写道:"专制政权创造种种力量,将它们用来对抗人民想要得到真相、爱和自我实现的愿望。帮助维持专制统治的计划,一旦被揭发,就能引起更大的抵抗。因而,这样的计划会被成功的专制政府隐藏起来,直到抵抗消除,或者被赤裸裸的权力有效地瓦解。这种用以伤害人民的共谋的秘密，足以将他们的行为定义为阴谋。"阿桑奇使用了《牛津英语词典》对"阴谋"（conspiracy）一词的定义："制订秘密计划以共同实施一个有害的行动；共同行动以达到一个特定的结果，往往是对某人有害的。"他认为，当一个政权内部的沟通线路被破坏，那些阴谋家之间的信息交流便注定会缩小，而当这种交流趋近于零的时候，阴谋就会被瓦解。泄密是信息战的一个工具。

维基解密网站（wikileaks.org）就是在这种思想的指导下创立和运作的。从2006年到2007年初，阿桑奇在墨尔本大学附近的一个房子里开始与世隔绝的闭关修炼，他要炼成的就是维基解密网站。只要有灵感突现，阿桑奇就在墙上将系统的流程图画出来，以免忘记。阿桑奇在每个房间都放置了一张床，甚至在厨房里也放置了一张，他邀请那些路过校园的黑客们同他待在一起，以此来交换他们对网站建设的帮助。为了创立网站，"他根本就不睡觉，"一位曾经在阿桑奇的住所待过的黑客这样对记者说，"他也忘了吃饭。"这是维基解密的初创期，阿桑奇的房子就成了各路电脑狂人的窝，一个电脑奇才们的乌托邦式公社。有一个女人在这段时间里也住在这里，据她的回忆，房子里到处都是床或床垫，她就睡在阿桑奇房间里的一个床垫上。她常在夜里醒来，发现阿桑奇还盯着他的电脑。他常常废寝忘食、通宵达旦地工作，在墙上和门上写满了数学公式，在他的房间里，他只用柔光灯，为的是不惊醒房间里睡的人。阿桑奇经历了身体的波动，因为人体正常的代谢被打乱，为了节省时间，他有时每两天吃一顿饭。"他总是异常地聚精会神。"她这样回忆说。

在发布这个网站之前，阿桑奇需要向潜在的信息提供者证明，网站是可行的。一名维基解密的志愿者拥有一个服务器，是用来当作 Tor[①]网络的一个节点的，数百万份机密文件通过该节点传输。该志愿者发现来自某国的黑客正通过 Tor 网络搜集外国政府的信息，于是，他开始记录下这个路径。只有一小部分的文件被发表在了维基解密上，但最初的材料被作为网站的基础，在随后的网络成长中，阿桑奇就有底气这么说："我们从十三个国家收到了一百万份文件。"2006 年 12 月，维基解密发布了它的第一份文件：由一位索马里的叛军领袖谢赫·哈桑·达赫·阿威斯（Sheikh Hassan Dahir Aweys）为伊斯兰法院联盟所签署的一份"秘密文件"，这份文件正是从 Tor 网络上传输往某国的机密信息中截取下来的。该文件声称将对政府官员处以死刑，因为他们雇佣"罪犯"来袭击他人。阿桑奇和其他人无法确认该信息的真实性，但是他们认为读者通过使用该网站类似于维基百科的特性将有助于分析它。他们将文件公布到网上，并附加了一份长篇的评论，提出了这样的问题："它是与本·拉登有联系的一个恶名昭彰的伊斯兰军阀的一份大胆的宣言？还是美国情报部门的一个用以分化索马里各派别联盟的狡猾的栽赃手腕？"在网站还没有建立独立的验证机制之前，他们对所发布的信息并不十分自信，因而采取一种用户可编辑的交互形式，后来逐渐予以改变。

  维基解密（WikiLeaks，另译维基揭密或维基泄密）就这么诞生了。它是一个国际性自许为非营利的媒体组织，专门公开来自匿名和网络泄露的文档。维基解密网站的域名 wikileaks.org 于 2006 年 10 月 4 日注册。网站成立于 2006 年 12 月，由阳光媒体（The Sunshine Press）负责运作。从严格意义上说，维基解密根本就不是一个组织，它最多可以被描述为一个媒体反叛集团。它没有员工，没有复印机，没有办公桌，没有办公室。同时，世界各地的数百名自愿者帮

[①] Tor，是一个抵御流量分析的软件项目。由其组成表层网，可以实现匿名对外连接，匿名隐藏服务。

助维护网站复杂的基础设施；许多人是临时性的，大约300到500人是全职地奉献。《纽约客》（2010年6月7日）杂志特约撰稿人哈卡多里安很详细地记录了维基解密的项目运作，将其定位为"介于组织和社会运动之间"。维基解密没有一个所谓的总部，目前该网站只有5名全职的编辑，而公开身份的只有阿桑奇和德国的网络工程师丹尼尔·施密特（Daniel Schmitt）。此外，帮助网站运转的有数百位志愿者，来自全球各地，有记者、工程师、视频加密专家、律师等。在运作一个项目时，成百上千人会以一种非常短暂的方式参与进来，做一两件关键的工作然后悄无声息地消失。维基解密的发言人丹尼尔·施密特表示，该网站的主要兴趣在于"揭露暴政"，"揭露政府和公司不道德行为"。"你要么自己选择透明，要么'被透明'。"施密特如是说。

维基解密曾宣称网站是由来自亚洲、美国、欧洲、澳大利亚和南非的政治异见者、记者、数学家以及小型公司的技术人员所创立。在成立一年后，网站宣称其文档数据库已经成长至超过120万份。多家媒体指出，澳洲籍的网络行动人士朱利安·保罗·阿桑奇是网站的主导者。维基解密的其他创始人从来就没有被正式地曝光和确认。自从2007年1月起，阿桑奇就同另外几个人正式代表网站出现在公众场合，而阿桑奇本人也仅仅将自己描述为顾问委员会中的一员。众多媒体将他称为"维基解密创始人"。而根据一位在维基解密工作的冰岛自愿者的说法，阿桑奇在一次私人谈话中说自己是"这个组织的心脏和灵魂，它的创始人、哲学家、发言人、源代码编码者、组织者、筹款人以及其他一切"。然而，创立者阿桑奇甚至没有一个家。他从一个国家旅行到另一个国家，住在支持者或者朋友的朋友家里，他也常常对人说："我这些天来住在机场。"他是该网站运作的首要推动者，说阿桑奇走到哪里，维基解密就在哪里，是不为过的。在这样一个分散的机构中，阿桑奇似乎是唯一了解所有事情进展状况的人。在接受美国NPR电台采访时，哈卡多里安评论说，像维基解密这样一种分散的组织架构有利有弊。它的优势是，来自不同司法管辖区的人处理某一项目的不同片段，这增加了维基解密的安全级别，保护了泄密者的身份。当然它的缺陷是效率较低；并且，一旦阿桑奇离开，他的继承人将面临很多困难。

2009年6月，该网站声称有超过1200名的注册志愿者和包括阿桑奇在内的九人顾问委员会。只有少数几个首要人物才认识的核心成员，在维基解密中隐藏颇深，他们之间的在线交流都是通过加密在线聊天服务进行的。保密性源于这样一个信念，一个实质上没有来源的最大众化的情报运作，用来公开强大的机构不愿意公开的信息，会有最危险的敌人。维基解密公布的顾问委员会成员包括前谷歌公司的程序员和网络安全专家本·劳利（Ben Laurie）、泰国反信息检查人士C.J.辛克（C.J.Hinke）、巴西社会正义倡导者基科·维塔克（Chico Whitaker）等等。虽然传说中的顾问委员会包括不少名人，但其实际作用却值得怀疑。一些媒体也报道了某些顾问对自己的这项任职一无所知。阿桑奇则为网站辩解说，委员会是"相当非正式的"，也就是说，只有一些象征意义。尽管顾问们徒有虚名，但这并没有阻止美国的一个右翼博客发表言论说，顾问委员会的所有成员，同阿桑奇一道，都应该被暗杀。

一位曾经在维基解密网站顾问委员会任职的澳大利亚资深播音员、电影制片人、社会评论家和专栏作家菲利普·亚当斯（Phillip Adams），在接受《澳大利亚人报》采访的时候，表示虽有顾问头衔，他从来没有被要求提供任何意见，也从来没有见过阿桑奇。在被问到他是如何成为顾问的时候，亚当斯说："他几年前曾问过我是否有意，那时候还是一个模糊的想法，维基解密听起来像是那种我应该支持的事物，于是，我就答应了。然而，如同我向人们指出的那样，他从来没有向我征求过意见。顾问委员会显而易见是橱窗里的摆设，他到处去找人支持他的那些进步的主张。例如，在美国他找到了乔姆斯基签名。"这位媒体人还表示，他怀疑同他有着同样经历的人还有顾问委员会中的其他人，包括美国著名语言学家、哲学家、思想家诺姆·乔姆斯基（Noam Chomsky）。不过，亚当斯还是激烈批评了澳大利亚的吉拉德（Gillard，任总理）政府在处理阿桑奇问题上的做法，澳政府愚蠢地没有给予阿桑奇任何支持，一味地"做华盛顿的哈巴狗"。

就在维基解密于2006年12月成立不久，它就为一个坚持伦理价值的群体获得了灵感，他们常常在网站上发文章，对发布在网上的数十万份文件提出评论。Wikileak.org 将自身塑造成了一个维基解密项目的"有关伦理和技术问题的讨论博客"。整个网站显然与其学术项目保持一定距离，因为它将自身看成"尚未从属于秘密和操控媒体的大规模文件泄露"的维基解密的一部分。然而，在维基解密面临官司缠身的时候，美国政府以及各类被揭秘的组织试图以种种方式黑掉该网站的时候，曾经持批判态度的 Wikileak.org 博客开始将原始揭秘者的镜像网站域名列表，以供访问者找到这些发布出来的文件、相关文章以及观点论文。网络的力量在于发动群众，一旦信息被网站披露出来，想要封杀就非常困难。加上这帮超越国界的高科技网民有的是技术手段和奇思妙想，复制出了无数新的镜像和博客，网民们在网上和各国政府、组织玩起了"地道战"和"猫捉老鼠"的游戏。诸多媒体也加入了这场信息披露和揭秘的狂欢，不时地将各种"料"爆到报纸的头版、电视的头条。

"维基解密（wikileaks）与维基百科（wikipedia）没有任何关系，只是大家都用了 wiki 的词根而已。维基百科创办人之一的吉米·威尔士（Jimmy D.Wales）表示维基解密并不是一个 wiki 网站，而且，他对维基解密的做法多持批评态度。虽然维基解密和维基百科的英文名称 Wikipedia 中都有"wiki"名词，中文亦翻译成"维基"，但英文"wiki"并不是一个品牌名称。这个机构没有固定的总部和办公场所，工作人员如同军情五处或 CIA 一般神秘，外人无法知道全世界到底有多少人为其工作，他们有着众多愿意向他们揭秘的人，提供海量的信息。维基解密更多地像是一个信息审查机构，他们得到信息，确认其真实性之后，就销毁信息来源的任何资料。在阿桑奇和维基解密的官方说法中，维基解密的信息来自于数个国家的支持者的提供。简单地理解，你可以想象成一种全球范围内的投稿，当然，稿件的内容比较特别。而维基解密需要组织权威的专家，包括资料建立专家、笔迹学专家和相关政治经济领域专家等，对"来稿"进行严谨的审核，去伪存真，之后，再确定是否发布。正因为有了这样严格的自我审查程序，从而维护了西方媒体一直坚持的审慎、独立、客观、自我约束的精神，使得网站解密的内容经得住考验。阿桑奇表示："这是一个可以规避检查的系统，实现了无法追踪的大规模文件泄密和公共分析。"尽管遭受到 100 多起法律方面的威胁，但真正实施的寥寥无几。

自维基解密问世以来，它就致力于披露种种被隐匿起来的信息和真相。法国《国民报》在 2009 年 11 月 19 日的一篇文章中指出："也许，维基解密在其短暂生涯中所披露的独家头条新闻比《华盛顿邮报》在过去 30 年所披露的还要多。"除了 2006 年曝光索马里军阀的新闻之外，2007 年至 2009 年，维基解密网站公布的内幕信息几乎触及了世界热点新闻的各个领域，网站也为自身树立了各式各样的敌人：从地球最为强大的政府到个人、从独裁者到邪教头目、从银行家到科学家。在 2007 年肯尼亚大选前，维基解密曝光了该国政府高层的腐败证据；之后又公布了美国国防部下发给士兵的关于如何审判俘虏的《关塔那摩监狱管理指导手册》；去年还公布了千余封东安格利亚大学气候研究所的邮件，引发"气候门"事件；该网站甚至还公布了莎拉·佩林的雅虎电子邮件信息，以及"9·11"事件中的短信。维基解密一次次地引发了全球媒体和公众的争议，阿桑奇作为该组织的代言人也开始越来越受到关注。

2007年8月31日，《卫报》以"洗劫肯尼亚"为题，报道了1978年至2002年担任肯尼亚总统的丹尼尔·阿拉普·莫伊家族腐败丑闻。文章援引揭秘的原始资料，报道了莫伊家族触目惊心的贪污记录：将数十亿英镑的钱款汇入包括英国在内的30多个国家的银行；莫伊个人及其亲信侵吞了高达10亿英镑的政府资金；其家族在南非、美国、英国分别拥有价值数百万英镑的不动产，包括在澳大利亚的一个面积达10000公顷的农场；其亲信涉嫌与意大利毒枭合作贩毒和制造伪钞；他的亲信还在比利时拥有一家银行。这些内容来源于《克罗尔调查报告》。2003年，新总统姆瓦伊·齐贝吉上台之后，就委任克罗尔先生对莫伊统治期间的腐败进行调查，在莫伊统治的24年里，肯尼亚成为世界上贪污腐败最严重的国家之一。但随着调查的进行，齐贝吉政府自身也受到腐败丑闻的困扰，调查随之不了了之。但《卫报》掌握了这份报告，来源就是维基解密："这份报告是通过维基解密网站得到的，该网站的目的就是将腐败曝光。相信这份文件是由一名政府高官泄露的，由于他不满齐贝吉先生未能有效地惩治腐败以及在12月举行的总统大选中同莫伊结成联盟。"尽管已经下台，莫伊一直是肯尼亚政治舞台上一位有着巨大影响的人物，只有得到他的支持，齐贝吉总统才能保住下一个总统任期。

2008年2月，瑞士的裘利乌斯·拜尔银行向美国加利福尼亚州的一家法院起诉维基解密和wikileaks.org的域名注册商Dynadot，维基解密被起诉的原因是一起该银行的泄密案。2002年，该银行发现保存于开曼群岛的1997年至2002年的匿名客户记录发生了泄露。银行使用测谎器对当地员工进行了调查问讯，结果发现，他们不满意一名叫鲁道夫·艾尔曼（Rudolf Elmer）的运营经理，于是，银行终止了和他的雇佣合约。2005年6月，该泄密事件被瑞士的财经周刊《现金》和《华尔街日报》报道，但个人账户的细节没有公布。2007年12月，艾尔曼认为他自己及其家人遭到监视，于是将有关文件交给了维基解密。2008年1月，部分泄密账户数据出现在维基解密网站上，按照曾经为维基解密网站发言人丹尼尔·施密特的分析，泄密账户数据出现在网上的时间，正好是艾尔曼离开开曼群岛之后。维基解密运动人士声称，这些文件为隐匿资产、洗钱和避税提供了证据。维基解密网站已经确认了十名账户拥有者的身份，他们来自美国、西班牙、秘鲁、德国、希腊、中国香港和瑞士。2011年1月16日，艾尔曼宣布他会将2000名"高网络价值的个人"的海外账户详细资料交给维基解密。然而，他将结束流亡，回到瑞士，面对审判。而裘利乌斯·拜尔银行则宣称艾尔曼伪造了那些文件。

　　裘利乌斯·拜尔银行最终赢得了诉讼，法院裁决永久性地关闭维基解密网站。维基解密的域名注册商Dynadot被迫取消了该网站的DNS入口，然而，维基解密依然可以通过多个IP地址登陆，在线的支持者立刻就在全球几十个备选网址上恢复了维基解密网站的镜像。同时，美国公民自由联盟和电子前哨基金会发起了一场运动，抗议对维基解密的审查。争取媒体自由记者委员会组织了一个媒体和出版机构的联盟，发起了支持维基解密的一个《法庭之友》（Amicus Curiae）简报，该联盟包括美国主要的报纸出版商和出版机构，诸如美联社、《洛杉矶时报》、全国报纸出版协会、美国报业协会等。该联盟要求法院将他们作为"法庭之友"，倾听媒体的声音，他们相信法院忽略了《美国宪法第一条修正案》的精神。该联盟主张："维基解密为全球的持不同意见人士和黑幕揭秘者提供了一个论坛，但是 Dynadot 禁令仅仅根据被告对有限数目的帖子的质疑，就强加一个预先的限制，极大地减少了通过互联网登陆维基解密网站。因而，Dynadot 禁令违反了一项禁令，不能对一个出版商或者其他言论发布人的所有传播内容有效这一根本性的原则。"

在强大的媒体压力下，发布禁令的法官杰弗里·怀特（Jeffrey White）于 2008 年 2 月 29 日援引《美国宪法第一条修正案》的有关精神，取消了该禁令，维基解密因而得以在网上恢复其网站的运营。"电子前哨基金会最终在法律上成功地挑战了法官的裁决，这项禁令试图通过网络服务器关闭所有 wikileaks.org 的域名网站，此举被《纽约时报》的一篇社论比喻为'因为反对一篇文章而关掉整个报社'。"裘利乌斯·拜尔银行也于 2008 年 3 月 5 日撤回了该案，法官也否认了该银行要求禁止该网站的信息发布。争取媒体自由记者委员会的执行董事露西·戴尔格里什（Lucy Dalglish）这样评价说："在一个案子中，一位联邦法官做出 180 度的转变并取消了判决，这确实不太寻常。但是，我们非常满意，法官认识到了在这个预先限制中的宪法意义。"电子前哨基金会（EFF）的马特·奇摩曼（Matt Zimmerman）说："我们非常高兴怀特法官认识到他早先的禁令引起了非常严重的宪法关切。……因为你对网上的一些内容有争议，就试图干涉整个网络的运行，永远不是一个明智的办法。阻止登陆一个互联网域名来试图禁止人们看到一些广受争议的文件，这种做法不但违宪，而且根本行不通。"

2007 年 11 月 7 日，一份"三角营标准运作程序"手册在维基解密的网站上被公布，该文件显示了位于关塔那摩湾美军基地囚禁犯人的设施。这份 238 页的文件，日期是 2003 年 3 月 28 日，虽然不属于机密级别，但标明"仅限于官方使用"，显然出于包括美国国家安全在内的各种原因，美国军方不希望此文件被传播出去。维基解密通过匿名的渠道得到该文件，并对其真实性进行确认和分析后，将其公布。该文件的解密让人们看到关塔那摩基地美军关押囚犯的规定和日常运作，包括美军设立的一些对付部分囚犯、不对国际红十字会开放的禁地，自从2002年以来，美军在这里关押了数百名恐怖主义嫌疑犯。该文件还披露了营地的轮廓图，日常运作中奖励项目的详细清单，例如给囚犯额外的手纸作为奖励，还有长达6页的如何对待新囚犯的指导，例如如何在心理上控制他们，处理囚犯绝食的原则。手册还对囚犯按照国际红十字会是否有权接触做了区分，划分为四个级别：（1）禁止接触；（2）视觉接触——国际红十字会成员只能观察一个囚犯的有形条件；（3）限制接触——国际红十字会代表只能就囚犯的健康提出简短的问题；（4）无限制接触。对外界要求对此做出评价的呼声，五角大楼未给予答复。

2008年3月24日，维基解密公布了他们称之为"科学教秘密'圣经'集成"的长达612页的手册。公众从未看到过如此完整的科学教的文件，在此之前，科学教曾经因为CNN电视台和《时代周刊》发布过其中一小部分内容而起诉这两家媒体。4月7日，维基解密收到一封来自该教宗教技术中心的信，日期是3月27日，这封信称对这些文件拥有所有权，它们属于科学教的"执行希坦"（该教高级成员，声称对"生命、思想、物质、能量、空间和时间"具有认知和意念能力）级别。这封来自Moxon&Kobrin[①]的阿瓦·派奎特的信称："我有一个很强的信念，事实上确切地知道，在你们的系统上发布这些著作的复本，未经过我们的任何一位顾客或我们顾客的任

---
① 是一家律师事务所。

何一个代理或者经过法律的授权。因而，我们请求你们帮助，立刻从你们的服务中将这些作品删除。"

科学教是一套信仰与修行活动的体系，是由 L. 罗恩·贺伯特（L.Ron Hubbard）所创立，科学教始于 1953 年，其前身是贺伯特更早期的一套自我帮助的系统——戴尼提（Dianetics）。贺伯特将科学教定位为一个宗教，并于 1953 年于新泽西建立了科学教教会（Church of Scientology）。"科学教"的英文字 Scientology，是拉丁字 scientia（代表"知识"、"技巧"）与希腊字 λόγος（lógos，意指"表达内在思想的文字或外在形式并且使人了解"）组合而成，而 scientia 源自一个动词 scīre（"去知道"）。因此，科学教意指"了解关于知道"（Knowing about knowing）。1901 年，艾伦·厄普得（Allen Upward）虚构了 Scientology 这个字，作为一个轻蔑的用语，用来代表"对科学的学说主义不经思考而盲目的接受"（亦即"盲目迷信科学"之意）。这是根据"互联网圣言文库"所引述厄普得一本罕为人知的著作《新道》（*The New Word*）之前言："这个字代表理想主义。"然而该出版者也写道："我没有任何证据，证明贺伯特知道这本非常罕见的书。"1934 年，哲学家诺顿霍尔兹出版了一本书，当中用 Scientology 这个字来代表"有关科学的科学"。"科学教"的非正式中文译名包括"科学神教"和"山达基"。

科学教教导人们，人是不朽的精神个体，而此个体已经忘却了他自己真正的本质。科学教恢复灵性本质的方法，是某种形式的咨商，被称为听析（Auditing）。从事听析的参与者，其目的在于意识清醒地重新经历他们过去的痛苦或受伤的事件，以便让他们从那些事件有限的影响中释放出来。成员按照明定的数额捐献，就可以获得研读的教材与听析课程。科学教一开始就饱受争议。它常被人描述为一个邪教，进行财务上的诈骗并虐待其成员，为其灵性上的服务收取过高的费用。科学教教会对付这类的批评者一贯采用诉讼的手段，而它积极追赶其敌对者的态度，常被视为骚扰。科学教另一项饱受争论之处，在于其相信希坦转世，而且在灵魂生活在地球之前，曾经在别的星球上生活过。科学教以前的成员提到，贺伯特所写的关于过去遥远外星上所发生的事，现在涵括于保密的高阶层级中，直到这些成员缴付数千美元给科学教教会之后，才会对他们揭露此等事情。

科学教要求网站删除有关该教的资料，并且威胁援引美国《知识产权保护法》对该网站提出诉讼，维基解密的反应是坚决而又针锋相对的。网站公开声明："维基解密不会屈从于科学教的滥用司法的要求，就如同维基解密不会屈从于瑞士银行、俄罗斯海外干细胞中心、非洲窃国大盗和五角大楼的类似要求一样。维基解密将永远是这样一个地方，全世界的人都能安全地将非正义和腐败曝光。"该网站将科学教称为"邪教"，并进一步宣布："为了回击蓄意的压制言论，维基解密将在下周公布另外数千页的科学教材料。"当然，科学教也对此做出了反应，科学教的国际发言人卡林·普（Karin Pouw）在给福克斯新闻网的邮件中写道："我只能假设驱动他们的活动的是宗教仇恨和偏见，他们将我们的具有知识产权的经文发布出去，毫无利他主义价值，尽管维基解密的自我辩解的声明与此相悖。公布整部经书和上百页的出版著作根本不是什么'阳光政策'，而是彻头彻尾的侵犯版权行径。"阿桑奇对此反唇相讥："我们认为这只是一个小问题，我们通常处理的是政府腐败和军方机密，因而，这样一个狂热的宗教组织与我们通常所做的事情似乎互不相干。但是既然受到了他们的法律威胁，……是我们要摆明一个立场的时候了。"于是，维基解密又将更多的科学教材料公布。

不仅如此，2008 年 4 月中旬，维基解密又盯上了摩门教，其正式名称是"耶稣基督后期圣徒教会",网站将该教的《指导手册》秘密版本公开。这些材料即使对于大多数信徒也是无法得到的,包括该教的各个层级如何处理信徒的戒律、绝罚和叛教等事务。该教发布了法律警告,要求维基解密将这些信息从网站上删除,甚至对维基媒体基金——运营维基新闻和维基百科的非营利组织——发出了威胁,因为它将这些材料链接到了维基新闻的一篇文章中。后期圣徒教会发言人迈克尔·普尔迪(Michael Purdy)在一封电子邮件中写道,这份材料中并没有什么有特殊新闻价值的东西,并且说它只是用来作为"帮助本地教会领袖管理教会事务的一份参考指导书"。阿桑奇却并不这样认为,这份文件对于公众或摩门教的妇女是不公开的,他说:"事实上,许多摩门教的妇女给我们写信,告诉我们她们看到了网上的这个信息是多么高兴。"

这些解密事件让人们看到,不仅美国军方和政府不喜欢维基解密,像拜尔银行这样的商业机构或科学教这样的宗教组织也害怕维基解密的曝光。"维基解密的核心力量在于其在网络上发布信息和如幽灵般的存在的能力,迄今为止尚未遭受法律和技术的考验。"然而,维基解密强调的不受世界法律限制的言论自由正成为网络出现早期的回忆,越来越多的政府和组织学会了使用法律和信息过滤装置在网上强制实施至少某种程度的国家标准。但是,最终科学教和摩门教都没有真正使用法律手段去争取自身的所谓著作权。阿桑奇说:"我认为摩门教足够聪明,没有采取下一步的行动。"如果他们真的采取行动,阿桑奇表示,维基解密欢迎诉讼。"法律诉讼能够验证我们所解密的文件,并引起人们关注那些正在揭露这些或那些组织犯罪信息的人,它也同时引起人们对我们组织作为一个整体的关注,也有可能产生这样一个情况,诉讼本身将材料公之于众,也是一个揭露真相的手段。"

2008年9月，维基解密公布了共和党副总统候选人莎拉·佩林[①]的雅虎电子邮件账户内容。就在大选进行期间，佩林的雅虎邮箱遭到了匿名黑客侵入，起因是她使用了私人的雅虎账户发送了与工作相关的信息，从而违反了公共记录法。该事件成为美国主流媒体争相报道的新闻。据《华盛顿邮报》2008年9月19日报道，一名黑客侵入佩林的邮箱并读出了该共和党副总统候选人邮箱中的内容，这些信息有可能改变她的"竞选轨迹"。尽管维基解密极力保护黑客的身份，但最终黑客还是被确定了，此人名叫大卫·科奈尔，一名20岁的田纳西大学经济学专业的学生，他是孟菲斯的民主党众议员迈克·科奈尔的儿子。大卫试图在网上隐匿自己的身份，但最终还是被联邦调查局找到。约翰·麦凯恩谴责了该事件，他说这是一起"令人震惊的侵犯官员个人隐私和违法事件"。而当时的民主党候选人奥巴马的发言人比尔·伯顿也称黑客事件"不像话"。该案件经过多次审理，最终于2010年11月宣判，大卫·科奈尔被判一年零一天的监禁，缓期3年执行。

从2008年11月1日起，维基解密在网站主页上连续发布肯尼亚警察在司法审判之外滥杀无辜的文件，题目为《肯尼亚：鲜血的哭泣——司法审判之外的杀戮和失踪》。肯尼亚全国人权协会（KNCHR）对肯尼亚警察滥杀事件展开了调查，并由两名人权调查人士奥斯卡·卡玛乌·金加拉（Oscar Kamau Kingara）和约翰·保罗·乌鲁（John Paul Oulu）撰写成了《肯尼亚：鲜血的哭泣》。该报道称，2007年6月以来，在该国的政治领导人的阴谋策划之下，肯尼亚警察进行了一系列杀戮，导致500名青年男子死亡或失踪。2007年6

[①] 莎拉·佩林（Sarah L. H. Palin，1964年2月11日—），美国共和党人，2006—2009年为阿拉斯加州州长，2008年成为美国总统选举共和党候选人约翰·麦凯恩（John McCain）的竞选搭档。

月1日，在马达拉卡日①庆祝仪式上，总统姆瓦伊·齐贝吉警告蒙基奇（Mungiki）②帮派分子不要想得到任何怜悯。于是，多名肯尼亚政府高官声称，要严厉打击所谓蒙基奇帮派分子和其他犯罪分子。两天之后的6月3日，至少有300名蒙基奇嫌犯被捕，至少20人被杀，据报道他们正在监督新入伙的成员宣誓。警方所实施的这些司法程序之外的杀戮开始了，在短时间内，失踪和死亡达到了高峰。警察首先使用枪支处决嫌犯，随后改变了杀人手段，使用绞杀、溺水、断肢和棒杀等手段，这一策略的改变是为了让公众相信，这些滥杀暴行是同蒙基奇有冲突的黑帮干的。肯尼亚警方发言人埃里克·基莱特（Eric Kiraithe）在不同的场合都将狂杀潮归因于竞争的黑帮所为，以混淆视听，从而转移公众注意力，掩盖警方令人发指的非法杀戮。

2007年9月20日，肯尼亚外长洪·拉斐尔·图朱（Hon Raphael Tuju）在公民电视台（CitizenTV）称，在过去的几个月里，有多达400人因为是蒙基奇分子而被杀。这次节目是直播的，人权协会当时获许入场。在编辑《肯尼亚：鲜血的哭泣》报告的时候，肯尼亚全国人权协会搜集到了至少300名被害者的姓名等资料。至少有另外200名死者的身份无法确认，因为他们在停尸房中所登记的状态是：不明。因而，这些尸体长时间得不到家属的认领，只得由有关部门处理。这份调查附上了多份尸检报告，大多数最近受害者的死因是钝性外伤、窒息、溺亡或被利器截肢。一些目击者则向肯尼亚全国人权协会诉说，他们看见行刑队员们在车上手持斧子、铁棍、绳索和其他凶器。协会还不断地收到失踪者家庭的申诉，自从他们的家人被警方带走之后就杳无音讯，或者在遭到警方带走的地方附近的

---

①肯尼亚二年一度的自治日，也是肯尼亚官方法定的公共节假日。
②成立于1980年的肯尼亚帮派，帮派宗旨为政治和宗教诉求。例如反对殖民主义的一切，反对西方文化，回到非洲传统等，本地土语的意思是"团结的人"。

停尸房里被发现。

尽管该报告被提交给了肯尼亚当局以及联合国禁止酷刑委员会，但该报告在肯尼亚公众是无法看到的，甚至不能出现在肯尼亚全国人权协会的网站上。最终这份报告出现在维基解密的网站上，该网站称："该报告需要被广泛阅读，因为肯尼亚媒体不会讨论这些罪行的这一证据，这是由警方出于政治原因所犯下的——受害者大多数被称为蒙基奇帮派分子，由于警方持续不断的政治宣传，被人们认为是一个恐怖主义邪教。一旦肯尼亚警方的这些罪行昭示天下，一定会出现将肯尼亚警察总监和其他肯尼亚高官交给国际罪犯法庭审理的压力。然而，迄今为止，这些人仍然在肯尼亚逍遥法外，逃避正义的惩罚。"

2009年1月1日，《肯尼亚：鲜血的哭泣》报告撰稿人之一的人权活动家金加拉律师写信给国际刑事法院（ICC），要求调查总统齐贝吉、前内务部长和警务委员会的反人类罪，这些与2007年以来发生的造成1500人死亡的警方司法程序之外的杀戮有关。联合国最终对此事展开了调查，联合国对司法审判之外的杀戮特别调查员菲利普·阿尔斯顿（Philip Alston）教授主持调查工作，2009年2月25日，阿尔斯顿在位于吉吉利联合国驻地公布了最终调查报告。在维基解密公布的这份报告中，他谴责警察滥杀年轻人，只因为相信他们是蒙基奇分子，另外有几十名肯尼亚人在大选的高潮期间被害。在2007年一个有争议的大选所引发的政治暴力中，最终导致至少1133人被杀。另外在反对派指责总统齐贝吉操纵大选之后，有35万人无家可归。迫于压力，总统齐贝吉公开承认司法程序之外的滥杀，以及需要进行政治领域的彻底改革。但几天之后，《肯尼亚：鲜血的哭泣》的两名撰稿人一同遇刺身亡，彻底粉碎了齐贝吉要求所谓改革的谎言。

就在一位联合国专家将肯尼亚警方描述为"自己说了算的法律"一周之后，发生对金加拉和乌鲁的冷血谋杀，将已经十分紧张的警察和民众的关系带入了新的最低点。3月5日，金加拉和乌鲁乘坐一辆白色的梅赛德斯轿车行驶在高峰时段的路上，准备前往肯尼亚全国人权委员会的办公室，就在内罗毕大学外的一条街上，他们遭到了伏击。三名穿黑色西服的枪手不断地朝汽车射击。金加拉当场毙命，而乌鲁受了致命伤。目击者说杀手乘两辆车迅速逃离了现场。就在刺杀发生几个小时前，一名政府发言人阿尔弗雷德·穆图阿（Alfred Mutua）公开地诋毁金加拉帮助非法的蒙基奇犯罪团伙，为他们提供资金。金加拉和乌鲁遇刺立刻就让人怀疑，警方和政府是罪魁祸首。肯尼亚人权协会的塞普利安·尼亚姆瓦姆说："肯尼亚的人权组织坚持认为，政府完完全全地对暗杀负有责任。"警方则否认政府对谋杀负有任何责任。总理莱拉·奥丁伽（Raila Odinga）谴责谋杀，警告国家正处在危机边缘。他说："我们正在分崩离析，不再是一个国家。"2009年10月27日，蒙基奇的主席麦纳·尼延伽（Maina Njenga）被宣布无罪释放，因为对他的谋杀指控证据不足。大约一个星期之后，蒙基奇的发言人大卫·基陶·纽古纳（David Gitau Njuguna）在内罗毕被身份不明的杀手开枪射杀。在金加拉和乌鲁遇刺之后，维基解密立刻呼吁目击报告，并将他们描述为"维基解密相关的资深人权活动家"。

维基解密所公布的《肯尼亚：鲜血的哭泣》以及相关资料在2009年6月获得了国际特赦组织所颁发的英国媒体奖（"新媒体"类）。正因为一直为建立一个透明的公民体制不懈努力，维基解密曾获得数个奖项，包括2008年的《经济学人》杂志"新媒体奖"。2010年5月，《纽约每日新闻报》将维基解密列为"彻底改变新闻界的网站"中的第一名。

2008年11月18日，在短暂出现在博客上之后，维基解密在其网站上公开了极右翼的"英国国民党"（British National Party，BNP）的成员名单。这份2007年至2008年该党的联络名单得到了维基解密人士的确认，名单包括12801名成员中许多人的姓名、地址、年龄及职业等详细资料，其中包括几位警官、两名律师、四名牧师、至少一名医生以及多位中小学教师。英国国民党坚持种族主义路线，呼吁英国摆脱非白人族裔。该党有一个理事会，其纲领是促进边缘化的英国白人所认知的社会或经济福利。该党以在相当长的时间里隐藏党员身份而著称。在英国，警官被禁止加入或支持英国国民党，至少有一名警官因为是该党党员而被解职。按照该党发言人西蒙·达尔比（Simon Darby）11月18日的评价，"某些人出于恶意或背叛公布了它，"他说，"对于这么做的人，这是一桩邪恶的事情。这是因为在即将来临的明年6月份的欧洲大选中，我们一直被认为是一个非常具有威胁的政党。"11月19日，该党领袖尼克·格里芬（Nick Griffin）声称他知道了在11月17日那天泄露名单的那个人的身份，并称此人是一个强硬路线的高级雇员，已经于2007年退党。2009年10月20日，截止到2009年4月的一份党员名单再次泄露，该名单包含11811名党员。在这一次曝光的名单中还包括少数试图渗透进该组织的记者和"反法西斯人士"。

2009年3月16日，《卫报》刊登了一篇文章，援引匿名的内部爆料者所提供的文件，揭露了英国第三大、历史可以追溯到1690年的巴克莱银行通过复杂的金融工具进行避税、偷税、漏税等活动。按照这些文件，巴克莱银行系统化地帮助其客户逃避了他们按照多种司法体系应当缴纳的税收，金额十分巨大，银行则以此种方式吸引顾客，并从中获利。这种避税活动通常是在开曼群岛、纽约、卢森堡等相互支持的金融机构之间进行的，资金规模常常高达数十亿美元，正是巴克莱银行的"结构化资本市场"事业部精心构建了这种国际避税体系。然而，巴克莱银行的律师弗莱西菲尔兹（Freshfields）在第二天清晨起诉《卫报》，要求从其网站上清除那些揭秘的文件，银行称这些文件是巴克莱的财产，泄露的唯一可能是有人错误地得到了它们，并违反了保密协定。《卫报》的律师杰拉丁·普罗德勒（Geraldine Proudler）凌晨两点（3月17日）的时候被电话吵醒，被要求讨论《卫报》泄密的案子。大约2点31分，法官奥塞莱先生发布了一个命令，要求文件从《卫报》网站上删除。就在当天，这些文件出现在了维基解密的网站上，顿时引发了人们对该银行避税行为的激烈讨论。在《金融时报》上的一位评论者这样写到："骗术精妙、姑息纵容、蓄意而为且机关算尽的避税实在让我感到震惊。……这让我感到这些人理应坐牢，而像巴克莱这样的银行应当倒闭。通过诸如此类的恩惠和计谋，他们掠夺了我们每个人——在这个国家（或其他国家）每一个现在或者将来诚实纳税的人——的钱财。"

2009年3月16日，维基解密在其网站上公布了澳大利亚传播与媒体局（ACMA）根据互联网审查的有关法律制定的网站黑名单。这些网站很多涉及色情内容，尤其是一些涉及儿童色情内容。悉尼大学的副教授比约恩·兰德菲尔德（Bjorn Landfeldt）说这份清单"包含着一个伤风败俗和潜在十分危险内容的简要百科全书"，他还认为公布的清单上的那些网站，会使好奇的孩子不可避免地去查找，而那将是"关心孩子的家长的噩梦"。清单上的网站种类引起了新闻机构的特别注意；网络审查法规是2008年由工党提交的，旨在阻止登陆儿童色情及恐怖主义相关的网站，但是，这个清单还包括不少与未成年人色情无关的网站。阿桑奇日前对一家《悉尼先驱晨报》表示，维基解密公布了泰国、丹麦和挪威的审查黑名单，其中就有不少并不涉及色情内容,例如清单中的1203个泰国的网站受到审查就是因为批评泰国王室的。泰国网络审查系统建立的初衷是为了阻止儿童色情的蔓延,而一旦一个旨在秘密审查色情内容的计算机系统建立起来,它也可以被用来迅速地扩张到其他(例如政治)领域,并覆盖其网站内容。3月20日,维基解密又公布一个最新的清单,进一步地增加了被ACMA查禁的网站,从而证实了黑名单的规模。

2009年7月16日,伊朗新闻机构以及BBC等媒体报道,伊朗原子能机构负责人格拉姆·莱扎·阿加扎德(Gholam Reza Aghazadeh)在任12年之后突然辞职,原因不明,据称辞职是于20天前提出的。第二天,维基解密网站公布了一份报告称伊朗纳坦兹核设施于2009年发生了一起"严重的核事故"。维基解密称消息来自接触该核设施的人士,并称网站有理由相信消息的真实性,尽管与消息人士的联系已经中断。美国科学家联盟(The Federation of American Scientists,FAS)发布的统计表明,就在维基解密所提到的核事故发生的时间,伊朗运行的浓缩铀离心机数目突然从4700降到了3900。据媒体报道,该事故可能是针对伊朗核项目的一次携带Stuxnet计算机蠕虫网络攻击的直接结果。一年后的2010年9月26日,伊朗官方证实,30000多台工业计算机遭到Stuxnet蠕虫攻击,布什尔(Bushehr)核电站也在其列,但并未受到感染。就在维基解密公布伊朗核事故的前一天,维基解密发布的消息称伊朗封锁了维基解密的全部镜像网站。这份维基解密的文件指出,与许多西方国家的媒体(尤其是英语媒体)不同,维基解密远非伊朗当局的敌人,相反,维基解密常常发布其他国家(如美国和以色列)企图针对伊朗所采取的行动计划或方案等文件,例如美国出钱支持了诸多伊朗反对派的媒体和网站,试图搞垮伊朗政府。伊朗封杀维基解密的理由并不是担心西方势力的影响,"封杀维基解密是试图阻止伊朗的揭秘者将真相传递到外面去。从审查的角度看，封堵维基解密就像是伊朗的柏林墙时刻；它并不是企图将敌人挡在外面，而是企图将伊朗人关在里面，因而，这种行为是要谴责的"。换言之，维基解密真正感兴趣的是真相和正义。

总部设在阿姆斯特丹的跨国企业特拉菲古拉（Trafigura），主要经营金属、能源（石油）等业务，在36个国家设有营业机构。该公司于2006年9月出台了一份有关在非洲科特迪瓦阿比让附近的一次有毒物质倾倒事件的内部报告，按照联合国有关机构的估计，这次事故所造成的影响波及108000人的健康。事实上这次事故可能是历史上最为严重的化学废料泄漏事故之一。这份被称为《明顿报告》的报告命名了"可能存在于"废料中的多种有害化学物质，并提到其中的一些"可能会在一定距离内造成危害"。报告还陈述了潜在的健康影响，包括"对皮肤、眼睛和肺部的灼烧、呕吐、腹泻、神志丧失和死亡"，并提出报道的高伤亡数量是"与存在一个可观的硫化氢气体泄漏一致的"。2009年9月11日，特拉菲古拉公司的律师事务所卡特－鲁克（Carter-Ruck）获得了一个秘密"超级封杀令"，禁止英国《卫报》发表该报告的任何内容。卡特－鲁克是一家专门替客户起诉媒体的专业律师事务所，有着封杀媒体的丰富经验和手段。卡特－鲁克还威胁其他媒体，例如挪威广播公司和《化学工程》杂志，如果这些媒体发表报告内容的话，就要对这些媒体机构采取法律措施。2009年9月14日，维基解密在其网站上发布了该报告，并在网站上表达了对《卫报》的支持。接下来又将由此引发的争论连续发布。

一些议员则试图推翻封口令，在议会下院讨论了《明顿报告》、秘密封口令的日期以及特拉菲古拉公司，于是导致了10月12、13日的喧嚣骚动。10月12日，卡特－鲁克律师事务所警告《卫报》，禁止提及议会有关报告的事情。《卫报》则发表了一篇文章，他们无法报道一个非特定的问题,并声称这种情形显然"对《1689年权利法案》所确立的保护言论自由权提出了质疑"。该文指出,"《卫报》被禁止告诉读者该报为何被禁止——在记忆中是第一次——报道议会",无法确定源头的司法阻碍包括不得提及仍处于保密状态的一个客户的诉讼,唯一可以报道的就是该案涉及到伦敦的卡特-鲁克律师事务所。《卫报》发誓要向法院起诉,推翻封口令。该报编辑阿兰·鲁斯布瑞杰说:"在这个国家的传媒法律越来越将报纸置于一个卡夫卡式的世界里,关于压制的信息以及压制它的诉讼,我们无法告诉公众的任何事情。而当这些限制包括报道议会本身的时候,这是双重的威胁。"被压制的言论细节在网络和推特上迅速流传。第二天,卡特-鲁克同意在法院诉讼前修改禁令,允许《卫报》揭露问题的存在和封口令。10月16日,禁令彻底解除。

2009年,维基解密涉及的揭秘事件主要还有以下几起。1月28日,维基解密公布了截获的涉及2008年秘鲁石油丑闻的秘鲁政客同商人之间的86段电话录音,泄密的内容占据了五家秘鲁报纸的头版。这导致了由工人、教师、建筑工人和医生等社会各阶层的街头示威游行,要求内阁辞职。丑闻最终导致总理霍尔格·德尔·卡斯蒂洛的下台,并任命耶胡德·西蒙为总理的新一届内阁。

自从2009年5月起,维基解密连续在其网站上公布比尔德伯格集团(Bilderberg Group)历史上几次会议的报告,年份分别是1955年、1956年、1957年、1958年、1960年、1962年、1963年和1980年。该集团发起于1954年,因在荷兰的比尔德伯格饭店举行定期的秘密会议而得名,集团成员包括跨大西洋的各国政要、军方要人、商界巨子、银行财阀、王室成员和其他各类精英,据称这些会议旨在操控整个世界的局势。2009年8月,在一系列揭秘网帖中,维基解密网站将考普辛银行(Kaupthing Bank)的内部文件公布。文件显示该银行涉嫌将大笔资金借贷给银行的所有者，最后将大量坏账一笔勾销。该行的律师威胁要引用银行保密法对维基解密采取法律措施，然而，揭秘文件引发的冰岛国内的骚动迫使银行不得不采取补救措施。此举恰在冰岛银行业的倒闭之前，倒闭最终造成了2008年至2010年的冰岛金融危机。

2009年10月，英军的第440号联合服役条例（Joint Services Protocol 440），一份长达2400页由英国国防部2001年制订的保密文件，被维基解密泄露。该文件包含安全保卫的条例，例如如何避免信息泄露给黑客、记者和外国间谍。

2009年11月，维基解密公布了气候门（Climategate）的一系列电子邮件和档案。2009年11月，某黑客入侵英国的隶属东安格里亚大学的气候研究小组的服务器，将存储在上面的个人档案以及发现的电子邮件发布于网络上（亦有人认为并非黑客所为，而是内部告发）。1996年以后的1000封以上的电子邮件以及3000份以上的内部文件被盗取。有关部门正在对此进行调查。对温室效应持反对意见的团体认为，那些电子邮件通信是为了将气候变迁归咎于人类活动，而对数据进行篡改的密谋。

作为一家非营利媒体机构，维基解密网站的运营资金主要来自团体和个人的捐助，或者团队成员自掏腰包。数十万美元的合法捐赠来自于媒体机构，包括美联社、《洛杉矶时报》和全国报纸出版协会。由于没有从事任何商业项目，资金来源并不稳定，资金短缺一直是困扰维基解密网站的一个棘手问题。与其公布机密文件时的透明度形成鲜明对比，维基解密在自身财政问题上则极端谨慎。阿桑奇表示5位所谓"全职"编辑，也都是不计报酬的，他们都是通过某种其他事情挣钱维持开销。维基解密在德国的代表、曾经作为该组织发言人的丹尼尔·施密特（Daniel Schmitt，真名叫丹尼尔·多姆施特－贝格，Daniel Domscheit-Berg，后离开维基解密）曾经对电视媒体表示，所有维基解密成员都是自愿工作的，甚至他们的发言人也没有工资。维基解密每年（2009年以前）的运营开支大约为15万欧元，主要是网络费用、网站服务器的租用和储存成本、一些硬件和旅行费用。据阿桑奇称，维基解密在其他国家也注册了类似的机构：澳大利亚的一个图书馆、法国的一家基金会、瑞典的一份报纸，以及在美国的两个免税慈善组织。但阿桑奇并没有透露这些机构的名称，因为他担心政治因素可能会导致捐款流失。

2009年12月24日，维基解密宣布它正遭受资金短缺，除了提交新材料的形式外，该网站已经取消了所有资料的外部链接。所有登陆该网站的用户看到的是维基解密的筹款声明："我们保卫世界，但谁来保护我们？"先前所公布的材料也无法登陆，尽管一些人仍能通过非官方的镜像进入。维基解密宣布一旦运行成本筹措到，就立刻恢复网站全部运行。该网站将其看做是一种罢工，"为的是保证所涉及的每个人都停下手中的工作，切实地花时间去筹款"。在2010年1月4日所做的一次访谈中，当被问及维基解密的运作成本时，阿桑奇说："迄今为止，最大的成本是人。当然，随着运行规模的增加也会有一个成本。我们经手的材料越多，就会发生越来越大的管理和人力成本。员工需要写材料的概要并核实它的真伪。目前每个人都是自愿服务，但那种状况将永远持续下去。"管理成本和网站维持的费用一直在上升，2009年，至少需要20万欧元，如果计算人员工资的话，则至少需要60万欧元。对于维基解密这样一个非营利机构而言是难以负荷的。阿桑奇表示暂时关闭网站就是为了让公众再一次意识到，维基解密存在的价值和意义。

经过十几天的努力，到1月6日，该网站的最低筹款计划达成，网站重新开放。在2009年12月之前，他们每个月收到的捐款平均不到 3000 欧元。维基解密网站因资金问题被迫关闭后的数个月内，捐款额一下子增加了 20 倍。在募集到约 75 万欧元之后，网站于 2010 年 5 月又恢复了运行。事实上，"维基解密每一次发布新的文件都会引起一阵捐款高潮。"福尔达表示，"通过贝宝方式[①]支付给维基解密的捐款一周就超过了 8 万欧元。"然而，不久之后，由于受到了某种压力，贝宝宣布冻结维基解密的账号。

阿桑奇曾经表示，维基解密发布机密文件的行为已经招致了部分政府和企业的封杀和起诉，他们担心机构的资金和设施将成为下一阶段的攻击目标。这种担心很快就成为了现实。2010 年 7 月，在维基解密公布了大量美军机密文件以后，网站已经遭受到了一系列的网络攻击。出于政治考量，原来同维基解密合作的不少公司——包括网络巨人亚马逊公司——已经终止了托管网站及为其提供服务。此外，一些金融机构——包括万事达（Mastercard）、维萨（Visa）和贝宝——都已经撤出了允许人们对该网站捐款的服务。网站在瑞士的银行账户也被关闭。因此，该网站已经建立了一个复杂的汇总和拨付系统，以保护捐款的来源和用途。"运作一个机构非常困难，更别说一个不断被监视和起诉的机构。"阿桑奇说，"司法裁决会对一个机构的运营产生影响，我们不能让现金流被完全约束住。"

德国 WauHolland 基金会是维基解密的金融网络中的一个关键。维基解密鼓励捐助者通过它在该基金会的账号捐款。这样做有两点好处。首先，根据德国法律，基金会不能公开披露捐赠者的姓名；其次，由于基金会没有涉及维基解密的运作，它也不可能被起诉，因此捐款也能得到保护。从 WauHolland 基金会取钱的程序并不简单。维基解密必须向基金会提交收据才能领取相关费用。由于法律

---

① 是一个总部在美国加利福尼亚州的因特网服务商，允许在使用电子邮件来标识身份的用户之间转移资金。

规定基金会的开支必须公开，维基解密还需要通过其他机构将账单汇总起来，这样才能使一些与维基解密有业务往来的公司保持匿名状态。维基解密的网站运作需要数台功能强大的计算机连接到高速互联网上。所以，对这些服务器和网络设施以及相关安全维护人员的费用支付尤其需要保密。WauHolland 基金会董事会成员福尔达在接受德国《明镜周刊》采访时透露，维基解密收到的捐款平均是 25 欧元左右，最大的一笔捐赠达到了 5 万欧元。从 2009 年 10 月至今，基金会收到的捐款总额超过了 90 万欧元，其中 37 万欧元已经被转交给了维基解密。2010 年 12 月，WauHolland 基金会宣布，维基解密包括朱利安·阿桑奇在内的四名长期雇员开始领薪水了，但是在 40 名网站的核心成员中人数还是非常少的。据称阿桑奇 2010 年的年薪为 86000 美元。尽管目前维基解密网站收到了多方的资金支持，但网站会不会再次受到资金匮乏的困扰，只有时间能够给出答案。

维基解密每天接到约 30 份用户匿名提交的文档，一般他们会先经过顾问和志愿者团队的可信度审核后，以原始的、未经编辑的形式把那些可信的材料贴出来，并附上评论。维基解密网站托管在以坚持客户匿名著称的瑞典网络服务提供商 PRQ.se，这家公司可以承受法律压力和网络攻击。该公司的负责人称："只要在瑞典合法，我们就会接纳它，并保持它的运作，无论有何种要关闭它的压力。"一旦有问题，数据就会被送到位于比利时的服务器上，再然后送到"另一个法律上较为友善的国家"，然后这些文件被删除，转存到其他地方。有一批匿名的工程师提供技术维护，整个流程和提交的文件都被加密，并使用经过修改的 Tor 网络匿名传输，整个系统即使核心成员也无法全部进入。此外，维基解密还在系统中一直传递许多虚假的提交文件，以使真正的文件难以被发现。维基解密的主服务器设在瑞典和比利时，选择这两个国家是因为那里的法律保护网络匿名。阿桑奇称，维基解密在全球各地有 20 多个服务器，以及数百个域名。租用服务器的费用来自于捐赠，也有一些独立的自愿者以免费运行镜像网站的形式提供服务。阿桑奇说，如果某个政府或者公司想要移除维基解密的内容的话，可能不得不几乎拆除整个国际互联网。

尽管遭受了种种磨难和困境，维基解密网站还是在互联网上屹立不倒，其中一个重要原因就是网站目前找到了安全的数据托管服务。据福布斯中文网 2010 年 8 月 31 日的一篇文章，"维基泄密服务器进防核地堡"。因特网服务提供商常常会告诉自己的客户说，他们提供的托管服务 "刀枪不入"。而维基解密的服务可谓 "炸弹都炸不开"。据挪威新闻网站 VGNett 的报道称，维基解密网已经将其一部分服务器转移至牡丹白山（Pionen White Mountains）数据中心，该中心为瑞典宽带服务提供商班霍夫（Bahnhof）所有。该数据中心将把维基解密的数据存储在斯德哥尔摩市中心地底 30 米处一个冷战时期的防核地堡中。维基解密服务器所在暗室只有一个出入口，外面装置有半米厚的金属门，备用发电机来自德国潜艇——该组织在 7 月曝光了数千份与阿富汗战争相关的绝密文件而触怒了几大军事力量，因此严密的安保措施也许势在必行。

8 月上旬，瑞典盗版党——争取盗版权利正当的一个组织——开始托管维基解密的 IT 运营，现在还不清楚它选择将维基解密服务器转移到牡丹白山的原因。法律强制获取或摧毁该组织设备的可能性毕竟不如通过法律途径申请直接查看其数据的可能性大。去年，瑞典政府通过了一项富有争议的法律，允许执法机构 FRA 监控网络流量，这个国家历来保护言论自由的好传统就此突破了一个口子。不过，位于斯德哥尔摩的班霍夫公司首席执行官乔恩·卡隆（Jon Karlung）在一次采访中表示，公司的数据中心是 "一种隐喻"，显示了公司对防御任何实体或法律形式入侵的承诺。"对拥有这些客户，我们深感自豪，"他说，"因特网应该是一个言论自由的地方，ISP[①]的职责就是中立的连接技术工具，而不是从客户处收集信息的工具。"

卡隆表示，班霍夫尚未按照瑞典新办法的FRA[②]监控法行事。"我们拥有的光纤电缆长达2300公里，"卡隆表示，"我们可以很乐观地说，（政府机构）尚未安装任何设备。不过这一天终将到来。当这一天来到时，我们将通知我们所有客户，他们被瑞典政府监控了。"维基解密很有可能将自己的服务器分散在世界各地，包括在瑞典的其他地方和冰岛；且其在自己的网站上贴出了一份标为"保险"的加密文件，可能是为了保护网站或其自愿者团队不受攻击，而作为一种在不利情况下将泄漏更多信息的威慑性手段。鉴于针对自己的争议越来越多，公司可能需要动用一切可能的保护防御手段。

随着维基解密曝光力度加大，它受到的威胁和攻击也在加剧。维基解密网站解密了多份美国政府和军方试图封杀网站的文件，甚至包括对网站负责人阿桑奇实施"斩首行动"。2010年7月，维基解密曝光与阿富汗战争的相关文件；10月，曝光伊拉克战争文件；11月28日，维基解密泄露了美国国务院与美国驻外大使馆之间联系的文传电报。多次解密让美国忍无可忍，早就要对维基解密采取行动。维基解密服务器在公开美国外交电报一小时前受到分布式阻断服务攻击，使维基解密服务中断。12月1日，亚马逊网站在美国政府压力下把维基解密在EC2托管的资料删除。班霍夫必须顶住各方压力，继续为维基解密提供数据储存服务，方能避免该网站遭多重打击而被封杀的命运。

---

①是网络服务提供商。
②瑞典政府通过的一项法案，允许执法机构FRA监控网络流量。

◎第四章
真相斗士与维基解密哲学

阿桑奇确实居无定所，他在各个国家间游走，和他的支持者、朋友，甚至朋友的朋友待在一起。维基解密也是如此，没有办公桌，没有办公室。阿桑奇是维基解密9名董事会成员中唯一对外公开身份的人。在性侵案曝光前，阿桑奇很少公开露面，甚至连照片也只有有限的几张。作为维持维基解密运转的主力，可以说，阿桑奇在哪里，维基解密就在哪里。2007年肯尼亚大选时，阿桑奇曾经通过维基解密爆过一些政客的料，随即就遭遇了危险。一天晚上他刚睡下，几名匪徒就闯进房间，命令他趴在地上。如果不是他瞅准时机跳起来大喊招来保安，估计会有性命之忧。阿桑奇全球漂泊，不断搬家，肯尼亚、坦桑尼亚、澳大利亚、北美和欧洲各国都有他的足迹，有时甚至一连几天住在机场。

澳洲《时代》报记者尼基·巴罗克劳（Nikki Barrowclough）在2010年5月22日发表的"守口如瓶的人"一文中，详细地描述了他对阿桑奇的采访经过，使读者感受到了这个"黑客罗宾汉"、"世界上最危险的人"、"史上最大的揭秘者"这些头衔背后的阿桑奇的神秘之处。"我们是在五月初见面的，日期是阿桑奇溜回自己的家乡墨尔本那天，他搭乘一架从欧洲起飞的航班途经美国到达。我是从我们的中间人那里知道消息的。这个中间人提供了一个墨尔本地址，然后告知：'不要用电话叫出租车，在街上打一辆车；在你上车之前，关掉你的手机，最好把电池也下了。'坐在约定地点的后边，我怀疑，到了最后一分钟阿桑奇也不会出现——尽管不是因为天冷。毕竟，众所周知，最近他在冰岛花了很多时间，游说冰岛政府制订新的法律，加强言论自由和保护消息源及揭秘者。……突然，他来了——一个瘦高个、苍白的肤色、有着一头标志性银色头发的人，看起来非常疲惫，穿着皱巴巴、学术式样、深色的衣服和靴子，背着个背包。在我们握手的时候，他礼节性而又老于世故地轻轻地点了一下头，与他那朝气蓬勃、学生－旅行者的外表相比，有点儿不太相称。当我说我有许多问题要问他时，他回答：'好的——我不会回答其中的一半。'阿桑奇是他的真名吗？是的，他回答，然后说那是他护照上的名字。'一个名字里面有什么呢？'他紧接着神秘地补充到，对他的前一个答案提出了怀疑。"

《没有秘密》一文的作者是这样来描述这位传奇斗士的："在他的网上作品里，特别是在推特上，阿桑奇对于他所认定的敌人毫不留情。与此相反，在电视上——他的行为却异乎寻常的冷静。在演播室的灯光下，他灰白的头发，苍白的皮肤，冷静的眼睛和宽阔的前额，使他似乎像是一个骨瘦如柴的外星来客，坐火箭来到地球，向人类揭示一些隐藏的真相。他僵硬的举止和他那缓慢而低沉的男中音，都加强了这种印象。然而私下里，阿桑奇通常却是一个充满活力而又丢三落四的人。他可以长时间心无旁骛地专注于某事，但也会做出忘记预订机票，或预订机票但却忘了付款，或付款买完机票却忘了去机场之类的事情。他周围的人们似乎都愿意照顾他。他们确保他能到达该去的地方，而且在动身之前没有把自己的衣服落在烘干机里。在这种时候，他并不像是一位已经取得了巨大影响的人士。"

2010年6月，在《卫报》举办的一次阿桑奇与媒体的秘密见面会上，阿桑奇突然现身。《纽约时报》派出了他们长期从事军事报道的专家埃里克·施密特（Eric Schmitt），希望能够近距离地接触阿桑奇，通过他本人感受材料的真实性以及是否吸引公众的注意。施密特在发回的报道中对阿桑奇的描述非常符合他的逃亡者身份："他身高大约6英尺2-3英寸、瘦长、肤色苍白、灰色眼睛，一头银发立刻就吸引住了人们的注意。他十分警觉，但不修边幅，就像一个邋遢女人跑到大街上似的，穿着一件灰不溜秋的浅色运动上衣和工装裤、脏兮兮的白衬衫、破破烂烂的跑鞋，一双脏袜子脱落到了脚脖子。他身上的味儿闻起来好像好几天没洗澡了。"他似乎陶醉在自己的居无定所的无根基状态，就像别人换衬衫一样更换手机和邮箱。即使在他成为一个名人之后很长时间里，他也继续睡在朋友家中的地板和沙发上。施密特还注意他是典型的背包客，走到哪里，家当带到哪里。"他从肩上卸下一个巨大的背包，从里面拿出了几个笔记本电脑、手机连接线和其他玩意儿"，施密特后来告诉自己的同事，"他的游牧般的生活似乎是从这个朴实无华的帆布背包里倾倒出来的。"

在后来的历次新闻发布会上，阿桑奇的朋友看他实在寒酸，就常常将高级西服或皮鞋借给他穿。甭管哪国人,"人靠衣服马靠鞍"的道理还是懂的。"阿桑奇被他那逍遥法外的声名所转变了。抛弃了他的背包和耷拉下来的脏袜子,现在他身穿贴身的时尚西装,打着领结,头发重新染过并做好了发型。他现在已经成了欧洲青年人和左派一种偶像人物,显然对女性有着某种强烈的吸引力。"记者科勒则将阿桑奇看做是一个复杂的无间道式的人物:"我开始认为朱利安·阿桑奇像是一个从一本斯蒂格·拉尔森的惊悚小说中走出来的人物——一本瑞典畅销小说中的主角,既可以被描述为英雄,也可以是坏蛋,融合了黑客反文化、高级阴谋诡计和性,既具有娱乐精神又惊险刺激。"如同人们对阿桑奇的评价,对维基解密的评价也同样在两极摇摆。"一些人赞誉维基解密是言论自由的指路明灯;然而,另一些人,包括那些愤怒的五角大楼和白宫官员,认为它是不负责的,想让维基解密闭嘴,因为该网站发布那些文件被他们称之为给全球安全带来了无可挽回的损失。"

对阿桑奇的访问或报道,似乎都是从他那令人惊奇的外表开始的,而且瘦高个、银色头发、苍白皮肤几乎成了他的标志性外形特征。"身高超过 6 英尺,有着一头自然的银发,阿桑奇带有一种双重性格,对于一些人而言,魅力无限;对于另一些人,则冷若冰霜。见过他的崇拜者将其比喻为一个漫画式的英雄;而诋毁他的人将其看做是一个超级坏蛋。经常穿着优雅的西装——但他坚持是借来的,与他的过去养成的艰苦朴素的个人习惯是一致的——他说话的风格是沉静而简洁。用一会儿的时间考虑一下自己的想法之后,他就用结构严谨的长句子说话,有着一种实用的辩论风格。他的朋友将他描述为风趣、忠诚和善良;但那些不喜欢他的人发现他那平静、低沉的声音会突然变得义愤填膺。"一篇 CNN 的采访文章《朱利安·阿桑奇的秘密人生》(*The secret life of Julian Assange*)这样写到:"这个清瘦、修长、裹着皮夹克形象,有着苍白的肤色和一头银色头发,在电视荧屏和网站屏幕上闪烁。每个人都想知道这位维基解密的主编是如何成功的。《时代》杂志提名他为该杂志的年代人物,称他是一位'数字时代的……新型揭秘者'。"

在《卫报》组织的这个记者会上,传说中的神秘的阿桑奇同记者们有了面对面的接触,从而改变了记者们对阿桑奇一些粗浅的认识或盲目崇拜。施密特写道:"记者们认为阿桑奇非常聪明,受过良好教育,尤其在技术方面非常擅长,但是傲慢、肤浅并异常轻信。"在《卫报》的自助餐厅的午餐上,阿桑奇带着非常确信的神情讲述了在德国的一个档案馆里存放着前共产党秘密警察史塔西(Stasi)的档案。阿桑奇断言,这个办公室已经被前史塔西特工完全渗透,他们正在悄无声息地毁掉那些他们被授权保护的文件。团队中《明镜周刊》的记者约翰格兹(John Goetz)曾经广泛报道过史塔西,神情疑惑地听着。他说:"那是彻头彻尾的胡说。"一些前史塔西的人员作为安全人员受雇于该办公室,而那些记录被妥善地保存着。

美军的军事文件在维基解密网站被泄露为史上最大规模的单次泄密,阿桑奇让整个世界为之震惊。2010年7月25日,维基解密通过德国《明镜》和美国《纽约时报》公布了92000份美军有关阿富汗战争的军事机密文件,该泄密事件让他足以成为创造历史的人物。紧接着就是此起彼伏的要逮捕甚至刺杀阿桑奇的呼声;在美国副总统乔·拜登(Joe Biden)称他为一名"高科技恐怖分子"、美国对阿桑奇发出追捕令之后,维基解密上贴出消息,说阿桑奇可能遭到美国情报部门的暗杀。不过,朱利安·阿桑奇对此不以为然,他认为,透露公共治理机构的秘密文件和信息,对大众来说是件有益的事。

美国《新闻周刊》2010年7月27日撰文称,尽管已成为全球瞩目的焦点,朱利安自己却生活在完全隐秘的现实中。随性的背包客和环球旅行让别人难以企及他的内心，阿桑奇从不轻易谈及他自己的事情，于是他成为人们印象中遥不可及的人物。"在那些采访过他的记者眼里，阿桑奇很酷：39岁的他，居无定所，所有的私人财产都装在一个背包里，睡得少，吃得更少，像逃犯一样旅行；他换手机和SIM卡比换衬衣还勤，伴随身边的是一台手提电脑和一个U盘。14岁之前，他搬家37次，到哪里都是一个'外人'，大量阅读科学、数学、生物书籍，智商高，善于表达，高度专注……按照墨尔本法庭心理学家蒂姆·木诺的说法，阿桑奇的特质和背景最适合做黑客英雄。"

虽然是一名澳大利亚公民，阿桑奇多年以来都没有一个永久性地址。他也将自己描述成一个四海为家的人，在许多媒体的报道中，这几乎成了他的标志性形象。他在不同的时期曾经在澳大利亚、肯尼亚和坦桑尼亚居住。2010年3月30日，他开始在冰岛租了一个房子，同包括比尔吉达·荣斯多蒂尔（Birgitta Jónsdóttir）在内的网络活动家一起工作，完成了"平行杀戮"录像的制作与网上传播。2010年的大部分时间里，阿桑奇访问了英国、冰岛、瑞典以及其他欧洲国家。2010年11月4日，阿桑奇对瑞士公共电视台（TSR）表示，他正认真地考虑在中立的瑞士寻求政治避难，并将维基解密基金会的运作转移到那里。2010年12月，据报道，美国驻瑞士大使唐纳德·拜耶尔（Donald S.Beyer）警告过瑞士政府，不要给阿桑奇提供避难。

2010年11月，在维基解密公布了数千份美国外交电文后，厄瓜多尔的副外长金多·卢卡斯（Kintto Lucas）——一名美国政策的强烈反对者——声称为阿桑奇"无条件"提供居住权，"这样一来，他就能不只在互联网上、还可以在多种多样公共论坛上自由地展示他所拥有的信息和所有文件。"随后，厄瓜多尔外长里卡尔多·帕蒂诺（Ricardo Patino）于 11 月 30 日发表声明，称居住权申请还必须"从法律和外交角度仔细研究"。数小时之后，总统拉斐尔·克莱亚（Rafael Correa）对媒体表示："并不存在官方为维基解密负责人提供的居住权。那只是副外长的个人言论，他并没有得到我的授权。"另外，他还要对泄密事件对厄瓜多尔可能造成的影响展开调查。

除了在维基解密内部担任要职及负责编辑控制，阿桑奇还担当维基解密的一系列公共角色。他频频出现在各种媒体研讨会上，例如 2009 哥本哈根新媒体节（New Media Days），在加州大学伯克利分校研究生院新闻专业举办的 2010 调查型报道洛根研讨会，以及各种黑客研讨会，例如 25 届和 26 届混沌通信大会。在 2010 年上半年，阿桑奇出席了半岛电视台英语频道、MSNBC、民主当前、今日俄罗斯以及科尔伯特报道电视台的活动，推广传播维基解密公布的巴格达空袭录像。6 月 3 日，阿桑奇通过视频会议参与了个人民主论坛，同揭秘前辈艾尔斯伯格隔空切磋。"这是一个跨越世代和技术的聚会。40 年前，丹尼尔·艾尔斯伯格（Daniel Ellsberg）将机密的五角大楼文件公布给国会和媒体而声名鹊起，就同朱利安·阿桑奇同列在一份揭秘者的名单中，后者作为专门揭秘机密文件的维基解密网站的一个负责人而出现，其他人则处于隐匿状态。"艾尔斯伯格告诫阿桑奇千万别来美国，"这个国家对他不安全"。

2010 年 6 月 21 日，在消失了近一个月之后，他再次现身出现在公众面前，参加在比利时的布鲁塞尔举行的一个听证会。他是一个讨论互联网审查的专门小组成员，并且表达了对像澳大利亚这样的国家最近加强管制的担忧。他也谈到了秘密封口令，试图阻止报纸刊登关于特殊对象的信息，甚至绕开它们被封口的事实。他使用了《卫报》的例子，解释报纸是如何通过删除整篇文章而改变它们在网上的档案的。阿桑奇告诉《卫报》，他并不担心自己的安全，但是会时常警惕，避免前往美国的旅行，他说："(美国)公众言论一直都很理智。但是一些私下里说的话就很有点儿成问题了。……我感到很安全，然而，我的律师团建议我在这段时间避免去美国旅行。"

7月17日，一名独立计算机安全研究员雅各布·阿帕尔鲍姆（Jacob Appelbaum）代表维基解密参加了在纽约举行的2010地球黑客（the 2010 Hackerson Planet Earth，HOPE）研讨会，代替了阿桑奇，因为有联邦特工出现在此次研讨会上。他宣布维基解密提交系统在短暂地被关闭之后，又重新启动和运行。7月19日，阿桑奇突然在牛津大学现身，在一个TED电视台举办的研讨会上发言，确认了维基解密又重新接受材料提交了。TED全称是"技术、娱乐与设计"（Technology Entertainment and Design），由一个非营利机构萨普林基金会（Sapling Foundation）资助，举办一系列全球的研讨会，为了传播"值得传播的理念"。也是在此次研讨会上，阿桑奇再次向世人展示了巴格达空袭录像，并探讨了信息自由的问题。7月26日，在公布了阿富汗战争日记之后，阿桑奇又出现在前线俱乐部（Frontline Club）举办的一次媒体见面会上。

据英国《卫报》2011年2月28日报道，维基解密创始人阿桑奇将自己的名字申请为商标。他在2月14日通过他在伦敦的法律公司费奈斯·斯蒂芬·茵诺森（Finers Stephens Innocent）向有关当局申请，将朱利安·阿桑奇（JULIAN ASSANGE）在欧洲进行商标注册。一旦注册成功，阿桑奇将拥有该商标，并将其用于"公众话语服务、新闻记者服务、采访报道、公共出版物以外的文字出版、娱乐服务"等目的。《卫报》称："很长时间以来，阿桑奇都发誓要澄清对自己名字的指控，他绝不承认那些指控。他在这个月早些时候说过，去年8月对他所做的指控，给他的生活罩上了一个'黑盒子'。在那个黑盒子外面写着'强奸'两个字。感谢公开的法庭程序，这个盒子现在被打开了。我希望接下来的日子，你们会发现盒子里事实上空无一物。"

2010年12月，阿桑奇将他自传的版权以超过100万英镑售出。这部题为《维基解密对世界：阿桑奇的故事》的自传原定于2011年4月推出，然而，由于各种原因，发行时间推迟。他接受《星期日泰晤士报》的采访时表示，他不得不达成这个交易，因为他本人和网站遭遇到财政困境，他对记者说："我不想写这本书，但我不得不写。为了打官司，我已经花去了20万英镑，我必须为自己辩护并捍卫维基解密的崇高性。"据澳大利亚历史最悠久的报纸、创办于1831年的《悉尼先驱晨报》(2011年3月4日)报道，好莱坞大牌导演斯蒂芬·斯皮尔伯格（Steven Spielberg）已经购买了维基解密的故事。一本基于维基解密以及极具争议的人物阿桑奇的新书已由英国《卫报》出版集团出版，斯皮尔伯格已经购买了该书的使用权，一部类似的电影将由梦工厂（斯皮尔伯格及其合伙人于1994年创办）拍摄制作。与此同时，阿桑奇则正式就此前有关性侵案的指控将其引渡给瑞典方面的裁决向最高法院提出上诉。估计斯导这次也是看上了这场世界瞩目的官司，官司在继续，电影的精彩也让人期待。

阿桑奇是一个理想主义者。披露信息——准确的信息，以保证每个网络公民都有获得信息的权利，是阿桑奇对抗一切政治意识形态的手段。阿桑奇在对待因言论自由所受到的压力和威胁时所表现出来的理智，让人不禁想起他年轻时的绰号——"教授"。"阿桑奇的思想时常带有这种头脑冷静的气质，即使主题是暴力和死亡。在政治上，他表现出的是一个极端自由主义者，但有着一种数理分析的倾向。"在解密了几万份美国军方的阿富汗战争的报告后，阿桑奇在德国《明镜周刊》（*Der Spiegel*）对他进行的一次采访中说："我们都只活一次。所以我们都应该好好地利用我们的时间来做一些有意义和令人满意的事情。这就是我觉得有意义和令人满意的事情。这是我的脾气。我喜欢大规模地创造系统,我也喜欢帮助那些弱者。我喜欢弄死那些混蛋。所以这是件有趣的事。"他是一个死硬的理想主义者,一个将黑客般的冷静敏锐、工程师般的理智精确、侠客般的肝胆豪情、苦行僧般的忍耐克制、花花公子般的寻欢作乐、艺术家式的大胆想象、牧师般的疾恶如仇和朋克般的自由散漫结合在一起的人。

在2010年举行的奥斯陆自由论坛上,当被问到维基解密的理念和目的时,阿桑奇表达了这种理念,他声称:"我们的目标就是拥有一个公正的文明。那是一种个人激励目标。并且这个信息是透明的。非常重要的是不要将这个信息和目标相混淆。然而我们相信那是一个非常棒的信息。用透明度来获得公正。那么做是一个很好的办法,它也是一个不要犯太多错误的方法。我们有一个超政治的理念(trans-political ideology),既非左派也非右派,是有关知情权的。在你就如何处理这个世上的问题、如何将公民纳入文明之中、如何在民众中赢得影响给出任何意见、任何方案之前,在你拥有那个方案之前,你首先必须知道真正发生了什么事……于是,出于误解的任何方案或建议,任何政治意识形态就其自身而言将是一个误解。因而,我们说,在某种程度上,一切政治意识形态目前都破产了。因为它们没有缺乏它们所要应对这个世界的原材料。这个原材料就是目前正在发生什么。"他喜欢引用传媒巨头鲁伯特·默多克的一句话:"在秘密和真相的赛跑中,真相总是会不可阻挡地获得胜利。"

2010年早些时候,阿桑奇告诉BBC:"为了让我们的消息提供者安全,我们不得不分散资产、解密所有东西并动员全世界的远程通讯和人力,在不同国家的司法体系中正式确立保护性的法律。我们在这一方面变得非常擅长,从未输掉一个官司或者一个来源,但我们不能预期每个人都经历过像我们一样的努力。"网站的一位共同创办人丹尼尔·施密特将阿桑奇先生描述为"少数几个关心在这个世界上进行正面改革的人之一,已经到了这样一个程度,你愿意去做一些极端的事情,甚至冒犯错误的风险,仅仅为了他们所相信的某件事情去工作"。维基解密公布了不少国家的材料,但是真正占据各大媒体头条的是在4月份,它发布了从一架美军直升机于2007年在伊拉克所拍摄的录像。那些图像被媒体传播到了全世界,引起了广泛震动。阿桑奇出现在聚光灯下来推广和捍卫这个录像,同时,分别在7月和10月公布了海量解密的美军在阿富汗和伊拉克战争的文件。

2010年12月7日BBC的一篇新闻报道《什么是维基解密?》写到:"对于一些人而言,它(该网站)被颂扬为是调查型新闻的未来;它也被描述为世界上第一个无国家的新闻组织。对于另一些人——尤其是被它揭秘的各国政府和公司——它是一个风险。"维基解密网站彻底变革了揭秘方式,它允许任何人匿名地上传任何文件,一个由主流媒体的志愿者、记者、语言和程序专家、维基解密工作人员组成的审查小组负责公布那些信息。理论上任何信息都可能被披露,任何想知道这些事情的人都能够登陆到这个网站,了解详情。对世界上任何一个政府或组织而言,这简直就是一场噩梦。阿桑奇在2010年2月份告诉BBC:"我们使用先进的编码技术和法律技术保护信息提供者。……我们的专业在于让那些被审查的揭秘者和记者将材料发布给公众。"该网站称它接受"解密的、被审查的或者严格限制的具有政治、外交或伦理意义的材料",但是不接受"谣言、意见或已经公布的其他类型的第一手报道或材料"。维基解密在创立时曾为用户可编辑的网站,但随后为了保证材料的准确性转型为较传统的单向出版模式,不再开放用户进行评论或编辑。

在维基解密网站上,人们可以清楚地了解维基解密的哲学理念、运作方式和理想。如果不是有着以阿桑奇为首的一群理想主义的疯子加天才,在这个星球上大概没有人会做出如此疯狂而又合情合理的事情。维基的口号是"我们打开政府"。这家网站的创立宗旨是"致力于向公众提供不加任何粉饰的真相"。《纽约时报》的文章称:"自从2006年以来,当现年39岁的一名澳大利亚人阿桑奇先生建立了维基解密之后,许多事情发生了变化,此人花了几年时间从事计算机黑客入侵,他的朋友们称他有着近乎天才的智商。该网站重新定义了揭秘行为,通过大规模的搜集机密文件,将它们储存到政府无法企及的地方,而另外一些人则决定对它们进行检索,然后即时地在全球将它们解密。"

该组织公布了使命宣言:"维基解密是一个非营利组织。我们的目标是将重要的新闻和信息公之于众。我们为我们的记者(我们的电子投稿箱)提供一种创新的、安全的和匿名的方式用以发布信息。我们最重要的活动之一就是在发布新闻事件的同时将原始来源资料一同公布,以使读者和历史学家都能看到事件真相的证据。我们是一个年轻而又成长很快的组织,依靠的是一个遍及全球的有奉献精神的自愿者形成的网络。自从2007年组织正式成立以来,维基解密已经报道和披露了许多重要信息。我们也开发和采用了支持这些活动的技术。维基解密经受住并成功挫败了法律和政治的攻击,那些攻击旨在压制我们的信息发布组织、我们的记者和我们的匿名消息源。我们的工作所基于的更为宽泛的原则是捍卫言论和媒体出版自由的、改进我们共同的历史记录以及支持所有人创造新历史的权利。我们从《世界人权宣言》中得出这些原则。尤其是《宣言》第十九条激励着我们的新闻工作者和其他自愿者。它规定:'人人有权享有主张和发表意见的自由;此项权利包括持有主张而不受干涉的自由,和通过任何媒介和不论国界寻求、接受和传递消息和思想的自由。'我们同意,并且我们寻求坚持《宣言》的这一条以及其他条款。"维基解密使命宣言中所提到的《世界人权宣言》,是联合国大会于1948年12月10日通过的一份旨在维护人类基本权利的文献（联合国大会第217号决议，A/RES/217）。

对于维基解密的运作，该组织宣称："维基解密将高端安全技术与新闻业务及伦理准则结合起来。如同其他从事调查型新闻的媒体机构一样，我们接受（但并不强求）匿名信息来源。不同于其他媒体的是，我们提供一个高安全性的匿名投件箱，使用了尖端密码信息技术。这为我们的消息人提供了最大限度的保护。我们毫无畏惧，努力将毫不掩饰的真相传达给公众。一旦信息输入，我们的记者就会分析这份材料，证实它，并撰写一份关于它的短新闻，向公众描述它对于社会的意义。然后，我们将新闻叙述和原始材料一同公布出来，为了让读者们自己能够在原始材料的语境中分析事件。我们新闻真相是以一种类似于维基百科的适宜方式呈现，尽管这两个机构在其他方面没有任何联系，随机读者不能编辑我们的资料文件。

"如同所有媒体机构经历过成长和发展一样，维基解密一直在发展和改进一个危害最小化的程序。我们不是审查我们的新闻，而是我们可能不时地从原始文件中删除或者显著地延迟发表一些能够确定身份的细节，以保护那些无辜者的生命和隐私。

"尽管我们推荐匿名的电子投件箱作为提交任何材料的最佳方式，我们也接受亲自和通过门户投件箱作为泄露资料的可供选择的方式。我们并不征求材料，但是我们保证，一旦材料要提交的话，它将被安全地提交，并且消息来源受到很好地保护。因为我们收到如此多的信息，而我们所拥有的资源有限，审查一份资料来源的提交会花费一些时间。

"我们也有一个遍及全球的才干卓越的律师团队，他们忠诚于维基解密所基于的那些原则，并且捍卫我们的媒体组织。"

为什么（像维基解密这样的）媒体重要，它宣称："信息披露促进透明度，而这种透明度将为所有人创造一个更好的社会。对所有社会中的机构包括政府、公司和其他组织更谨慎地监督会带来腐败的减少和更强有力的民主。一个健康的、充满活力的和有探究精神的新闻媒体在达到这些目标方面起到一个至关重要的作用。我们就是那种媒体的一部分。

"监督需要信息。就人的生命、人权和经济而言，信息在历史上是代价高昂的。作为技术——尤其是互联网和密码技术——进步的一个结果，传输重要信息的风险可能降低了。在其里程碑式的审理五角大楼文件案件中，美国最高法院裁定：'只有一个自由的和不受限制的媒体才能有效地暴露政府中存在的阴谋诡计。'我们赞同。

"我们相信，不仅是一个国家的人民维持他们自己的政府诚实，而且正通过媒体注视着那个政府的其他国家的人民也可以做到这一点。

"在维基解密创立的这些年里，我们发现世界上的新闻媒体变得越来越不独立，并且更加不愿意对政府、公司和其他机构提出难题。我们相信这种情况需要改变。

"维基解密提供了一种全新的新闻模式。我们与全球其他出版与媒体机构密切合作，而不是按照同其他媒体竞争的传统模式，因为我们的动机不是为了赢利。我们不会囤积我们的信息；我们将原始文件与我们的新闻真相一同公布出来。读者可以亲自证实我们所报道的新闻。就像一个在线服务一样，维基解密所报道的新闻真相常常被其他媒体所采纳。我们鼓励这样。我们相信世界的媒体应该共同努力，尽可能地将新闻真相披露给一个广泛的国际受众群。"

至于维基解密如何验证其新闻真相，它说："我们评估所有新闻事件，并验证它们的真实性。通过一个非常详细的检验，我们将一份提交的文件发送到一个程序。它是否真实？什么元素能够证明它是真实的？谁会有伪造这样一份文件的动机以及为什么？我们使用传统调查型新闻技术，同时也使用更加基于现代技术的方法。一般地，我们会对文件做一个法医式的分析，决定伪造的成本、方式、动机、机会、表面上看起来权威机构的声明，并且回答一系列有关文件的详细问题。我们也会寻求对文件的外部验证。例如我们发布的平行杀戮录像，我们派出了一个记者小组前往伊拉克去访问那些受害者以及直升机攻击的目击者。记者小组得到了医院报告的副本、死亡证明、目击者证词和其他确认的证据，支持新闻故事的真实性。我们的验证程序并不意味着我们永远不出错，然而，迄今为止，我们的方法证明了维基解密已经正确地验证了它所发布的每一份文件的准确性。

"公布我们的每一个新闻故事背后的原始材料是一种手段，我们以此向公众展示我们的故事是真实的。读者们不必要认同我们的文字；他们可以自己去看。以这样的方式，我们也支持其他的新闻机构的工作，因为他们也可以自由地浏览和使用这些原始文件。其他记者也可以从这个文件看出一个我们先前没有意识到的角度和细节。通过将这些资料免费地公之于众，我们希望所有媒体都能扩展分析和评论。至关重要的是我们希望读者了解真相，这样他们就能自己做出判断。"

关于维基解密背后的人，它指出："维基解密是阳光媒体的一个项目。也许这就已经相当清楚了，维基解密不属于任何一个情报机构或政府的阵线，尽管有诸如此类的谣言。此类谣言在维基解密存在之初就已经开始了，也许是那些情报部门自己弄出来的。维基解密是一个独立的全球组织，由这么一群人组成，他们献身于这么一个根深蒂固的观念，在社会中一个自由的媒体和改进的透明度由此开始。这群人包括资深记者、软件程序员、网络工程师、数学家和其他人。

"要确定我们对此的宣言的真实性，只要看一下证据就可以了。按照定义，情报部门想要囤积信息。相反，维基解密已向世人证明，它要做的恰恰相反。我们的历史记录证明，我们走过了漫漫长路，毫无畏惧，亦无报酬，只求将真相公之于众。

"伟大的美国总统托马斯·杰弗逊曾经察觉到了自由的代价是永远的警醒。我们相信新闻媒体起到的正是这种警醒的作用。"

对于信息来源的匿名性，它宣称："就我们所能确定的范围而言，维基解密从未泄露过任何它的信息来源。我们不能提供有关我们媒体组织或其匿名的信息来源投件箱的细节，因为那样做会使得助长那些对我们组织和其信息来源的安全心存疑虑的人。我们能够说的是，我们在为数众多的分散在不同国际司法制度中的服务器运行，我们并不保存日志。因而，这些日志不可能被截获。匿名化运作在维基解密网络之前很久就发生，远比信息传输到我们的网络服务器更早。没有专业化的全球互联网传输分析，我们组织的多个部门必须竭诚合作，维护信息提供者的匿名状态。

"然而，我们也提供指南，指示如何通过网吧、无线热点以及邮寄将材料提交给我们，以便即使维基解密被外部特工所渗透，信息来源依然能够不被追踪。因为提供具有重大政治或情报价值的泄密者，他们的计算机很可能被监视，或者他们的家被安装了录像设备，我们建议如果泄密者打算向维基解密传输非常敏感的材料，最好离开家和工作场所进行。

"不少政府封锁登陆维基解密域名下的任何网址。有一些途径可以避开这种情况。维基解密有许多覆盖域名，例如 https://destiny.mooo.com，域名中不存在任何组织。给我们写信或者提出通过其他域名地址绕过封锁，都是可能的。请确定密码确认是wikileaks.org。"

《时代周刊》的评价是，维基解密"可以成为像《信息自由法》

一样重要的一个新闻工具。"《信息自由法》（Freedom of Information Act，简称 FOIA，也译作情报自由法）是美国关于联邦政府信息公开化的行政法规，颁布于1967年。《信息自由法》是美国人民争取新闻出版自由斗争的重要成果之一。该法律虽然是面对一般公民的，实际上真正查阅资料的是记者，他们有了更大的采访权利。《信息自由法》的主要内容是规定民众在获得行政情报方面的权利和行政机关在向民众提供行政情报方面的义务：（1）联邦政府的记录和档案原则上向所有的人开放，但是有九类政府情报可免于公开；（2）公民可向任何一级政府机构提出查阅、索取复印件的申请；（3）政府机构则必须公布本部门的建制和本部门各级组织受理情报咨询、查找的程序、方法和项目，并提供信息分类索引；（4）公民在查询情报的要求被拒绝后，可以向司法部门提起诉讼，并应得到法院的优先处理；（5）这项法律还规定了行政、司法部门处理有关申请和诉讼的时效。

一篇 CNN 对阿桑奇的访谈中这样写道："这就是他的网站，维基解密，一直在披露美国的机密情报，由于将敏感文件公之于众，招致了全世界的政客和权力操控者们下令对他实施逮捕，支持者们则声称，阿桑奇代表了最高形式的自由言论。他总是保护他的信息来源，从来不讨论信息从何而来。'人们应该了解，维基解密已经证明是现存的最值得信任的新信息来源，因为我们公布原始的一手材料以及基于该原始材料的分析，'阿桑奇告诉 CNN，'其他组织，除了一些例外的，简直就不值得信任。'"

2011 年 1 月 31 日，阿桑奇接受美国哥伦比亚电视台（CBS）的王牌栏目"60 分钟"的主持人斯蒂夫·克罗夫特的采访。阿桑奇此时正在等候伦敦法院对其性侵案是否被引渡到瑞典受审，受朋友邀请住在乡间的一所别墅。在访谈中，阿桑奇将维基解密的成员看成是"自由媒体运动者"，并且表示维基解密网站并没有一个政治纲领。克罗夫特认为阿桑奇是一个很聪明的人，能够用非常清晰的语言表达他复杂的思想。

主持人问他："你是不是一个颠覆者（subversive）？"阿桑奇的回答同克罗夫特大玩文字游戏，他说："绝对不是；事实上，你可以说我是一个矫正者（superversive，自上而下知晓或扭转乾坤之意）。你知道'subversive'这个词是从哪里来的吗？它是从拉丁词根sub+vertio而来的。Sub的意思是'下面'，而vertio的意思是'翻转'和'知晓并搅乱'。因此，这个词的意思是'推翻'或'毁灭'。颠覆的关键是自下而上地、在雷达追踪之下秘密地进行。真正的颠覆是将重要的真相隐藏起来的行为。通过将腐败行为隐藏起来，公司、政府和个人不可能对他们的行为负责。在这个意思上，这样的团体的腐败行径才能名副其实地被称为颠覆，因为他们拒绝、摧毁并废除了观众要求他们对其行为负责的能力。通过提出一个光鲜的表面文章，与其实际行为毫不相干，这种将腐败的行径隐藏起来的行径颠覆了我们的意识。这几乎是被所有腐败的人惯用的伎俩：维持一个公众形象，暗地里（sub）隐匿信息，从而混淆我们的知情（vertere）权，阻止其成为公共知识。"

接下来，阿桑奇进行了长时间的阐释，基本上可以看做是一场在电视上所做的演讲，再一次向世人表明他的维基解密理念。

"目前埃及政府（指穆巴拉克在位）的行为就是颠覆的，它试图通过关闭互联网和手机通信来阻止信息的流入。还有某个政府几十年来都一直在混淆（subverting）全体民众，声称'一切都好'，而民众却得不到足够的食物，或者被送进劳动营而死。是的，当美国政府封锁了重要信息，例如在伊拉克大量未被报道的平民死亡数字，它也正在进行颠覆活动。

"我的工作，克罗夫特先生，不是颠覆（subvert），而是纠正

（supervert）：是将信息公之于众，从而帮助（公众）拒绝腐败组织、政府和个人的口是心非的行径。只有以一种负责任而又公共的方式将这样的信息曝光，人民才能开始以适当的方式去回应那些腐败行径。我们，人民，有这样的权利，但是它却被秘密所颠覆掉了，将合法的追索权、纠错权和正义藏到了台面之下、赶到了公民意识之外。事实上，这才是颠覆的真正目的：用秘密的方式建立和维持权力，这才是我和维基解密猛烈反对的东西，这是与《美国宪法第一修正案》一致的。该修正案应许了公民的言论自由、宗教信仰自由、出版自由、公共集会自由以及向政府请愿伸冤的权利的自由，它是如此之重要以致成为《宪法》的第一修正案。

"克罗夫特先生，现在请不要打断我，因为我正要和你说的事情触及到了当今世界诸多危机的核心，这对于理解我们是否能够改变某些行为模式至关重要，那些模式在一开始就让我们陷入这些麻烦之中。通过发布挑选的揭露腐败和颠覆行径的信息，维基解密正以最直接的方式同这样的行为做斗争，揭开神秘的面纱，揭开他们伪善的表面文章，将信息放到世界公众的手中。无法获得与有问题的行为相关的信息，问责制就无法实现；没有问责制，这种真正的颠覆行径就会成功地将公众注意力从潜在的错误行径上转移出去，以维持当前的权力关系。这种行为接连不断地取得成功是一种自我强化，很容易导致进一步的腐败。就像俗语所说的那种情况，一个谎言导致另一个谎言，直到谎言最终无法控制，将说谎的那个人带入了这样的困境，在那里唯一的选择就是继续说谎，以维持最初那个谎言的'真相'。这就是为什么，对这种信息揭露的通常反应就是通过伪造的声明、人身攻击或者最为有效的技巧——使用恐吓——去混淆（subvert）它，给人们这样一个印象，似乎那些秘密行径是合理的，不要太在乎细节。

"打破腐败环路的最有力的方式就是使其公开；这仅仅是第一步，但是却是不可忽略的重要的一步。我们不能相信从事腐败行径的组织、个人和政府会自我纠正：考虑到在腐败活动中起作用的自我强化的正反馈环路，自我纠正效应的刺激是微乎其微的。所需要的刺激只能来自于外部，最终来源于全世界掌握信息的、有公民参与感的公众。

"我以另外一种方式来回答你的问题，克罗夫特先生，如果我是一个颠覆者的话，它只同那些颠覆者有关系：我想颠覆那些颠覆者。"

阿桑奇在 2010 年 7 月接受 TED 电视台采访的时候，被问到一个问题："当你思考未来的时候，这（维基解密的行动）是否会有利于老大哥①严厉地监控我们，榨取更多的机密，还是更加有利于我们监督老大哥，还是二者都会变得不一样？"阿桑奇回答："我不确定会朝什么方向发展，我的意思是有很大压力，要通过言论自由立法，以及全世界范围内的透明法案，包括欧盟、中国和美国。很难看出来会往哪边走，这也正因此变得更加有趣，因为只需一点点努力，我们就可以把天平推向另一边。"TED 主持人的意思似乎是说，一旦维基解密式的技术或者社会组织方式被老大哥所利用，再加上无所不知的网络警察，无时无刻不在破解所有人的秘密资料，所有人在老大哥面前都如同赤裸般地袒露，满足老大哥窥视癖和控制欲。你会想起书中的那个可怕的标语："老大哥正看着你！（Big Brother is watching you！）"而老大哥的手下自然会将扭曲的信息拼装组合，成为一部符合意识形态的历史，正如书中英社党的真理部所做的事情，那是一个怎样的世界图景！

这是一个人对抗一整套制度的斗争。"他（阿桑奇）终于明白了

---

①一种比喻，表示强权人物。语出奥威尔著《1984》。

确定的人的斗争并非左派与右派的斗争或者信仰与理性的斗争，而是个人与制度的斗争。作为一名卡夫卡、科斯特勒和索尔仁尼琴的学生，他相信真理、创造力、爱和同情都被制度性的科层结构所败坏了，并且通过'资助的网络'——他所钟爱的表达方式之一——扭曲了人的精神。"在这样一个集权社会里，坚持那些不言自明的简单真理都需要巨大的勇气，温斯顿写道："自由，也就是可以讲二加二等于四的自由。承认这一点，其他一切就都好说了。"问题是在无孔不入的洗脑和强势技术手段所控制的集权社会，公民似乎连接触"二加二等于四"这种最基本真理的机会也被隔绝了。乔治·奥威尔是一个先知般的人物，自从我们这一代开始严肃地阅读的时候，他就深深影响了我们，但他所预言的那个社会着实在世界很多地方成为过现实。

如同约翰在旷野中呼喊"预备主的道，修直他的路"（《圣经·马可福音》1:3）一样，阿桑奇这个"吹哨子"的人出来了，他尖叫着报警，"嗨，你们不能那么做！""我要让世人知道你们在做什么。"他所倡导的一个透明的世界，正是要告诉网络上的公民"二加二等于四"这种简单的事实，只有了解了这种最基本的事实，一个有理性的人才能做出最基本的价值判断。因此，"必须捍卫显而易见、简单真实的东西。"阿桑奇这个网络世界斗士所面对的无所不能的政府，正如《圣经·撒母耳记上》（17章）所记载的牧羊少年大卫所面对的菲利士人的巨人歌利亚，他弹出的致命的石子正是所披露的机密。他的信息乌托邦就是要"将解密进行到底！"让我们在网络上和媒体上无时无刻不在注视着"老大哥"，让大哥在摄像头前曝光，这不是反过来满足我们——"草民"的窥视癖，而是要让世界变得更加公平，信息的披露是为了我们有更多的知情权，更好地维护我们的其他权利，而不是相反。

◎第五章

泄露美国的军事与外交文件

如果把2010年称为"维基解密年",似乎一点儿也不为过。在三年的发展过程中,阿桑奇已经在使用数字技术来挑战腐败和威权国家方面成为"一个最有意思和最非同寻常的先锋"。但阿桑奇的名字在2010年初的时候对希拉里·克林顿意味着什么还很难说,希拉里还在1月做了相当友善的演讲,称维基解密是"我们这个星球上的一个新的神经系统"。希拉里警告那些独裁国家(她脑子里想的是伊朗)"不要以使用这些工具(维基解密等)的独立思想家为目标"。无论希拉里还是奥巴马都表示过新媒体对瓦解独裁国家的信息的封锁意义重大,在这个时候,美国政府显然还没有意识到维基解密对他们而言有多么麻烦。

维基解密在这一年里在世界范围掀起了一个又一个的解密浪潮，一浪高过一浪，而阿桑奇的名字则一次次地出现在这种风口浪尖之上。2010年4月，维基解密公布了机枪瞄准镜镜头下的2007年7月12日的巴格达空袭，美军士兵从阿帕奇直升机上射杀了多名伊拉克平民和记者，这就是被称为"平行杀戮"（the Collateral Murder）的录像。7月，维基解密公布了"阿富汗战争日志"，一个超过76900份阿富汗战争文件的集合，在此之前这些文档都不曾对大众公开。10月，该网站又大规模解密了几乎40万份被称为"伊拉克战争日志"的打包文件，同时公布部分文件的还有几家主要的商业媒体机构。11月，维基解密开始公布美国国务院外交电文，又一次引起了轩然大波。希拉里·克林顿没有想到的是，在短短不到一年的时间，她对那名独来独往、藐视一切的黑客的赞美之词，变成了对那些使用电子媒体挑战政府权威、创造透明度的人的攻击。2010年11月，她匆匆地在国务院召开了一次媒体研讨会，她在会上称，维基解密的泄密"不仅是对美国外交政策利益的一次攻击，它也是对国际社会的一次攻击"。

2010年4月5日，维基解密网站公布了被称为"平行杀戮"的美军机密录像，至少有18人在这次空袭中丧生。"平行杀戮"又称2007年7月12日巴格达空袭，是指发生在伊拉克战争期间乘坐两架直升机的美军士兵对新巴格达阿里－阿明·阿里－塔尼亚区的地面人员接连三次的射杀。在第一次攻击中，美军代号"野马18"直升机上的30毫米机关炮向地面上的人群开火，造成了9人死亡，其中一人是路透社的战地记者纳米尔·努尔－艾尔丁（Namir Noor-Eldeen）。他的一名同事记者赛义德·贾麦赫（Saeed Chmagh）受了重伤。第二次攻击，直升机上的机关炮则对准了试图将贾麦赫抬上一辆前来救援的面包车的两名男子及这辆汽车，造成包括贾麦赫在内的三名男子死亡，另外车内的两名儿童受伤。在第三次攻击中，在发现有人（可能有武器也可能没有）进入一幢建筑之后，代号"丛林"的直升机发射了三枚 AGM-114 "地狱火"式导弹，摧毁了这幢建筑。后来证实，这幢房子里住着三户人家，袭击造成这幢建筑中包括妇女和儿童在内的多名平民丧生，人数不详。

袭击发生的当天，美军官方报道，有两名记者同"9名反叛分子"被杀，由于直升机上的一支美军突击部队遭到轻武器和火箭筒（RPG）的攻击，直升机还击，随后的交火导致了人员死伤。驻巴格达的多国部队的发言人斯科特·布莱西威尔（Scott Bleichwehl）称："毫无问题，联军明显地是在同一支敌对武装进行战斗。"美军指挥官向在战斗行动中死亡的平民的家庭表示了哀悼。《华盛顿邮报》第二天（7月13日）的报道称，美军在12日出动了240人，乘坐65辆悍马车、数辆布拉德利战车和两架攻击直升机，同十几支伊拉克政府军一起，对阿明区的迈赫迪军——一支忠于摩诃塔达·阿里-萨德尔（Moqtadaal-Sadr）的什叶派民兵展开了围剿。美军称，在围剿行动中，一架直升机朝一群正在用自动武器和火箭筒瞄准美军士兵的人员发射30毫米机关炮，随后又向前来救援的一辆丰田面包车开火。两名路透社的摄像记者被杀，但军方发言人称，不清楚他们在冲突中是被美军还是被叛军所射杀。美军少校布伦特·康明斯（Brent Cummings）表示，美军在行动中已经尽了最大努力避免平民伤亡。

路透社7月16日的报道称，在事发地点无法找到任何目击证人，而当地的警察描述此次攻击是"美军漫无目的的轰击"。在所有的证据都质疑美国军方对两名记者的死亡原因的解释的情况下，路透社的主编大卫·施莱辛格（David Schlesinger）表示："为了纪念他们（两位记者），并且为了所有在伊拉克的记者，我们需要一个彻底而客观的调查，以帮助我们和军方，从中汲取教训，在将来改进记者们的安全状况。"路透社根据《信息自由法》，向军方索要被收缴的摄像机，以及要求军方提供直升机上的瞄准镜镜头录像及录音材料，还有当天参战部队的报告及武器使用日志等资料。但五角大楼阻止了他们这一想得到录像的努力，《华盛顿邮报》称，军方从未拥有过那份录像。军方于2007年7月17日对事件展开了调查，并撰写了调查报告，但此报告在维基解密曝光之前从未正式对外公布。

然而，"纸里包不住火"，2009年，从一个秘密的信息来源，维基解密得到了那份瞄准镜镜头录像，并且经过复杂的取证核实之后，最后在其网站公布了这段视频。《没有秘密》一文精彩地讲述了阿桑奇如何为了使得"平行杀戮"这段录像的公开而前往冰岛进行紧张的工作："今年（指2010年）3月的时候，他（阿桑奇）还在冰岛首都雷克雅未克。今年3月30日早上，在雷克雅未克的格莱蒂斯加达（Grettisgata）大街，一个眼睛灰色、头发银灰色的高个儿男子租下了一间有百年历史的白色小屋。'我们是记者。'该男子告诉这间屋子的主人，'我们来这里写关于火山的相关报道。'在屋主人走后，男子快速拉下窗帘，确保那是一个封闭的空间，闲人莫入。屋主人显然不知道在这间房子里诞生了浏览量高达数百万次的美军在巴格达袭击的视频。屋主人走后，这间房子成了一个'战壕'，6台电脑成了屋里最大的装饰。在阿桑奇的指导下，冰岛的志愿者来到这里，集中制作来自2007年伊拉克战场上军用直升机驾驶员座舱的一段38分钟视频。阿桑奇称，希望通过这些残酷的画面在全球传播引发一场大范围的关于伊拉克和阿富汗冲突的辩论。"

维基解密成员的努力终于换来了B项目（指平行杀戮的视频）的完成。在向维基解密网站发布之前，阿桑奇及其同仁们在一个秘密隐匿处观看了美军杀戮的视频。《纽约客》记者在《没有秘密》一文中描述当时的场面以及部分视频画面：

·89·

"到了晚上6点左右,阿桑奇起身拿起一张硬盘,里面有B项目的内容———从阿帕奇直升机上拍摄到的美军士兵2007年在巴格达东部枪杀平民的录像片段。路透社曾根据《信息自由法》向军方索要这段录像,但花了三年时间还是没要到。阿桑奇现在弄到了,不过他说不会透露是谁给他的,只是说给录像的这个人对袭击平民的事情感到非常愤怒。

"地堡里所有的人都集中到电脑前看这段录像。在黑白录像中,观看者视角同飞行员看到的情景是一样的。阿帕奇直升机上搭乘着第8骑兵团(the Eighth Cavalry Regiment)的士兵,同另一架直升机一起在巴格达上空盘旋。广角的射击框将一座清真寺的圆顶置于十字线中,我们看到的是一大片建筑和棕榈树以及废弃的街道。我们能够听见静态无线电信号短音,还能听到士兵之间对话的戏谑声。

"在录像中第一个出现的对话是一个士兵说'好的,明白'。阿桑奇立即按了暂停键,说:'在这段录像中,你们将看到一些人被杀。'他继续解释说,录像可分成三个部分:'第一个部分,你们可以看到一次根据错误的判断发动的攻击,一个非常鲁莽的错误;第二部分,你们可以看到,这次攻击显然是谋杀;在第三部分则可以看到,在士兵追击合法的目标时,却杀了很多平民。'

"第一部分令人毛骨悚然。部分原因是士兵们的对话,已经远远超出文明的边界。'尽管干,一旦你瞄上了他们,只管打!'其中一个说。阿帕奇的机组成员飞到十来个男人的上方,与这些漫步的男子一街之隔的,是一股美军部队。机组报告说其中五六名男子装备有AK-47冲锋枪;当阿帕奇进入攻击位置时,机组人员看到了人群中的路透社记者,他们把记者的长焦镜头相机误认为是火箭筒。阿帕奇直升机对这群人开火25秒钟。

"第二部分紧接着前面这段。当直升机仍在屠杀现场的上空盘旋时，机组人员发现一个幸存者在地上挣扎，他显然没有武器。'你只要去拿件武器就行了。'阿帕奇里的一位士兵说道。突然，一辆面包车进入视野，三名空手的男子下来去搭救受伤的那个人。'我们发现有人来到现场，看起来可能，嗯，是去收尸体和武器的。'阿帕奇上的人这样报告，尽管那些男子只是在帮助一个幸存者，并没有去收集武器。于是阿帕奇开火了，打死了那三名男子和他们要救的伤者，并打伤了坐在车中前排座位上的两名儿童。

"在第三部分里，直升机机组人员通过无线电向指挥官报告说，至少有6名武装分子已经进入了人口稠密地区的一座尚未完工的楼中，那些武装人员中可能有的是刚刚撤离与美军交火的现场，但情况还不清楚。机组请求允许攻击这座楼，他们说它看起来像是座废弃建筑。'我们可以给它来上一颗导弹。'阿帕奇里的一名士兵建议道。建议很快就实现。不久后，两名不带武器的人进入此楼。虽然士兵们注意到了他们，但还是发起了攻击：3枚地狱火导弹摧毁了楼房。路人也被废墟的烟尘所吞没。"

在发布该视频之前，阿桑奇已经得到军方内部关于这次行动的报告。阿桑奇希望能通过B项目推翻军方的说法。事实上早在2010年1月8日，该网站在其推特上声明，它已经获得了这一事件的一段射击瞄准镜视频。早些时候，维基解密网站应一个网上的公众要求，协助揭秘一份"美军轰击平民的视频"。于是，阿桑奇在冰岛进行了对视频的解密和制作，这就是项目B，并宣布会在3月21日之前将其发布。视频最终定在了4月5日在全国新闻俱乐部举行的新闻研讨会上发布，命名为"平行杀戮"，维基解密声明该视频证明了"对伊拉克平民和两名路透社记者的屠杀"。《没有秘密》一文这样描述："太阳升起后几个小时，阿桑奇已经站在全国新闻俱乐部的一个讲台前，准备向大约40名记者介绍《平行杀戮》。他身穿咖啡外套，黑衬衣，红领带。他为观众播放影片，不时暂停下来谈论其中细节。影片结束后，他又播放了地狱火攻击的视频，一名女观众看到第一枚导弹击中大楼时，发出一声喘息。阿桑奇朗读了在伊拉克的冰岛记者发送回来的电子邮件。他告诉记者们，这次解密'发出了一个信息，即军队内有些人对正在发生的事情感到不高兴'。他们还把原始录像和编辑过的版本都放在 YouTube 和维基解密专门为之设立的网站上。"新闻发布会后几分钟，阿桑奇就被邀请到半岛电视台办公室。他在那里接受了半天的采访。晚上，MSNBC 作了一个很长的关于录像的报道。《纽约时报》和其他大报也对此做了好几篇报道。在 YouTube 上，已经有超过 700 万人看了《平行杀戮》。

这段视频一经公布，就引起了世界媒体的广泛关注。《卫报》称："不清楚有没有人携带武器，但可以看见努尔－艾尔丁带着一个照相机。"沙龙网（Salon.com）的律师兼专栏作家格兰·格林瓦尔德（Glenn Greenwald）说："那些人中的大多数都没有任何武器。"他称此次袭击是一次"彻头彻尾的非正义的屠杀一群手无寸铁的人，他们正试图救助一名手无寸铁、奄奄一息的人到安全的地方去"。《澳大利亚人报》称，这一群人并未表现出"任何明显的敌对行动"。在 2010 年 4 月 8 日的《独立报》，人权活动家琼·史密斯（Joan Smith）断言，这段作战视频对于直升机机组人员简直就像是打一场游戏。她写到，副驾驶催促说一个垂死的、没有武器的记者是去捡武器，他实际上试着爬到安全的地方去；她声称这段瞄准镜视频显示："阿帕奇直升机机组人员正向平民开火。"当机组人员被告知，有儿童在他们的攻击下受伤的时候，一名机组人员说："好，把孩子带到战场是他们的错。"史密斯将这种反应称为"非人道的"。她将这个情况同战争初期那些受到心理创伤的士兵做了比较之后，指出："在伊拉克和阿富汗的战争正在对战士造成巨大的心理伤害。"她得出的结论是，必须在指挥系统中引入甄别机制,来确定那些"有严重心理问题的士兵"。

就在维基解密公布平行杀戮的视频之后,美国军方也公布了部分 2007 年 7 月 17 日对该事件所做的调查报告。该报告也为巴格达发生的攻击辩护,称该事件中死亡 11 人是在一个"连续的敌对行动"中被射杀。军方只是承认,那两名记者是因为遭到误判而被杀。这份报告的全文从未向外界公布,直到 2010 年维基解密泄露了平行杀戮的视频之后,负责指挥伊拉克和阿富汗战争的美国中央司令部才向公众提供了经编辑过的视频,试图提供进一步的详细证据。该报告称,在那些被射杀的尸体身边发现了机关枪和手榴弹。该报告还称,路透社的雇员"未尽力在视觉上显示他们的作为新闻或媒体代表的身份,而他们同武装叛乱人员的亲密举动和近距离接触,以及他们偷偷摸摸试图对联军地面部队摄像,都让他们看起来像敌对的战斗人员,导致了阿帕奇直升机朝他们开火"。

对于录像中的事件,维基解密和美军报告的说法大相径庭。维基解密网站在 4 月 5 日说,美军直升机的录像显示,被攻击的那些人只是在一个院子里走动,并未做出任何挑衅性攻击的举动。网站发言人说,当美军将摄像机误判为武器的时候,美军士兵就开火射杀了视野中的所有人,并企图掩盖屠杀现场。但《福克斯新闻》评论说,许多看过那段录像的人提出的一个问题是,维基解密似乎做了选择性删节,只显示了故事的一面。例如,网站通过播放慢镜头,特别关注了两位摄像记者以及他们所携带的摄像机,录像显然是想表现美军向手无寸铁的嫌疑人开火。然而,网站没有播放慢镜头来显示在那群人中至少有一个人携带了一个火箭推进榴弹发射器(rocket-propelled grenade,RPG),在录像播放到三分之二处的时候可以看见这个非常明显的武器。维基解密也没有指出,至少有一个人携带了 AK-47 冲锋枪，能看见他在腰间挥舞那支枪，就站在拿 RPG 的人旁边。阿桑奇称，最初试图将两名受伤儿童疏散到附近美军医院的努力曾被美军指挥官所阻止。美军所做的官方调查报告称，两名受伤儿童通过忠诚前进作战基地（Forward Operating Base Loyalty）被送到了第 28 野战医院，第二天被送到了一家伊拉克医院，总算活了下来。

美国军方坚持这段视频只给出了部分战场形势，不能就此对美军所执行的任务做出完整的判断。当有人问国防部长罗伯特·盖茨有关这段录像的问题时，他显然被激怒了："这些人可以把任何他们想曝出的东西都曝出来，而不用负任何责任。"他说，这个录像就像从"饮料管里看世界"，"既没有前因也没有后果"。在一个媒体见面会上，美军中央司令部的一名发言人杰克·翰兹里克上尉（Jack Hanzlik）说："它（这段视频）只给你提供了一个有限的视角。这段视频只告诉你那天发生的行动的一个部分。仅仅从观看那段视频，人们根本无法理解所发生的错综复杂的战斗情形。你只看到了事件的一个狭隘的图景。"翰兹里克接着表示，在一项军事调查中搜集到的图片显示，在院子里的尸体普遍散落着许多武器，至少包括 3 个 RPG。他说："当天，我们的部队一整天都在同符合录像中所描述的那些人战斗。他们的年龄、他们的武器以及他们所处的距离正在战斗的联军的位置，很明显地显示，那些家伙就是一个潜在的威胁。"军官们还指出，视频中的那些人是当时在那些街道上唯一可以看见的人，那意味着会发生什么事，而那些人仍然感到他们能自由自在地走动。

美军报告给出录像细节，并根据当中的画面做出了判断，这些判断显然是为美军进行辩护的。报告称："当阿帕奇在空中做逆时针盘旋的时候，可以看见 11 个作战年龄（military-aged，可能指 20-40

岁,但这样的措词很容易引导人们对他们身份的猜想)的男子,穿着西式裤子和衬衫,朝北面的一面墙走去。可以看到两个人的右肩上背着高倍焦距镜头的照相机。可以看到另外两人拿着一支火箭推进榴弹发射器(RPG)。那些相机非常容易被误认为是背在身上的AK-47步枪或者AKM机关枪,尤其是两个人都没有佩戴任何标志,表明他们是媒体或新闻记者。"报告中所使用的词汇如"作战年龄的男子",可能就是指20到40岁的男人,这里已经暗指他们就是作战人员。报告接着称:"可以看见两个人正在展示RPG和AKM,而第三个人拿着一个像是火箭弹的东西。其他一些作战年龄的男人院子前面被建筑物挡住了。可以看见一名摄影师从墙后面探头观察,朝西看正在飞近的Bravo连队的士兵。机关炮录影带的声音误将长焦距镜头当成了RPG。"报告进一步使用了"武装叛乱分子"这样的词汇,为直升机开火提供合法性:"当阿帕奇直升机继续盘旋,绕到了建筑物前面,可以更清楚地看见那些叛乱分子。可以看见两名摄影师被一群武装叛乱分子紧紧围住。在这个角度,也可以看见一名RPG射手和一名AKM枪手,还有全部作战年龄的男子,集中到一个半径2米的圈子里。几秒钟后,阿帕奇开火,似乎打死了9名作战年龄男子中的8人。"

一开始,媒体是一边倒地采用了阿桑奇的解释。但接下来的几天里,越来越多的人发表见解,而且军队提出了它自己的观点。阿桑奇越来越沮丧,因为他发现大部分报道,关心的不是地狱火导弹攻击事件,也不是那辆面包车,而是集中在丧生的记者以及士兵如何有可能真的将相机误认为火箭筒上。阿桑奇在一次《福克斯新闻》的采访中承认:"很有可能,那群人当中有人在录像中看上去携带了武器。"但他很怀疑那些武器就是录像提到的AK-47自动步枪和RPG,维基解密并"不能确定"那些武器。他称所谓的RPG不过是照相机的三脚架，因而，维基解密的编辑决定不指出来。"从录像证据看来，我怀疑是否真的存在 AK 自动步枪和 RPG，但我并不确定那有什么意义。"阿桑奇说，在伊拉克，几乎家家户户都有一支步枪或一支 AK，那些人也可能是在保卫他们的地盘。

从某种方面来说，最让阿桑奇恼火的是新闻过程本身。他曾说，那是"一个胆小鬼为了迎合官方来源，使最终的报道成为充满某些官方基调的新闻"。尽管阿桑奇号称要搞"科学化的新闻"，但他却又强调，他的使命是要揭露不公正，而不是对一个事件提供不偏不倚的记录。《平行杀戮》发布之后，"维基解密"收到的捐款超过20万美元。阿桑奇于 4 月 7 日发了一条推特消息说："换换口味，试试新闻业的筹款新模式。"阿桑奇一直在寻找合适的方式，不仅要管理好它，而且还要引起读者对更多秘密材料的兴趣。

平行杀戮视频的发布使得世界媒体的目光都聚焦到了阿桑奇身上，但在这一揭秘事件中，有一位幕后主角，他就是美国陆军上等兵布拉德利·曼宁（Bradley E.Manning）。曼宁 1987 年生于奥克拉荷马州。他的以前的一位老师告诉记者，曼宁小时候很聪明，好表达意见，擅长萨克斯管、理科和电脑游戏。曼宁的父亲曾经在美国海军服役，从事计算机系统工作，曼宁从他的父亲那里继承了两种重要的品质：一是对最新科技的痴迷；二是热切的爱国主义和立志从军的信念。13 岁时，父母离婚，曼宁先随英国籍的母亲回到英国威尔士，居住一段时间。后回到美国，跟父亲一起住。他从小就有叛逆性格，他生活的小镇是一个虔诚的基督教社区，有着不少于 15 座的教堂，而他是社区里少数几个公开拒绝基督教信仰的人，拒绝做有关《圣经》的家庭作业，并在向神表示忠诚的仪式上保持沉默。他的父亲对他要求非常严格，反而造成了他后来的那种内向沉闷的性格，加上叛逆，这种东西一直发展下去，因而，到了 13 岁，他开始意识到自己是一个同性恋了。由于口音有些古怪、个子矮小，他常常受到同学们的歧视，为了树立起自己的信心，他一下课就到学校的电脑室摆弄电脑，并建立起了自己的网站。和阿桑奇小时候差不多，都是没有上完学的"坏孩子"，高中遭退学后，在软件公司上班。

2007年，为了存钱上大学，曼宁加入了美国陆军。曼宁入伍之后，先是于2007年10月开始在密苏里的莱昂纳多·伍德基地（Fort Leonard Wood）接受基础训练，2008年4月，被转到亚利桑那州的华楚卡（Fort Huachuca）基地接受作为一名情报分析员的训练。2008年8月，他被送到了纽约的德鲁姆基地（Fort Drum），等待被送往伊拉克。他在网络上认识了一位波士顿的学生泰勒·瓦特金斯（Tyler Watkins），后者在布兰德伊斯大学学习神经科学和心理学，曼宁常常到300英里以外的校园去看瓦特金斯，两人开始正式的同性恋关系。他们之间的关系可能于2010年5月5日结束。也就在这个时候，瓦特金斯把曼宁介绍给了波士顿的黑客朋友们。大卫·豪斯（David House）是这个黑客圈的领袖，当时是一位波士顿的麻省理工学院的研究生，并在那里建立起了一个叫"黑客空间"（hackerspace）的黑客组织，他认为黑客并非人们想象当中的海盗骷髅旗式的侵入计算机行为，相反，黑客是一种看待世界的方式。

据豪斯回忆，2010年1月，当黑客空间成立的时候，曼宁也来了，他们有一个简短而愉快的交谈。豪斯说曼宁的专业知识非常丰富，"他的想法非常专业。与他交谈就像是和你的学院里的一位老教授一起喝上一杯一样。他对那种起支撑作用的力量和支持系统非常感兴趣。这就是为什么他非常适合有着同样学术边界的波士顿黑客文化。"豪斯还注意到了曼宁的另外一个特点，那就是"高度的道德正义感。他总是画一条牢固的伦理边界。有一些东西在他看来是基本人权，他相信那是不可侵犯的"。在后来公布的曼宁与拉默的网聊记录中，曼宁显然相信信息自由对于一个民主社会的价值，他说："信息应该是自由的……它属于公共领域……如果摊开了在公众面前，……应该是一件好事。……我想人们都应该看见真相，……不管他们是谁，……因为如果缺乏信息，作为公众，就没法做出信息充分的决策。"这个声明几乎就是直接从《波士顿黑客手册》(*Boston hackers'manual*)上节录下来的。曼宁事发之后，豪斯曾经两次前往监狱探望他，而且豪斯是唯一除曼宁的律师外被允许探望他的人。

曼宁在2009年10月被派往伊拉克，他服务于美国陆军第10山地师。在《卫报》书社2011年2月出版的新书《维基解密：探秘朱利安·阿桑奇的揭秘战争》中，曼宁入伍的情形是这样描述的："经过了夏天的酷热，伊拉克到了11月就变得温暖舒适了。然而对于驻扎在马达因卡达（Mada'inQada）沙漠深处的铁锤营地（Camp Hammer）的男女官兵而言，空气永远充满着被运送补给的车队所扬起的沙尘，不断地提醒他们，这里离家很远很远。他们中的一个就是专家布拉德利·曼宁，他是几周前派驻到伊拉克的，隶属第10山地师第2旅战斗队。马上就到22岁，他是好莱坞电影热衷的那种久经战火考验的强悍美国大兵的反例。他长着蓝眼睛、金黄头发、一张圆脸挂着孩子般的微笑，他身高只有5尺2寸（约1.57m)，体重105磅。"由于在计算机方面的天赋，他作为一名情报分析员被安排在基地，拥有一间自己的电脑室，每天面对着海量的绝密信息。对于他这样一个年轻而又相对没有经验的士兵，这是一份极端敏感的工作。

然而，自从第一天到基地工作，他就对松懈的安全防范措施感到疑惑。工作站的房门由一个五位电子密码锁锁住，但是你要做的不过是敲敲门，就会让你进去。曼宁的那些情报工作的同事们似乎被那种一周7天、一天14小时的工作无情地折磨得精疲力竭、心不在焉了。他们坐在工作站里,看着音乐录像或赛车,或者做着与工作无关的事,没有人在意。不久,曼宁就开始严厉地抨击基地的文化,他事后写到:"薄弱的服务器、薄弱的注册、薄弱的安全设施、薄弱的反情报工作、心不在焉的信号分析……只有一个完美的风暴。"这种文化后来被曼宁称为"送到嘴边的机会"。那些机会就是发给曼宁的两台笔记本电脑,每台都有可以进入美国国家机密的授权。对于他这样一个下级士兵居然有如此明显地不受限制的权力,进入海量的机密材料,确实让他眼前一亮。他能做的就是不要引起基地内的监察或保卫人员的注意。他每天都花上数小时往笔记本电脑中下载机密文件和录像,带着耳机和耳麦,假装听着 Lady Gaga。他利用职务之便,总共下载了 25 万份美国政府的机密资料。

他越是读到那些文件,就越变得不安,他被自己国家的官员的两面性和腐败所震惊。看到的录像越多,就越害怕,那些录像显示,美军直升机在伊拉克屠杀手无寸铁的平民;发生在阿富汗的一次次的"误伤"事件,造成众多平民死亡。还有海量的外交电文信息,涉及到全世界的机密,从梵蒂冈到巴基斯坦,无所不包,应有尽有。他被自己所发现的外交丑闻和阴谋所震惊。他写到:"简直太多了,它影响到地球上每个人。美国人在任何地方设立的机构都存在外交丑闻。简直是扣人心弦、骇人听闻。"从那时起,他开始有一个想法,自己该做点什么。2009 年 11 月,曼宁找到了巴格达空袭的瞄准镜视频,即后来被称为"平行杀戮"的著名视频。他将下载的文件刻录到可擦去的 Lady Gaga 光盘中,其有许多是非常危险的数字资料。他开始了美国历史上(可能也是世界历史上)最大规模的泄密之旅。在曼宁正在考虑使用什么样的途径将拷在 Lady Gaga 光盘里的绝密文件传输出去的时候,他的眼睛在 2009 年感恩节那天被维基解密网站的 2009 年试操作所吸引了,他按照步骤操作了。

曼宁走出了第一步，他还同一个被他描述为"长着一头疯狂的白头发的澳洲佬、好像从来不在一个国家停留很久"的人联系。同朱利安·阿桑奇一起玩大了的游戏就这样开始了。随即就开始了与维基解密的"揭秘合作"，曼宁的揭秘人生也就此开始。11月，维基解密公布了超过57万条关于9·11事件的短信，据称曼宁此前与维基解密进行了接触。2010年，维基解密的历次重大的揭秘行动背后都有曼宁的影子：

2月18日，维基解密公布了被称为"雷克雅未克13"的电文，该电文由美国大使馆2010年1月13日发出有关"冰岛储蓄"（Ice Save）事件的评论，据称此文件来自曼宁。

3月15日，维基解密公布了据称来自曼宁的美国国防部关于维基解密的调查报告。

3月29日，维基解密公布了据称来自曼宁的美国国务院关于冰岛政治家的文件。

4月5日，维基解密公布了据称来自曼宁的巴格达空袭的阿帕奇直升机瞄准镜视频。

5月21日—25日，曼宁在网络上与拉默（Adrian Lamo）聊天。

5月26日，曼宁在伊拉克被捕。"连线"（Wired）网络与《华盛顿邮报》公布了曼宁-拉默网聊的部分内容。

7月5日，曼宁被起诉。

7月25日，维基解密公布了据称来自曼宁的阿富汗战争日志。

7月29日，曼宁被转移到位于弗吉尼亚州的监狱。

10月22日，维基解密公布了据称来自曼宁的伊拉克战争日志。

11月28日，各大媒体刊登了更多从维基解密获得的据称来自曼宁的美国外交电文。

2011年，联合国特别调查员向美国提交了关于曼宁的调查。3

月1日，曼宁被以22条罪名起诉。3月2日至10日，曼宁被要求裸睡，并于次日清晨进行裸体检查。

曼宁的东窗事发源于网络聊天。5月5日，他与瓦特金斯的关系破裂，曼宁开始在脸书（Facebook）上发出消息，谈到自己的心情："我已经孤独了很久了，……我完全丧失了理智，我遭遇了一个打击。""我有一种已经一无所有的沉沦感。"同时，他也感觉到他可能被"黑客运动"所开除。由于心情郁闷，他在几天前同另一名士兵发生了争执，一拳打在对方脸上，受了处分，从专业技师降为上等兵。此外，更严重的是，他想到了自己泄密的严重后果，很有可能在牢房里度过余生，甚至被处以死刑，对于一个22岁的年轻人来说，这确实超过了他所能承受的极限。他之所以向陌生人拉默聊了那么多不该聊的东西，与他当时处于极度空虚、沮丧、沉闷、孤独的心理状态是有很大关系的。

他通过电子邮件，在网络上结识了另一位黑客阿德里安·拉默（Adrian Lamo）。5月21日-25日，他们开始网络聊天，这些记录后来部分地被《连线》网络所公布。曼宁一开始就向拉默介绍自己是"一名军方的情报分析员，部署在巴格达东部，正等着解除禁闭"。谈话开始了10分钟之后，曼宁就问拉默："如果你有一个前所未有的机会，每天14小时、一周7天、总共8个多月进入到机密网络，你会做什么？"随后，曼宁一步步地将自己泄漏情报的事告诉了拉默。22日，他向拉默吹嘘自己为维基解密提供了26万份国务院外交电文，只不过没有说明详情。后来几天，他将自己泄漏平行杀戮、阿富汗战争日志和伊拉克战争日志的事都和盘托出。拉默感到事情的严重性，他告诉《连线》网站，他已经向维基解密网站捐过钱，因而，向当局告发曼宁并不是一个容易的决定。他认为曼宁的举动致使美国人的生命在战场上受到了威胁，于是，25日，在加利福尼亚州他家附近的一家星巴克咖啡店里，拉默同联邦调查局（FBI）以及美军犯罪调查指挥部（Army CID）的官员接触，将他同曼宁聊天的记录给他们看。2010年5月26日，美国政府将曼宁逮捕。27日，拉默再次与这些官员见面，他们告诉他曼宁已经于一天前在伊拉克被捕。

曼宁被捕之后，首先被关押在科威特的一所美军监狱，然后于2010年7月被转移到美国，自那时至今，一直以最高级别的看守关押在位于弗吉尼亚州的匡提科（Quantico）海军陆战队监狱的单人囚室中。曼宁被军方起诉，罪名是利用职务之便将机密信息传输到他的个人电脑上，又将国防部的信息传输给一个未经授权的网站。他每天被囚禁的时间是23小时，只有在规定的时间（不到1小时）可以看一会儿放置在他囚室外面走道里的电视。他可以借一本书在囚室里阅读，他借了康德的《纯粹理性批判》。大赦国际（Amnesty International）[①]于2011年1月表达了对曼宁在押条件的担忧，有人在探监的时候看见他在狱中被戴着镣铐。曼宁的律师于3月10日公布了曼宁写的11页的信，信中说他处于防止自杀的24小时监控当中。白天，曼宁清醒的时候必须每5分钟大声地肯定回答看守提出的"你没事吧？"这样的问题。晚上，除了被要求裸睡、早上起来裸检以外，每当他翻身和用毯子蒙着头的时候，都会被看守弄醒，要他回答"你没事吧？"

另外还有不少报道称曼宁的关押条件是恶劣和非人道的，而这种状况是非法和不道德的。监狱方面的精神科医生几个月前就建议解除曼宁的"防止伤害措施"，但这些要求没有被公开证实，狱方发言人以奥威尔小说式的手腕辩称："因为过多地讨论细节对曼宁的隐

---

①成立于1961年的人权组织。

私会是一个侵犯。"这些被广泛报道的非人道地对待一个尚未受到审判的人,事实上已经违反了《美国宪法修正案》第八条"禁止残酷的和异乎寻常的惩罚"以及第五条保证"未经审判不得惩罚"。4月11日,一份由美国常春藤名校联盟的250位知名法学教授联合签名的公开信,也表达了他们对曼宁的处境的担忧,称这是对第八条和第五条修正案的违背。公开信指出:"这种恶劣地对待嫌疑人的方式要么是威慑未来的揭秘者,要么是强迫曼宁供认维基解密的创始人朱利安·阿桑奇是他的同谋,或者两个目的兼而有之。"

2011年3月,又对曼宁附加了22条罪状,包括一项死刑罪——"资敌罪",尽管检察官称他们不会提出死刑。曼宁目前正在被关押候审,决定他是否被送上军事法庭。3月4日,针对追加曼宁的罪名,阿桑奇向媒体表达了自己的严重关切:"他们确实是想杀一儆百。你知道,这些罪名当中的任何一个都可能被判处死刑,那确实是一个非常严重的事情。而且,如果那种以捏造的材料罗织的罪名,从布拉德利·曼宁头上扩展到别的人以及像我们这样的出版者头上,也是一件严重的事情。"3月9日,29岁的巴雷特·布朗(Barrett Brown)称自己是一群匿名黑客的高级战略家和发言人,他说支持曼宁的黑客们将对美国的公司和政府网站发动更多的黑客攻击。"这是一场网络游击战,"他告诉 msnbc.com 网站。"我们原先不想开战,但现在火已经点起来了。"据称,这群黑客将以罗宾汉的姿态以不守法或者"公民不服从"(civil disobedience)的方式对抗美国对待曼宁的不公。

曼宁的案子现在到了奥巴马政府手里,成了烫手的山芋。有人权组织通过曼宁的事例来质疑奥巴马改善关塔那摩监狱囚徒人权状况的承诺。为了平息公众的质疑之声,五角大楼发言人杰奥夫·莫雷尔(Geoff Morrell)和五角大楼总法律顾问杰·约翰森(Jeh Johnson)

于2011年2月11日访问了匡提科的监狱,以调查囚犯的状况。莫雷尔说,他对看守人员的专业素质感到印象深刻,曼宁的住宿和待遇都是适当的。他说:"这座监狱的结构是这样的,每个囚徒都是单独囚禁的。他(曼宁)每日三餐营养充足、均衡合理。他可以接待探监者,接发邮件,也可以写信。他定期接受医生检查,也可以见律师。他被允许可以打电话。而且,他的待遇和在这个监狱里的任何一名囚徒是一样的。"官方发言人的讲话试图打消人们对曼宁所受到的待遇的疑虑,但这些丝毫无法改变曼宁在被囚禁的过程所承受的巨大压力,以及他所受到的指控有可能致使他被处以极刑的现实。

然而,最令美国政府尴尬的是美国国务院发言人菲利普·克劳利(Philip Crowley)的辞职。3月11日,在出席麻省理工学院举办的一个关于新媒体和外交政策的演讲中,当被问及在一个军队监狱中被虐待的曼宁时,克劳利对听众说:"我在空军服役了26年,目前在曼宁身上所发生的一切是滑稽的、适得其反和愚蠢的,我不知道国防部为什么这么做。然而,曼宁是对的。"显然,我们在这里看到的克劳利不同于在白宫记者招待会上那个八面玲珑、巧舌如簧、谈笑风生、应对自如的克劳利,我们看到的是一个铁骨铮铮、仗义执言的汉子,保持着对正义的同情和对人权的关注。美国一些官员还是保持了敢言的传统,但古今中外祸从口出的传统是一样的,克劳利自己的命运也就因此而决定了。当天,奥巴马总统就问起了克劳利的发言,总统表示他询问过曼宁的情况,他说:"我事实上问了五角大楼,对他的囚禁是否适当以及是否符合我们的最基本的标准,在这些方面有没有采取必要的措施。他们向我保证是的。"尽管克劳利也强调这是他个人的观点,但还是因这一言论不得不在两天后辞职。克劳利在他的辞职信上称:"考虑到这些话的影响,我应当对此负全部责任,我已经提交了我的辞呈。"他的辞呈最终被接受了,尽

·104·

管希拉里·克林顿表达了惋惜之情,并称克劳利多年以来"杰出地"为国家服务,"对公共政策和公共外交的忠心耿耿、鞠躬尽瘁"。把人赶走了,说几句安慰的话,还是应当的。

据澳大利亚《每日电讯报》2011年3月21日消息,这个周末(20日),向维基解密网站泄密的美国士兵曼宁的支持者在关押他的军事基地门前举行了示威抗议活动,数十人被警方逮捕。23岁的布兰德利·曼宁2007年入伍,因向维基解密泄露大量美国机密文件被捕入狱,加上近日追加的"向敌方提供信息"的罪名,他可能被判处死刑。在美国弗吉尼亚州匡提科海军基地门前的这次示威活动中,共有35名抗议者被逮捕,其中还包括曾经泄露五角大楼有关越战密文的丹尼尔·艾尔斯伯格(美国泄密界的祖师爷级别的人物)和退休的美国陆军上校安·赖特。有抗议者说,他们两人当时试图接近基地大门,把致基地指挥官的一封信传递进去,随即遭到逮捕。一名曼宁支持者的律师说,这次抗议活动对那些支持曼宁的人和反对政府违宪拘捕行为的人来说,是一个强有力的鼓舞。

据《卫报》2011年4月13日报道,曼宁的母亲苏珊·曼宁(Susan Manning)写信给英国外交大臣威廉·黑格(William Hague),希望英国领事官员能够前往探望她的儿子,她十分担心儿子的身体和精神状况。自去年5月起,布拉德利·曼宁的监禁状况引起了世界媒体对美国人权问题的广泛批评。曼宁没有一本英国护照或者认为自己是英国人,但他的律师说,因为他母亲苏珊是威尔士人,他自然有英国血统。苏珊在信中提到她在2月份曾经去探望过曼宁,她写到:"看到布拉德利,我非常难过。他在牢里,被监禁在这样的状况下,对他的身体和精神都有着一个伤害性的影响。我非常担心他的状况会日益恶化。我希望有人能够去探望他,检查他的状况。如果布拉德利有着一个英国国籍,那么英国大使馆就能够有人去探望他的话，我想问一下，您是否可以让此事成真？我不认为布拉德利在此情形下能够自己要求这么做，所以作为他的母亲，我替他提出这个要求。"苏珊也以她自己的身份对黑格提出要求领事援助："如果我再次探访布拉德利的话，英国大使馆会不会有人帮助我和其他家人来和美国海军陆战队当局打交道，以及帮助我们安排其他事宜？"英国外交部对苏珊的答复是："我们将仔细地考虑曼宁太太的信，并将尽快答复她。"英国外交方面已经向美国方面表达了他们对曼宁狱中状况的关切。与此同时，联合国也派出了反对酷刑方面的特别调查员胡安·门德斯（Juan Mendez）对曼宁的状况进行调查，他指责美国政府在他探视期间不允许他单独同曼宁谈话，因而无法得到进一步的信息。

《卫报》第二天（4月14日）发表了一篇题为《可耻的对布拉德利·曼宁的待遇》，严厉批评奥巴马政府对待曼宁的方式和态度。文章称，奥巴马口口声声说曼宁的待遇是"适当并符合我们的最基本的标准"，他是在说美国海军和陆战队监狱中所关押的数百名囚徒的条件是世界上大多数国家都认为是虐待的。奥巴马对曼宁所遭受的对待进行辩护，甚至比布什和切尼政府更恶劣，他们那时称对囚犯的虐待是为了获得恐怖主义活动的情报。奥巴马作为美军总司令允许如此残忍地、非人道地对待监狱里的囚徒，目的就在于威慑那些违反了《军事司法统一条例》(the Uniform Codeof Military Justice)的人。对待陆战队监狱中的囚犯比对待关塔那摩监狱中的囚犯还要恶劣。如果他不想成为第一个由于纵容虐待而被指责的诺贝尔和平奖得主的话，奥巴马先生应该行动起来，阻止陆战队方面对监狱中的囚徒实施如此严酷而非人道的虐待，或者关闭那些监狱，将囚犯转移到其他监狱去。

2010年7月25日，在曼宁被捕后不久，维基解密就在其网站上公布了阿富汗战争文件。这些文件是美军阿富汗战争的内部日志，也称阿富汗战争日志(the Afghan War Diary)，文件总共有91731份，其中绝大多数都是机密级。到7月28日，维基解密公之于众的文件数量是75000份，网站对未全部公开文件的解释是，"应消息来源的要求所进行的伤害最小化过程的一部分"。在公布这些文件之前，维基解密事先同世界上五家大媒体——美国《纽约时报》、英国《卫报》、德国《明镜周刊》、西班牙《国家报》以及法国《世界报》——联系，将这些文件事先提供给它们，并按照事先签订的合约，都定在7月25日公布这些信息。《卫报》发表的申明说，尽管他们公布的信息在保密级别上较低，但他们还是有意没有公布有可能确定情报来源、暴露未知的情报搜集技术或者致使联军处于危险之中的那些信息。《卫报》只报道了那些重大事件的战争日志，感兴趣的读者可以去阅读网上的海量文件信息。此次被认为是美国历史上最大的泄密事件，揭露的信息描绘出了阿富汗战争的残酷性。维基解密称它不知道泄密数据的来源。《纽约时报》、《卫报》将这些材料称为"美军历史上最大规模的泄密之一……对在阿富汗进行的失败的战争的一幅破坏性的影像，揭示了联军未报道的事件——滥杀数百名平民，塔利班进攻的飙升，以及巴基斯坦和伊朗对叛乱火上浇油"。《明镜周刊》确认了这些文件的真实性。《纽约时报》将泄密形容为"一个六年军方机密文件的档案馆，提供了关于阿富汗战争的一个未经修饰和残酷的图景"。《卫报》和《明镜周刊》称，各大媒体的总编都"一致认为，在这些材料中，存在着一个正当的公众利益"。

在这些解密的文件中，最令人震惊的是，在此前一直未被揭秘的几起事件中，数百名阿富汗平民在联军的袭击中死伤。媒体援引维基解密的内容将这些事件公布出来，同时，《卫报》记者大卫·雷(David Leigh)在2010年7月25日的一篇文章中写道："它们（对平民的杀戮)的范围从枪杀个体的无辜者到经常性的空袭造成的大量平民死亡,最终导致了哈米德·卡尔扎伊总统公开抗议美国对待阿富汗人的方式是将他们视做'廉价的'。当平民家庭成员确实在阿富汗被杀,他们的亲戚理所当然地要得到比几听豆子和几条好时(Hershey)巧克力稍微高一点的赔偿。战争日志提到的支付给那些死去的10万阿富汗平民的血酬,是每具尸体1500英镑。"人命不值钱,造成联军以打击恐怖主义者为由,任意地滥杀。

　　这些事件让人触目惊心。在一次事件中,一个美军巡逻队用机枪向一辆公共汽车扫射,打死打伤15名乘客。在赫尔曼德省三金(Helmand's Sangin)地区的一次火箭弹的袭击中,联军至少造成包括妇孺在内的45人死亡。在一次从未公开的报告中,法国部队朝一辆满载儿童的客车开火,只因为它太靠近一个法军车队。2007年3月4日,在"辛瓦尔开火事件"中,在看到一起自杀炸弹爆炸以及据说遭到了轻武器开火攻击之后,美国海军陆战队向平民开火。《卫报》根据解密文件描述了陆战队血洗平民的场面:"陆战队员们拼命躲避(自杀式炸弹爆炸现场),用自动武器疯狂开火,向高速公路沿途6英里的地段扫射,几乎打到了路上的任何一个人——田野里十几岁的少女、汽车内的司机、走在路上的老人。19名手无寸铁的平民被射杀身亡,还有50多名伤者。"美军的所谓调查报告,就是由涉及这场杀戮的士兵写的,没有提到任何死伤的平民人数,涉嫌的士兵也没有受到任何起诉或纪律处分。2007年3月21日,CIA的准军事人员朝一名正准备从他们身边逃跑的平民开火,这个人名叫沙姆·汗(Shum Khan),是一名聋哑人,无法听到他们的警告。2007年8月16日,在一次明显的报复行动中,波兰部队用迫击炮轰炸一个叫南加尔·克尔(Nangar Khel)的村庄时,杀死了参加一个婚礼宴会的5名平民,包括一名孕妇。2007年,文件详细揭秘了美军特种部队如何对一所建筑物投掷了 6 颗 2000 磅的炸弹,他们相信一名"高价值人物"藏匿在里面,并且是在"确认了在附近区域没有阿富汗平民"的情况下。一名美军高官报告,150 名塔利班被消灭。然而,本地人却说,有约 300 名平民被杀。2008 年,在联军的一次对喀布尔附近的坦尼·卡雷村的突袭中,8 名儿童被打死。

格拉奈(Granai)空袭又被称为格拉奈村屠杀,指的是 2009 年 5 月 4 日美国空军战机对阿富汗赫拉特南部法拉省的格拉奈村进行的轰炸,造成了大量平民死亡,死者主要是儿童,也包括妇女。美军承认这是在执行空袭任务中所发生的重大错误。军方表示:"无法识别平民的存在,以及无法避免和/或最小化伴随的损害,导致了误杀平民的意外后果。"《澳大利亚人报》称,空袭导致了"自外国军队入侵阿富汗以来西方军队行动中平民死亡的最高数字之一"。阿富汗政府称,大约有 140 名平民被杀,其中 92 人是儿童,只有 22 人是成年男性。阿富汗的最高人权机构称有 97 名平民被杀,他们中的大多数是儿童。其他的估计从 86 人到 145 人不等。美国军方在较早前所做的一个调查称有 20—30 名平民被杀,另有 60—65 名叛乱分子。而最新(10 年 4 月)的官方表态则是"没有人能够最终确定在这一事件死亡的平民人数"。一份五角大楼的调查文件,包括一段录像,在 2009 年的时候准备公布,但因内部各方关于该报告中到底要公布多少细节所起的一个争论而延迟了。《卫报》和《泰晤士报》于 2010 年 5 月报道维基解密准备公布这段录像,《连线》杂志于 2010 年 6 月 6 日的报道称,该文件资料已经由美军情报分析员布拉德利·曼宁连同包括巴格达空袭在内的其他录像资料泄漏出去了。但也可能是该视频过于敏感,这段录像并没有出现在维基解密的网站上。

2010 年 10 月 22 日,维基解密网站再次让世界震惊,它在互联网上未经授权地公布了近 40 万份的美军机密文件,并同时通过 5

家国际媒体共同发布，这被称为伊拉克战争文件泄密事件。这些文件也被称为伊拉克战争日志（the Iraq WarLogs），是美军自2004年1月1日到2009年12月31日伊拉克战争期间的391832份战场报告。文件几乎涵盖了美军在战争中的每一次重要的行动（SIGACT或Significant Action）。维基解密网站称，这些文件详细地描述了每一次行动的细节，美军地面部队在伊拉克执行任务时的所见所闻，让人们得到这场战争秘史的第一手真实的资料，将美国政府从隐匿状态彻头彻尾地曝光在公众面前。这是美军历史上最大规模的泄密事件，超过了3个月前的阿富汗战争文件泄漏。当然，维基解密为了不暴露线人和有关人员的身份，在解密的文件中隐去了一些信息。《明镜周刊》10月22日的文章指出，维基解密数据库公布的文件并不是最高密级的，它们最多是"机密的"而不是"绝密的"。因而，有许多最为敏感的事件没有出现，例如阿布格莱布监狱的虐囚丑闻。此外，还有其他的弱点，它们是单方面、主观的和未经证实的，在很多情况下，在战场上制作的，非常容易出错。但这些文件的解密足以让人们对战争的残酷性有一个清醒和全面的认识。

这些报告详细记录了伊拉克战争造成的109032人死亡，包括66081名"平民"；23984名"敌人"（那些被贴上反叛分子标签的人），有时平民的死亡也会被当成反叛分子，例如巴格达空袭中死亡的两名记者，若不是路透社提出调查，也会被当做武装反叛分子统计；还有15196名"东道国士兵"（指伊拉克政府武装，差不多是我们称的伪军）以及3771名友军（联军部队）。死者中的大部分（66000人，超过60%）是平民，在6年时间里，平均每天死掉31人。对比一下，此前维基解密公布的"阿富汗战争日志"大致涵盖相同的时间，详细描述了战争造成的20000人的死亡，两国人口规模大致相同，而伊拉克战争所造成的伤亡在惨烈程度上是阿富汗的5倍。其中有大约15000名平民的死亡是美国政府在之前没有承认的。

除了死亡记录外，解密文件还广泛涉及联军士兵的种种侵犯人权的行径。美国每年花费数十亿美元用于训练和武装伊拉克安全部队，此项任务一直持续到今天。但是，就是在美国的监管下，伊拉克军警对他们所看守的嫌犯施暴的情况时有发生。《卫报》的报道称"美国政府未能调查几百份伊拉克警察和士兵侮辱、折磨、强奸甚至滥杀的报告"；而在联军方面，则存在"一个正式的不理会这种指控的政策"，除非这种指控与联军士兵有关。在虐囚方面，有多份报告指出在押囚徒遭到虐待，而且附上了医学检验报告，囚徒遭到了戴镣铐、蒙眼罩、绑住手腕或脚踝，常常受到鞭打、拳击、脚踢或电击，有6份报告称一名囚徒明显死亡。甚至在2004年阿布格莱布监狱虐囚丑闻之后，美军也常常容忍伊拉克的施暴情况，在一个案件记录中写到"调查是不必要的"。但也并非没有特例，在一份2005年的报告中，美军在巴格达的一个警察局发现了"一个带有电线夹子的曲柄手摇发动机"，一名在那里的囚徒称这是给他们上刑用的。该报告称美国人将这台发动机的事报告给了一名两星将军，但是未说明这名将军是美国人还是伊拉克人。

据《纽约时报》的报道，军方的合同工也跟着在伊拉克为那里的乱局添油加醋，正如这篇文章的题目——"启用合同工，为伊拉克战局添乱"。根据解密文件，随着伊拉克战争早期西部牛仔式的野蛮时代过去，美国军方开始启用私人保安公司，而这些不穿制服的人却在战场上战斗、收集和分享情报、射杀假想的叛乱分子，有些也死在战场上。2004年3月31日，最为恶名昭彰的暴力事件就是4名美国私人保安因随意射杀在伊拉克城市费卢杰被杀，尸体遭到刀砍和焚烧，并被倒吊在幼发拉底河的大桥上，成为伊拉克愈演愈烈的暴力活动的象征之一。私人保安在伊拉克死亡率相当高，一家英国的私人保安公司艾吉斯（Aegis）的报告称，仅在2006年该公司就有超过30名保镖被杀；有超过70名私人保安被叛乱分子和其他人员绑架，他们中的大多数后来发现被杀。路边炸弹、沙漠伏击、城市巷战、夜间偷袭，这些让美军胆战心惊的恐怖袭击也是私人保安的家常便饭，吃这碗饭也真不容易。

揭秘报告显示，私人保安很少顾及后果，随意开枪。他们射击对象包括手无寸铁的伊拉克平民、伊拉克安全部队、美军部队，甚至其他保安公司的合同工，这些行为引起了公愤，常常破坏联军所执行的任务。有许多对这些合同保安滥杀无辜的报告，鉴于此情况，美军在阿富汗已经彻底禁止使用私人保安公司。一起事件则发生在2005年5月14日，美军的一个部队发现，黑水公司的雇员向一辆平民车辆开火，打死了一名父亲，打伤了他的妻子和女儿。2006年5月2日，在巴格达，黑水公司的保安以"不可控制的"方式用轻武器向一辆救护车扫射，打死了司机。2006年8月22日，"在一颗路边炸弹爆炸之后，黑水公司的雇员向人群胡乱扫射"。这起臭名昭著的事件发生在巴格达的尼苏尔广场，当场打死明显毫无挑衅行为的17名伊拉克人。2007年，一家总部在迪拜的联合资源集团（Unity Resources Group）的车队在行驶到巴格达绿区附近时，车上保安向一辆正在靠近的车辆射击，打伤伊拉克总统贾拉尔·塔拉巴尼（Jalal Talabani）的一名保镖，直到总统的人与美国有关当局交涉，此事才得以报道。

根据解密的文件，大卫·雷在《卫报》上撰文指出，在"平行杀戮"中射杀包括两名记者在内的多名平民的美军"野马18"直升机机组人员，在2007年2月涉嫌向一群试图投降的叛乱分子开火，将他们射杀。此事就发生在巴格达北部几英里远的地方，在这群叛乱分子的卡车处于阿帕奇直升机的火力范围内的时候，他们跳出卡车,"野马18"直升机收到的信号是"他们出来想投降"。然而,从塔基(Taji)空军基地的一名未公布姓名的律师示意直升机开火干掉他们,战争日志显示:"这名律师声明他们不能向一架飞机投降,他们仍然是有效的目标。"在收到律师的意见之后,飞行员报告,那些人现在已经回到了卡车上,并试图开走。武装直升机两次试图杀死那些逃跑的人,他们向那辆卡车发射了第一枚地狱火导弹,没有击中目标。机组人员发出信号:"那些人跑进了一座棚屋。"在阿帕奇直升机在空中盘旋的时候,飞行员在视屏上看到了放大的两个人正在逃跑的画面,机组人员从旅指挥部收到了一个具体的、最高级的射杀命令,于是,直升机做出了一个扫射的动作,用阿帕奇机载的射速为每分钟300发的30毫米机关炮向目标开火,那两个人被当场射杀。2月22日下午1点03分,在收到清除(开火)命令24分钟之后,机载人员后来填写的战争日志是:"野马18报告,开火并摧毁了棚屋内的二十几名反伊拉克武装分子(AIF,anti-Iraqforces)。战斗毁损评估是棚屋/卡车都被摧毁。"野马18直升机隶属于常规驻扎在胡德堡(Fort Hood)基地的美军第227航空团第1营,此时派驻伊拉克执行任务。然而,这种射杀已投降人员的行为显然触犯了1907年的《海牙公约》(the1907 Hague regulations),该公约禁止"随意杀戮或伤害一个已经放下武器的或没有反抗能力已经投降的敌人"。

阿拉伯半岛电视台英语频道在使用揭秘文件时,将焦点对准了联军误伤事件,尤其是在检查站对接近的平民开火事件。为了防止自杀汽车炸弹的袭击,美军检查站和军车对于接近的可疑车辆,首先用语言命令和手势,加上其他信号如闪烁灯和车喇叭,示意其停下。然后是警告射击,一般射在车前面;然后是"禁止射击",首先是打汽车引擎,然后向司机开枪。在伊拉克战争中,大约680名平民接近检查站或美军军车时被杀,其中包括孕妇和患有精神疾病者,此外至少有 2000 人受伤。至少有 6 起事件涉及到伊拉克家人送孕妇去医院的途中遭袭。据说，美军会对这些误杀的家属支付 10000 美元的补偿。2006 年 5 月，一名叫纳西巴·贾西姆（Nahiba Jassim）的孕妇在一个检查站被射杀，当时，她正在一辆汽车上驶往萨马拉（Samarra）的一家妇产医院，汽车在过检查站时遭到射击，同时被杀的还有她的表妹萨丽哈·哈桑（Saliha Hassan）。2007 年 9 月，巴格达的一名伊拉克人开车太接近一个美军的巡逻队，美军士兵鸣笛示意他离开，汽车没有离开，美军向人行道鸣枪示警，结果误伤了一名行人，枪手又朝地上开了一枪，结果子弹反弹击中了一名 9 岁的女孩。在伊拉克，每周发生 7 起类似事件。在许多情况下，精神紧张的联军士兵往往对着接近的汽车胡乱扫射一通，根本不管里面明显坐着一家人，或者没有任何挑衅举动。2007 年之后，在很多检查站将美军士兵换成伊拉克士兵之后，情况有所好转。

除了伊拉克政府军和联军方面的违反人道的行为，在解密的战争日志中，也看到伊拉克敌对武装人员或恐怖分子的种种惨无人道的行为。这些日志包括美军士兵发现的遗弃在街道上和扔到伊拉克的河里去的几万具尸体。共有 32563 名平民被反叛分子团伙残杀的案子，按照文件记录，事实上有超过 20228 人是被路边炸弹炸死的。有数百起提到虐待的案子，包括 32 名儿童。文件中详述的暴力简直让人毛骨悚然。包括从尸体剥皮、硝酸灼烧、用电钻攻击、电击、烙印、断手足、挖眼、割耳鼻等等。第一起记录在案的例子发生在 2004 年 4 月 20 日，在费卢杰（Fallujah）附近发现的一具尸体有断肢的迹象。随着内战的升级，暴力和残害就不仅限于成年人。2006 年在巴格达北部的迪亚拉（Diyala）省，发现了一个 6 岁小男孩的尸体。日志记录："尸体有几个洞，最初以为是枪伤，却是用电钻钻的洞。"在大多数例子中，不清楚受害者为什么被施以酷刑。在一些例子中，在遭残害的尸体上会悬挂、钉住或写上一些标语。2007年6月20日，两具十几岁男孩的尸体被一名伊拉克军官发现。他们俩都是被一枪打在头上毙命的，两人都有受过残害的迹象。在他们的脖子上挂着一个标语："这就是你为联军工作的下场。"战争日志还详细描述了美国军队发现了乱葬岗，有时一次就发现几十具尸体。2006年7月12日，一架美国飞机发现了迪亚拉省的一座矿坑里遗弃了大量的尸体。地面部队的调查发现19具尸体，被硝酸严重烧伤。他们随后发现了另外4具尸体，全为男性，有被折磨的迹象，被一颗子弹射入头部毙命。这群人是在前一天被绑架的。

在首都巴格达，暴力状况更加严重，恐怖分子丝毫不因为美军和政府军的重兵把守有任何收敛。2007年6月，在巴格达的一个区，发现了一具年龄在30到35岁的男人的尸体，穿着一件褐色的阿拉伯袍子。他的胳膊上的肉没有了，"好像是被割去了"。2006年至2009年间，在巴格达市中心的阿里－卡尔赫（al Karkh）区发现了许多尸体，显示遭到极端的虐待。2006年9月28日，当地人发现在一个墓园前有一具尸体。目击者说，受害人是一天前在一架瓷器店外面被四名蒙面叛乱分子绑架的，他随后遭到恶毒的侮辱。2006年12月1日，一具尸体被找到，已经被人开了膛。两个星期以后，在同样的地点，又找到了一具尸体，脸已经被"割去"，还有一只耳朵没了。2007年2月6日，在一个异常可怕的案例中，一具尸体已经变得面目全非、无法辨认，因为受害人的脸已经整个被毁掉，或者"被剥皮"。2007年10月，阿里－卡尔赫区发现了一具男人的尸体，他被绑在一个电灯杆上，眼睛被蒙着，双手绑在背后。在他尸体上的字条写着："因为帮助美国人被杀。"报告称他的尸体有被残害的痕迹。恐怖分子对妇孺的屠杀也是家常便饭。还是在阿里－卡尔赫区的一个令人惨不忍睹的案子中，一名怀孕妇女的尸体被找到，她是被9毫米子弹射入头部而被杀害的，身体扭曲不堪，明显有被虐待迹象。另外一名三十几岁的逊尼派妇女在她的寓所里被谋杀，她的眼珠不见了，而她整个身体都被电钻所残害。

  这些文件的公开令美国政府和军方大为光火。美国政府最为关心的就是，维基解密公开这些文件可能带来的一个直接后果是在伊拉克的美军士兵和线人的危险处境，美国正积极采取措施对付维基解密。在文件曝光后，五角大楼发言人杰奥夫·莫雷尔对媒体说："我们对维基解密引诱别人犯罪泄露机密并在事后看似侠肝义胆地同世界分享这些机密信息感到非常疼惜。我们知道恐怖主义组织正在泄密的阿富汗战争文件中发掘信息用来对付我们，而这次伊拉克战争泄露文件是上次的4倍。通过泄露如此敏感的信息，维基解密继续将我们军队的士兵、他们的联军伙伴以及那些为我们工作的伊拉克人和阿富汗人的生命置于危险之中。在这个关键点上，对于维基解密而言，唯一负责任的做法就是归还这些被窃取的材料并将其尽快在其网站上删去。"在军方的网站以及更为详细的文件中，同样表达了对维基解密的愤怒："我们强烈谴责未经授权的机密文件的解密，并且不会对这些解密的文件做出评论，只是注意到那些'重要行动'的报道是战术部队初步的、原始的观察。它们本质上只是这些事件的一些镜头而已，既是悲剧性又是庸俗的，不能告诉世人完整的真相。就是说，那些报告所涵盖的时期已经在新闻报道、书籍和电影里充分记载了，公布这些战场报告丝毫不会带来对伊拉克历史新的认识。然而，它确实将机密信息暴露了，会使我们的部队在未来受到的进攻中更加脆弱。"但是，军方同时也承认最近的揭秘并没有造成已经确认的损失。

  对阿富汗战争和伊拉克战争的报道，事实上改变了世界媒体的格局。传统报纸和新闻杂志媒体在应对美国所进行的伊拉克战争的时候出现了问题。首先是媒体过于轻信布什政府所谓伊拉克存在大规模杀伤性武器的说法，导致主流媒体的集体失语。在公众的一片质疑声中，美国主流媒体转而报道了虐囚、中央情报局秘密监狱、伊战伤残老兵收容所等新闻，换回了一些颜面。然而，传统的新闻媒体在战场上采访无疑受到安全、管制、官兵的不信任等多处限制，他们要么迎合军方报道那些军方要求他们报道的东西，要么冒着更大的来自军方或敌方的危险，争取到更有价值的新闻，这常常意味着媒体要付出更大的代价。美国将军威廉·谢尔曼（William T.Sherman）用这样的言辞表达了他对新闻人介入战争的不满："我恨新闻记者。他们到了军营，在军营搜罗到一些小道消息，就将它们作为事实发表出来。我把他们看成是间谍，事实上，他们确实是。如果我把他们都毙了，一定会成为早餐前从地狱里来的消息。"军方与新闻媒体的对立可见一斑，美军官兵当然不愿意自己在执行任务的时候，老是有记者跟着。人人都喜欢看别人的隐私，但把自己的隐私暴露给别人看就是另外一回事了。

但就在美国同时进行着新世纪两场反恐战争的时候，美国传统媒体业正经历着一场前所未有的财政危机，为了在传统媒体行业留住读者观众而苦苦挣扎，自身尚且难保，更不要说去影响世界大事了。这个弱点正好为新媒体或非传统媒体打开了新天地。2010年夏天，公众对驻阿富汗美军司令官将军斯坦利·麦克利斯特尔（Stanley Mc Chrystal）的不当言论感到愤怒，他的言论是冲着奥巴马总统、拜登副总统和其他政府高官去的，这则消息不是由所谓主流媒体报道的，而是来自于《滚石》（Rolling Stone）杂志的一篇文章。几周之后，美国、英国、德国的主要媒体公布了长达92000页的解密文件的部分内容，这些媒体并非通过他们自己的新闻线索获得这些信息的，而是通过一个叫做维基解密的网站公开的。以维基解密为代表的新媒体通过匿名揭秘的方式，获得了几乎属于最高机密的文件以及海量的常规机密文件，并与传统媒体分享，这彻底打破了旧有的新闻版图，也开创了媒体竞争与合作的新模式。

维基解密泄露美国外交电报事件发生于2010年11月28日，当天，维基解密网站泄露了251287份美国国务院与美国驻外大使馆之间联系的文传电报，内容包括中东、伊朗、朝鲜半岛问题和美国外交官员对一些国家元首的直白式评价等。通过前几次的解密经验，维基解密同媒体的合作驾轻就熟。阿桑奇此前早些时候谈论过这种合作模式："我们负责信息源并充当一个中间人的角色，然后我们负责公布这些材料，而有联络的记者负责验证工作。这为我们同一个记者和一个线人之间提供了一个自然的联系，我们在这中间起到一个作用，我们对此最为擅长。"维基解密首先公开了220份外交电报，并将另一部分发给了五家大媒体进行报道。"从维基解密项目中可以得到的一个经验就是，它证明了合作的可能性。很难想象任何可以类比的例子，如同《卫报》、《纽约时报》、《镜报》、《世界报》和《国家报》在维基解密项目上的合作。"维基解密计划将在几个月内完全公开所有文件。

在泄密的251287份文件中，涉及外交关系的文件有145451份；涉及美国政府内政的有122896份；涉及人权的有55211份；涉及经济情况的有49044份；涉及恐怖分子和恐怖主义的有28801份；涉及联合国安理会的有6532份；有时一份文件可能涉及多个领域。文件中大约100000份被标签为"秘密"(confidential)，大约15000份"机密"(secret)文件，没有"绝密"(top secret)的文件。大多数文件有关美国和中东国家的外交关系，以及美国政府对如何化解与中东国家的持续的紧张关系进行的讨论和形成的决策。文件还覆盖了有关朝鲜、巴基斯坦、阿富汗等国与德国、英国、俄罗斯、利比亚国家元首的内容，例如美国大使对东道国的批评与表扬。解密文件的内容还有反恐战争、核裁决、对世界范围内的其他威胁的评估、美国的情报与反情报活动、美国对独裁政府的支持以及其他外交敏感问题。

电文显示，伊朗和美国正在展开一场争夺中东地区控制权的角逐，从伊拉克到阿富汗，从阿塞拜疆到波斯湾，正如一位该地区的外交家所言："现代最大的（中东地区）霸权之争。"华盛顿对伊朗的担心基于三个假设：一是伊朗正在发展核武器及与之匹配的导弹系统，美国情报部门认为，伊朗已从朝鲜得到先进导弹，可以攻击到欧洲。二是它正试图获得在伊拉克、海湾和整个中东地区的霸权。三是伊朗的主导地位对以色列形成了一个清晰的、现实的、日益增长的挑战。按照揭秘的电文，面对伊朗伊斯兰共和国可能获得核武器的威胁，轰炸伊朗核设施成为消除伊朗核威胁的最后选项。沙特国王阿布杜拉（Abdullah）据称"常常敦促美国攻打伊朗，摧毁伊朗的核武器计划"。另一份电文称，2008年4月，在国王会见美军将军大卫·彼得雷乌斯（David Petraeus）时，沙特驻华盛顿大使阿代勒·阿里－祖拜尔（Adelal-Jubeir）告诉过美国人要"斩断蛇头"。巴林国王哈麦德、阿布达比王储穆罕默德均向美表达对伊朗的不满，望美阻止伊朗。法国总统尼古拉·萨科齐（Nicolas Sarkozy）的最高外交顾问让－大卫·利维特（Jean-David Levitte）在给美国高级官员的电报中声称，伊朗对奥巴马总统关于核问题的谈话做出回应是一场"滑稽戏"，他说："如今伊朗就是一个法西斯国家，是时候决定下一步行动了。……伊朗政权必须明白，相比于同西方谈判，它所受到的经济损失和令人瞩目的社会动荡的威胁要大得多。"

电文显示，美国担心巴基斯坦核电厂的放射性物质被用于恐怖攻击。文件透露，美国自2007年以来一直试图移除巴基斯坦一处研究用核子反应炉里的高度浓缩铀。2009年5月的一份文件显示，美国大使派特森说，巴基斯坦拒绝美国专家前往。她引述巴基斯坦官员的话说，移除这项燃料会被视为"美国取走巴基斯坦核武"。电文还显示，为了安抚巴基斯坦坚定地站在反恐阵营，美国将继续为其提供军事援助。自2001年美国的反恐战争开打以来，巴基斯坦就一直坚持在国内清剿塔利班和基地组织，也因此接受了美国（到2009年）总计160亿美元的军事援助。巴基斯坦也付出了极为惨重的代价，共损失了2500名士兵，而平民在交战和恐怖主义袭击中伤亡的人数更多。

　　文件还显示，一直为巴基斯坦提供军援的美国人担心，他们的部分援助被巴基斯坦军方用于资助克什米尔的伊斯兰武装组织，甚至一部分流入在巴基斯坦的塔利班手中。尽管巴基斯坦的军方将领们坚称，他们已经切断了同塔利班和其他武装组织的联系，但是秘密电文显示，美国外交官和谍报人员还是相信，巴军方和三军情报局的谍报单位继续秘密地支持经过挑选的武装组织。正因为这些微妙而复杂的关系，美巴之间的不信任由来已久，这一点在维基解密以后公布的有关美国秘密文件中可见一斑，美国情报部门把巴基斯坦军方情报部门列为恐怖主义组织。甚至在2011年4月29日，本·拉登在巴基斯坦境内被美军特种部队击毙之后，也有对巴基斯坦方面故意藏匿本·拉登的质疑。本·拉登所藏匿的大宅距离被称为巴基斯坦的"西点军校"的巴基斯坦军事学院（The Pakistan Military Academy）不过1.3公里。

　　美国国务卿希拉里·克林顿2009年7月向美国"外交官员"发电文，要求他们搜集联合国重要官员的各方面信息。根据该电文的要求，连联合国秘书长潘基文和安理会5个常任理事国的代表都在被搜集信息的名单内，包括潘基文的"管理与决策风格以及他对秘书处的影响"。事实上，这份指令对几乎一切情报都感兴趣，而且要求情报搜集越详细越好，包括所在组织、头衔、履历、办公室的物理结构、通信线路的布置、所使用的电脑系统、工作日程、组织计划、下属人员信息、个人信用卡详细资料、常使用的各类密码、电话号码、传真及手机号、电子邮件密码、DNA样本和指纹等"个人性和生物识别"信息。揭秘文件还显示，英国官员披露，早在2003年，在美国领导的对伊拉克的入侵前几个星期，美国和英国就开始对时任联合国秘书长的科菲·安南（Kofi Annan）进行窃听，尽管国际公约禁止在联合国进行间谍活动。

除了美国驻联合国的外交使团，类似的一份搜集情报的指令也发送给了美国驻刚果民主共和国、乌干达、卢旺达和布隆迪的外交使团。指令也被下达到了美国驻维也纳、罗马、伦敦、巴黎和莫斯科的使节团。除了政要个人信息外，指令还要求他们搜集各国的政治、经济、外交、国防、工农业、军事等林林总总的情报。指令也要求派驻以色列、约旦、叙利亚、沙特阿拉伯和埃及的外交使团采集生物识别信息，主要针对"约旦河西岸和加沙地带的巴勒斯坦权力机构和哈马斯的关键领导人物以及他们的保镖"，以及巴勒斯坦权力机构同恐怖主义组织之间发生冲突的证据。这一针对外国政要的情报搜集工作的背后是华盛顿的主要情报机构，牵涉到中情局的秘密机构、美国特勤局（US Secret Service）和联邦调查局（FBI），他们同美国国务院密切合作，负责提供搜集情报的指导以及任务分配。这一指令的签署可以回溯到2008年赖斯担任国务卿的时候。

阿桑奇在接受西班牙《国家报》采访的时候说："如果美国还被看成是一个值得信赖的遵守法治的国家的话，在整个权力链上凡是知晓和批准这个命令的人都应该辞职。"阿桑奇认为，这个命令是如此关系重大，很可能是被提交到总统那里签署的，因而不仅要追究国务卿希拉里·克林顿的责任，还要把总统奥巴马一锅端。奥巴马必须回答他是否知道这份非法的命令,如果他拒绝回答或者有证据表明他签署了这份命令,阿桑奇说"他必须辞职"。一直同美国对着干的委内瑞拉总统雨果·查韦斯(Hugo Chávez)在国家电视台说:"我对维基解密的人们的英勇和勇气表示祝贺,克林顿应该辞职。"

在泄露的文件中,美国外交官员对一些其他国家元首有直白的评价。电文脸谱式描绘了当今世界主要政要的特征,其实在这些评价中不乏神来之笔式的传神描述,也有类似政治八卦的花边新闻,私下里说说,闻者也许会一笑了之。然而,上到世界媒体的头条则不但令美国大为尴尬,极为恼火,同时也令许多世界政要如同被扯去遮羞布一般,羞愧难当。阿桑奇在接受《澳大利亚人报》采访的时候,被问到这些材料的真实性时,他说:"这些爆料不一定是事实,但如果确实是美国外交密件,那它们代表的则是美国外交官们对提及国家与个人的真实想法,难怪雅虎新闻网调侃'以花言巧语见长的美国外交官至少会在一段时间里遭受冷落了'。"几乎所有人在人际交往中,都有不同程度的当面说一套、背后说另外一套的现象,即使没有什么恶意也会出于礼貌地这么做。而代表国家间关系的外交官与其他政要的交往也一定遵循这个原则,将背后直白的话公开确实有损美国的形象和政要的颜面。

对此次外交文件揭秘事件,各界反映不一。一些西方政府官员表达了强烈不满和谴责,批评维基解密危害了国际关系和全球安全。揭秘也引起了公众、记者和媒体分析人士的强烈兴趣。维基解密受到一些评论家的支持,他们质疑在一个为人民利益服务的民主社会中存在政府机密的必要性,民主存亡取决于每一个获得充分信息的选民。一些政要则将维基解密主编朱利安·阿桑奇称为一个罪犯,同时也批评美国国防部保密措施松懈,导致泄密的发生,美国人真是两头受气。阿桑奇的支持者将他看做是一位言论自由和新闻自由的英勇捍卫者。英国著名的《经济学家》杂志刊登《捍卫维基解密》，文章说："当然，那些充满嫉妒地要捍卫国家权力所享有的无须承担责任的特权的人会告诉我们，如果我们阅读他们（维基解密）的电子邮件的话，有人会死亡，然而，那又怎么样？如果不能读的话，别的人或更多的人就会死。"美国白宫新闻秘书罗伯特·吉布斯（Robert Gibbs）说："总统相信，一个公开透明的政府真的很重要。但是偷窃机密信息和散布这些机密是一种犯罪。"总之，关于阿桑奇和维基解密的评价处于两极的严重对立之中，各国政府似乎都有苦水自己咽下的味道，尤其是那些以言论自由自居的政府，大部分网民和媒体则有一种过信息狂欢节似的喜悦。

◎第六章
性侵丑闻与对簿公堂

对阿桑奇的围剿不仅是在虚拟空间对其网站发起"网络战",在现实空间也发起了"性围剿",阿桑奇居然被两个女人套牢,何时解套,人们拭目以待。既要堵住阿桑奇的嘴,又要维护"自由社会"的牌坊,最好的办法就是用某种下三滥的手法逮捕阿桑奇。曾经有澳大利亚官员警告过阿桑奇:"你在规则之外行事,所以就得在规则之外对付你。"其实,古今中外的强权都明白一个道理,"欲加其罪、何患无辞"。而且是个人都知道,"英雄难过美人关"。即便是能把美国政府和军方玩到晕头转向的阿桑奇,这回也在女人面前栽了个大跟头。这个将25万份美国外交机密文件公之于众没被美国政府抓到把柄的神秘黑客,却因为跟两个女人的一夜情而身陷囹圄，最终，这个善于揭秘一切同时把个人隐私看得极为重要的神秘男人，不得不在全世界面前暴露自己最隐私的生活细节。

阿桑奇个人生活有很多令人感兴趣的地方，在他的个人传记出版之前，人们更多地只能通过类似于八卦的新闻去揣测。最近有新书爆料，他不但在18岁的时候同一名女子生下了儿子丹尼尔·阿桑奇，还在2006年与一名叫丽萨的女人生了一个女儿。根据后来维基解密内部人士出书爆料，阿桑奇还有更多的绯闻和私生子（见第八章）。就在维基解密刚刚开张的时候，他的女儿也刚刚过了她的1岁生日。但是，他们之间的关系一直笼罩在阿桑奇那动荡不安的生活的阴影之下，他再也没有同母女俩生活在一起。丽萨相信阿桑奇极其渴望一个安定的家庭生活，但是他一直"被魔鬼纠缠"。阿桑奇过着颠沛流离的生活，自然无法过正常的家庭生活，但从他当年为了儿子的抚养权打了8年官司来看，他并非一个不负责任的男人。

没有正常的家庭生活，阿桑奇在性方面只能处于有一顿、没一顿的状态。合乎逻辑的猜测是阿桑奇本人对女人基本上来者不拒，这就给了任何想在这方面给他下套的人留下了空间。俗话说，"苍蝇不叮无缝的蛋"，用性丑闻给对手抹黑是屡试不爽的手段，阿桑奇显然知道。2010年10月在CNN采访现场，他直截了当地对询问性骚扰事件始末的拉里·金说："将对我的虚假指控拿来哗众取宠，将一件相对微不足道的事情跟109000人的死亡相提并论是不当的。CNN应该为此感到羞耻，你也应该为此感到羞耻。"话虽这么说，可毕竟阿桑奇还是在这方面栽在女人手里了。《悉尼晨锋报》上，一个网民留言说："阿桑奇，请你把裤子拉链拉上，为这事儿给折进去太不值了。"

有关指控涉及阿桑奇2010年8月在瑞典和两名女子之间发生

的事情，阿桑奇的律师说，女子已表示他们发生的性关系是两相情愿的。阿桑奇说，有人在发起运动诋毁他的名誉，对他的指控是这一企图的一部分。但两名女子的律师克拉斯·博斯特罗姆（Claes Borgstrom）称，阿桑奇知道自己是在散播一个自己都不相信的谣言。博斯特罗姆指出阿桑奇丝毫不顾及此谣言对两位女性的影响。维基解密瑞典协调人称这件事跟被认为的幕后黑手CIA毫无关系。他说如果阿桑奇遵从两位女性要求进行艾滋病医检，可能就不会遭遇起诉。阿桑奇声称自己及朋友曾经多次受到美国军方的死亡威胁。

这一案件起源于阿桑奇2010年8月在瑞典与两名女性的纠纷。当时，阿桑奇正在申请瑞典居留权，试图利用瑞典保护言论自由的法律保护维基解密网站。就在阿桑奇自首的第二天，2010年12月8日，msnbc.com网站发表了一篇题为《对阿桑奇的指控：是两相情愿的性关系还是强奸？》的文章，该文援引《伦敦每日邮报》所作的调查以及代表瑞典官方的律师杰玛·林德菲尔德（Gemma Lindfield）在伦敦法院对阿桑奇提出起诉，公布了迄今阿桑奇与两名女子的邂逅经过。此后，又有多家媒体公布他们所掌握的一些细节，尤其是瑞典警方对两名起诉人的问讯记录，综合美联社和其他媒体的报道，事情的大致经过如下：

2010年8月11日，朱利安·阿桑奇到达斯德哥尔摩，准备在一个研讨会上做主旨发言，该研讨会是由一个名为博爱运动（Brotherhood Movement）的小组组织的。据阿桑奇对媒体说，他到达的时候受到了如明星般的欢迎。一名熟悉阿桑奇的人里克·法尔科芬奇（Rick Falkvinge），阿桑奇在斯德哥尔摩逗留期间与之随行，将阿桑奇描述成为一名"趾高气扬的澳大利亚人"、"具有一个明星的魅力"，并且这种明星气质对所有他所遇到的人具有"某种影响力"。一名被瑞典官员称为A小姐（媒体证实她的名字叫Anna Ardin，安娜·阿丁）的 31 岁女人同阿桑奇商定，他将住在她的公寓，尽管两人此前素未谋面。A 小姐对维基解密有狂热的兴趣，在确定阿桑奇要来演讲后，她在自己的微博上兴奋地大叫：他要来了。她计划要离开住处，直到研讨会召开那天。她的公寓装饰有柔和的灯光，墙上有现代艺术，为了捕猎心动的男士，A 小姐一定对自己公寓的环境艺术下了一些功夫。《伦敦每日邮报》称该女子是一名激进的女权主义者，曾经担任过一个"校园性平等官"的大学职位。与此同时，一名被瑞典官员称为 W 小姐（后来媒体证实她的名字叫 Sofia Wilen，索菲亚·维纶）的瑞典女人在网上通过谷歌搜索到了阿桑奇要到斯德哥尔摩发表演讲的消息，她立刻同 A 小姐联系，希望能提供会议期间的志愿者服务，但没有得到任何答复。

8 月 14 日，A 小姐比计划提前 24 小时回到了斯德哥尔摩，这显然在她的计划安排之内。两人出去吃了晚饭，回到公寓，然后发生了性关系。英国《卫报》声称获得了瑞典警方未经删节的 A 小姐的证词，按照 A 小姐的说法，"在脱去她的衣服和拽下她的项链之前，阿桑奇开始抚摸她"，当他按住她的手脚阻止她去拿避孕套的时候，A 小姐意识到他要与她发生不安全的性关系。阿桑奇最终还是使用了避孕套，但是，A 小姐坚持对问讯警官说，他显然做了"什么手脚"，导致避孕套破裂。她还对警方表示，发生性关系时，阿桑奇用自己身体的重量把她压在下面，因而她是"非法强暴"的受害者。在后来警方对阿桑奇的问讯中，阿桑奇拒绝谈论发生性行为时的细节，但他认为自己并没有做错什么，阿桑奇只是按照成年男女性游戏的一般规则玩下去，两人都驾轻就熟。

8 月 15 日，阿桑奇发表了他的研讨会演讲。在此期间，W 小姐拿着相机，成为这次演讲活动的非正式摄影师。当时在演讲现场的两位消息人士称，26 岁的 W 小姐是斯德哥尔摩以西 40 英里的恩雪坪镇市政委员会雇员。演讲结束之后，阿桑奇在她和一些朋友的前呼后拥之下，一起去吃午饭。现场她就坐在阿桑奇身边，阿桑奇还亲热地喂她面包和奶酪，"并用手搂住她"。W小姐后来对警方称，她数周前在电视上看到阿桑奇。她认为阿桑奇"有趣、勇敢、令人钦佩"，因此开始关注维基解密网站。当得知阿桑奇要来斯德哥尔摩后，虽然没有得到担当自愿者的答复，W小姐还是决定请一天假，前去听阿桑奇的演讲。在会议期间，W小姐认识了A小姐。据《邮报》的报道，两人然后一同去了一家电影院，该女子暗示他们非常"亲密"。那天晚上，A小姐在她家里为阿桑奇主持了一个派对，就是在"被强奸"3天后举行的龙虾晚会，之后，她将这些上传到网上，在推特与朋友们分享："凌晨2:00坐在外面，……酷毙了，与世界最帅的人在一起。简直太棒了。"后来A小姐在20日对阿桑奇提出诉讼之后删除了推特上的这部分内容，但仍然留在谷歌缓存里，之后网友搜出，被广为转发。

8月16日，W小姐给阿桑奇打了个电话，他们就在斯德哥尔摩见了面。他们乘火车到了她的家乡，阿桑奇表示他没有办法用信用卡买车票，因为他怕被跟踪，于是W小姐买了两个人的票。据W小姐的证词说，在乘车的一个多小时里，阿桑奇不断地上网或打手机，看有关他自己的各种报道，不太理会W小姐，使她倍感冷落。看来阿桑奇先生是不太在乎女性的感受，他似乎只对性方面更感兴趣一些，如果他当时表现得更加温存一些，可能W小姐不会像事后发生的那样无情，毕竟女人在性以外的方面更在乎一些。W小姐进了她的公寓，在那里他们发生了性关系。按照她对警方的证词，她坚持阿桑奇戴避孕套，他勉强同意了。

8月17日，W小姐后来告诉警方，阿桑奇那天早上在她仍然睡着的时候与他发生了未采取防护措施的性关系。据《伦敦每日邮报》报道，瑞典警方对 W 小姐的问讯记录被曝露到了网上，目前还不清楚是什么人、通过什么渠道得到了警方的记录并发到网上去的。不过，W 小姐后来所陈述的做爱细节颇具戏剧性，比起一般的荤段子丝毫不逊色。W 小姐醒来的时候发现阿桑奇正在和她做爱，按照瑞典法律，在一个人睡着的情况下与之发生性关系可以被认为是强奸。尽管她明知他没有戴避孕套，她仍然让他继续。W 小姐问到："你戴了什么东西吗？"阿桑奇回答说："你。"警方的记录显示，她立刻对他说："但愿你不是 HIV 携带者。"他回答说："当然不是。"她感到为时已晚，他已经进入了她的身体，她只好让他继续。事后，不同的检察官对该事件做出不同的评价主要是基于他们对警方记录的细节的考量。事后，据 W 小姐的证词，阿桑奇还命令她拿一些水和果汁来喝，又要她去弄早餐，发现什么都没有之后，她只好出去买早餐。她不想在自己家里被呼来喝去的感觉，但还是出去买了。害怕他一个人在自己家里，W 小姐出门前对阿桑奇说："老实一点。"而他的回答是："放心，我从来不老实。"

8 月 18 日，阿桑奇那天从恩雪坪镇回到了 A 小姐的公寓。据说，阿桑奇那天"以一种旨在损害她的性尊严的方式""有意识地伤害"A 小姐。按照后来在法庭上所做的陈述，阿桑奇试图在 A 小姐身上摩擦"勃起的阴茎"，这构成了代表瑞典官方律师对阿桑奇进行性侵犯起诉的重要证据。据《邮报》的报道，不久，W 小姐与 A 小姐碰了面，她们是在研讨会上认识的，W 小姐向她透露了自己同阿桑奇发生了未采取防护措施的性关系。A 小姐说她也一样，同他睡过觉，据称此后，她给阿桑奇的一位熟人通了电话，要他转告阿桑奇说她希望阿桑奇搬出自己的公寓。8 月 20 日，阿桑奇离开了那个公寓。

根据另外一个信息来源，W 小姐想知道是否存在强制阿桑奇进行一项 HIV 检测的可能性。英国媒体猜测，A 小姐站出来指控阿桑奇，可能是因为在听到阿桑奇和自己发生关系后不久，又去招惹另一个女人而醋海生波。据《邮报》的报道，在花了一天的时间来考虑可选方案后，8月20日，A小姐和W小姐采取了激烈的行动。她们一起走进斯德哥尔摩警局，询问警方如何处理一项针对阿桑奇的报案。《邮报》报道，A小姐称她在那里只是为了支持W小姐，但她也对警察讲述了她与阿桑奇之间所发生的事情。警方的女问询官员得出结论是W小姐被强奸，A小姐则遭受了性骚扰。一名负责的检察官同意阿桑奇应当以涉嫌强奸被起诉，瑞典警方随即展开了对阿桑奇有关性侵犯事件的调查。

后来媒体证实，被警方称为A小姐的女人名字叫安娜·阿丁（Anna Ardin），而那位W小姐名字叫索菲亚·维纶（Sofia Wilen）。在这么一个媒体和网络如此发达的时代，如此全球瞩目的案件主角即使不被媒体公布，也实在难逃在网上被"人肉搜索"出来的命运。在发现阿桑奇跟索菲亚有性关系之后，安娜的态度发生180度大转弯。她带着索菲亚去警察局报案，索菲亚称自己被强奸；在索菲亚基本从公众面前消失后（可能是自己都觉得说不过去了），安娜则还一直在跟媒体讲自己被"强奸"的过程，从原先的"性骚扰"升级为"强奸"。让阿桑奇惹上麻烦的还有为安娜和索菲亚免费做律师的克拉斯·博斯特罗姆，曾是政府官员、性别平等政府调查官。8月21日，在考查了案件之后，斯德哥尔摩的首席检察官伊娃·芬妮（Eva Finné）放弃了强奸调查，她说："我不认为有理由怀疑他（阿桑奇）实施了强奸。"她拒绝了对阿桑奇的强奸指控和逮捕令，说所发生的事情不过是轻微过犯。在检察官伊娃·芬尼觉得此案属无稽之谈不予立案之后，是博斯特罗姆说服哥登堡检察官妮伊接下了此案。

接下来的几天，提出请求者继续上诉，于是检察官妮伊重新立案，并最终重新签发了逮捕令。一些媒体猜测博斯特罗姆得以说服检察官妮伊立案的理由之一，就是要联合起来借此案为完善瑞典法律涉及强奸的内容添砖加瓦。根据欧盟有关犯罪年鉴统计，瑞典性犯罪发生率远高于欧洲平均水平，每10万瑞典人就有53个性侵实施者，排在第二的英国也不过是每10万人里有24个。但实际上造成这个结果的并非瑞典男人都是"色狼"，喜欢对女性动手动脚，而是缘于瑞典的法律，瑞典法律对女性的保护几乎到了无以复加的地步。

《卫报》2010年8月31日报道，阿桑奇的律师雷夫·西尔伯斯基（Leif Silbersky）表示，前一天夜里，阿桑奇在斯德哥尔摩被警方传去问询，时间大约是一个小时，并正式通知他对他的性侵犯指控。西尔伯斯基说，他的当事人拒绝了那些指控，并希望检察官放弃该案件。在这个月两名女子指控他强奸和性侵犯后，警方开始立案调查。在瑞典司法体系下，性侵犯不是一项性犯罪，但是却涵盖了诸如恣意妄为的行为或者不适当的身体接触，可能导致罚款或者长达一年的监禁。阿桑奇暗示这些指控是同维基解密与《卫报》以及其他媒体合作公布了美国在阿富汗战争的文件联系在一起的。他在推特上写道："这些指控是毫无根据的，而此时她们的这个问题又变得非常棘手。"他说网站曾经被警告，有人要"下黑手"，"现在我们尝到了第一招"。

安娜则坚持阿桑奇的性侵犯成立。她对瑞典报纸说："在两个案子中，性关系一开始都是自愿的，但是最终却变成了性侵犯。""这些指控与五角大楼或其他任何人都没有牵连，"她接着说，"对于发生在我身上和另外一个女孩身上的事情，责任在一个对女人有着扭曲的观点的男人身上，他在听到'不'字的时候出了问题。"在安娜和索菲亚的一番诉说后，瑞典警方同意以涉嫌强奸罪逮捕阿桑奇。11月18日，瑞典斯德哥尔摩地区法院正式以涉嫌强奸、不当性行为罪批准逮捕阿桑奇；12月1日，刑警组织发出了红色通缉令。通缉令的发出跟阿桑奇释放大量美国机密外交文件的时间如此巧合，以及政府官员对检察官的游说，都让人怀疑：阿桑奇所谓的"强奸案"，是不是瑞典右翼政府的阴谋？而其背后又是不是美国政府在搞鬼？尽管瑞典左派人士都认为这些仅仅是巧合，但在大多数人看来，这是赤裸裸的政治陷害，是美国要以此让阿桑奇彻底封口，再也不能泄露机密文件。

瑞典方面对阿桑奇提出了四项指控：1.行为不当一：他在性行为进行过程中，当避孕套破裂之后继续与原告发生性行为（不知道是事前就弄破了，还是进行中弄破的，如果是前者，实在想象不出为什么要那样；如果是后者，技术上确实存在非常大的难度）。2.行为不当二：在原告睡眠状态时与之发生性关系（瑞典很严谨，严格保留了睡觉原来的意思）。3.破坏原告性完整权（或性尊严）：在同床共枕欢度良宵之后，第二天早上阿桑奇以其勃起的生殖器压靠原告的背部（西方人在法律文件和新闻报道中为了力求准确而使用的词汇常常是隐晦而令人费解的，在这样一个一切都井井有条的国家，性完整性是否意味不得接触"性"以外的身体任何部分？）。4.最严重的指控是，阿桑奇用他的身体重量压在原告身上，迫使其分开双腿，并与之发生性关系（不知道瑞典警方是否调查过，在瑞典是否所有性关系都不能使用"上体位"这种对于人类来说最为普遍的性爱方式，否则就有被判强奸的可能。事实上，在欧洲中世纪，这种姿势是教会唯一允许的做爱姿势）。

对于这样的指控，悉尼庭审律师查尔斯·瓦特斯特说，这是他所见过的最奇怪的性犯罪诉讼。针对阿桑奇的四项指控确实有些离奇，不过谁叫这起事件发生在瑞典呢？阿桑奇先生就这么做了"冤大头"。阿桑奇或许并不了解，在网络立法方面极其宽松的瑞典，在有关性暴力的立法上却极其严苛，对性交过程中的女性保护可谓落实到每一个步骤。墨尔本律师詹姆斯·卡特林（James D.Catlin）讽刺道："在瑞典，你需要一个法学学位来搞清楚你是否被强奸了。"他开玩笑说，在瑞典做爱跟组装一张从宜家买回来的桌子一样，都需要严格遵守操作手册，所有的行为都必须根据法律的要求一步步来，每一个关口你都需要一个许可证或者代码，以确认你可以进行下一步，你甚至可能需要一个公证人来确认一切属实。在《星期日时报》2010年12月26日的一次采访中，阿桑奇对自己的遭遇评价说："瑞典是女权主义的沙特阿拉伯。"

瑞典刑法有关强奸和非法胁迫及猥亵的定义分成三级：被界定为高等级性暴力的"恶意强奸"，可以判最高10年徒刑的重罚；"强奸"，涉及一定程度性暴力，可判最高6年徒刑；"轻度强奸"，被认为没有太多性暴力成分在内，判4年内徒刑。阿桑奇涉及的可能正是"轻度强奸"，因为在瑞典，如果在性交过程中安全套破损而男性不愿更换安全套的话，即使女性并没坚持中断性交，也可以被视为是对女性的性侵犯。瑞典刑法教授莫妮卡·伯格曼说，在过去15年中，瑞典国内强奸罪的报案率大幅增加，但因此而走上法庭并定罪的很少，大部分案件缺乏足够的证据和信息。为此，瑞典的一个妇女组织发出质疑：为什么偏偏阿桑奇这个案件可以得到如此迅速的回应？

在伦敦负责阿桑奇案件的墨尔本律师詹姆斯·卡特林撰文指出，瑞典人对阿桑奇的指控根本就缺乏任何有力的证据，而不得不求助于那两个女人的胡编乱造。通过互联网和手机进行社会交往的现象使得瑞典官方很难增加不利于阿桑奇的证据，因为那些证据只会让那两个女人显得更加让人不信任，无论是安娜·阿丁在推特上的留言，还是索菲亚·维纶的短信内容，都在她们遭受"侵犯"之后，吹嘘自己是如何征服（那个男人）的。她们二人的手机通信内容尚未可知,但是二人夸夸其谈和开脱罪名的性格已经得到了瑞典检查官的证实。无论阿丁还是维伦都并未向警方起诉,而是"寻求建议",这是一项在瑞典体系中旨在使公民避免遭受错误起诉而受到惩罚的技术。但是这两个女人是一同去"寻求建议"的,她们显然已经进行了串供并在此之前消灭了彼此的证据。她们两人的短信内容证明二人中的一个与瑞典报纸《快报》(*Expressen*)进行事前接触的计划,以给阿桑奇造成最大的伤害。她们属于同一个政治团体,并都出席由她们那个团体组织的阿桑奇的演讲会。两个女人在事前都向人吹嘘她们同名人阿桑奇相识,如何的了得,在事后,则要看着阿桑奇被她们置于死地。强奸案对阿桑奇造成的名誉损失是无可估量的,超过四分之三的互联网信息提到他的名字的时候谈起强奸。3个月过去了,也前后换了三位检察官,瑞典人终于找到了起诉阿桑奇的基础,"双方同意的性关系,以一个避孕套开始,而结束时没有避孕套,因而,这个性关系就不是双方同意的"。在此情形下,卡特林认为,如果这场滑稽的审判进行下去的话,并不是阿桑奇在受审,而是瑞典机器作为一个现代的和模范的法治国家的名誉。

虽然,这两位女人依然保持着某种程度的神秘感,但是,通过媒体和网络所公布的信息,我们也能够多多少少了解这两位对阿桑奇的命运起到关键影响的女人。一份美国政论性报纸《反击》(*Counterpunch*)刊登了以色列·沙米尔(Israel Shamir)和保罗·伯奈特(Paul Bennett)的文章《对真正强奸罪的一个嘲弄——被困的阿桑奇》,将两名起诉人的背景公之于众,严厉批驳她们别有用心的强奸指控。该文认为对阿桑奇先生的强奸指控就像是一出低劣的肥皂剧,简直是对司法体系和强奸罪名的嘲弄。曾经是维基解密成员的沙米尔称阿桑奇为"我们英勇的队长"(就像《黑客帝国》电影中的尼奥一样),目前却要被两名瑞典女人莫名其妙地送上法庭,如同在北欧神话中，骚扰了"神圣北欧处女"的人要受到严厉的宫刑伺候。两名瑞典女人可以告诉我们，她们是如何别有用心地为了政治目的将双方同意的性行为同强奸混为一谈。在这一点上，瑞典人无情地嘲弄了暴力强奸的真正罪恶所在。

按照该文的观点，瑞典人这么做的背后还有着一个实际的理由。就在维基解密的创始人在全球被各方邪恶势力所追捕的时候，阿桑奇前往瑞典需求短暂的逃避，因为瑞典有着言论自由的良好口碑。然而，就在阿桑奇寻求瑞典媒体法律保护维基解密网站的时候，CIA立刻威胁瑞典要断绝与瑞典秘密警察（SEPO）的情报共享。那样的话会让现在右翼的政府下台，这个政府不遗余力地埋葬了总理奥洛夫·帕尔默（Olof Palme）的谨慎中立的遗产。怀疑这场强奸闹剧是否是一场编导出来的风波，可能由以下事实就可以很好地说明：（1）瑞典在阿富汗派有驻军，（2）阿桑奇的维基解密网站公布的阿富汗战争日记展示了这场血腥的和不必要的新殖民战争。另外，维基解密预期揭秘新的秘密材料，正好对9月19日的大选产生某种影响。也许恰恰说明了军方对维基解密服务器的突然袭击。

一个美国茶党网站"右翼新闻网"（Rightwing News.com）就建议："一名CIA的特工用一支狙击步枪在他下一次在公共场合露面的时候一枪把他（阿桑奇）的脑袋打开花。"事实上，CIA比茶党要聪明多了。"他们吸取了切·格瓦拉的教训，他们现在先把一个反叛者的名声搞臭，而不是浪费一颗子弹。他们不会成全阿桑奇当烈士，他们只是利用他自己先前的朋友使他成为一个笑柄。他们用不光彩的事给他抹黑。这比神枪手的射杀更为准确而致命。……如同你会预想的那样，对阿桑奇的强奸指控可能仅仅是一个开始。也许他们还会确定他是一个娈童癖。未说出口的威胁足以将一些心力憔悴的维基解密支持者们弄得四散躲藏。一旦通过抹黑运动将受害者孤立开来，那颗子弹总是会来的。福音书告诉我们，尽管仅仅在一周之前，耶路撒冷的群众还高唱着和萨那（hosanna）欢呼耶稣基督，却在他前往各各他（Golgotha）的时候，没有一个跟随的。一位反福音的犹太人解释说，这正是由犹大所发起的一场成功对耶稣进行抹黑的运动所导致的结果，这真是对一个古老故事的现代解释。"当然，如果是抹黑行动的话，当事人阿桑奇必须能够上钩，而阿桑奇行为作风上的弱点就在于此，"英雄难过美人关"。

该文披露了正式对阿桑奇提出诉讼的安娜·阿丁与美国中央情报局（CIA）有着某种特殊的联系。文章指出，阿丁常常被媒体描述成"左翼人士"，事实上，她同美国提供资金支持的反卡斯特罗及反共团体具有某种联系。她常常在瑞典语刊物《古巴学刊》（*Revistade Asignaturas Cubanas*）发表讽刺文章，同时由《古巴杂谈》（*Misceláneasde Cuba*）刊登。奥斯陆的一位教授迈克尔·泽策尔（Michael Seltzer）指出，该刊物是瑞典一个资金非常充足的反卡斯特罗组织。他进一步注意到该组织与卡洛斯·阿尔贝托·蒙塔奈尔（Carlos Alberto Montaner）所领导的"自由古巴联盟（Union Liberal Cubana）"之间存在着联系，而蒙塔奈尔本人与美国中央情报局的联系是公开的。泽策尔还注意到，阿丁曾因为参与了颠覆活动，被古巴政府所驱逐。在古巴，她同女权主义反卡斯特罗组织"白色淑女"（Las damas de blanco）有接触，这个组织接收了美国政府的资金，并且将被判有罪的反共恐怖主义者路易斯·珀萨达看做是朋友和支持者。安娜·阿丁在乌普萨拉大学行政系攻读硕士论文的题目是《古巴的多党制——"民主选择"是否真的成为民主的并在卡斯特罗政权之后成为一个可能？》，清楚地表明了她参与了这些活动，当然她是以做毕业论文的调查为名，进入古巴从事这些活动。

如果通过上述的一些事实就断定阿丁是中央情报局的特工，确实有些牵强，就如同仅仅凭着阿丁的供词就断定阿桑奇实施了性侵犯一样。事实上，阿丁是一个激进女权主义者，在对付性骚扰或界定什么是性侵犯方面，阿丁的专业性同阿桑奇在黑客领域的专业性几乎是相当的。沙米尔和伯奈特的文章指出事情比想象的要复杂，"除了她的反卡斯特罗、支持 CIA 的立场，安娜·阿丁非常明显地沉湎于她最喜欢的游戏——搞垮男人。一家瑞典的论坛报道，她是一名性骚扰和男性'支配压迫技巧'（master suppression techniques）方面的专家。有一次，阿丁正在做演讲，听众中的一名男同学在看自己的笔记而不是盯着她看。安娜·阿丁指责他性骚扰，因为他歧视她是一名女性，还因为她声称他使用了男性'支配压迫技巧'试图让她感到自己不存在。这名男人一了解到她的抱怨，就立即与她接触，表示抱歉并澄清自己。安娜·阿丁的反应是再一次指责他性骚扰，因为他又在使用男性'支配压迫技巧'，这一次是轻视了她的感觉"。她不但是勾引男人的高手，也是整男人的专家。

安娜·阿丁在 2007 年担任乌普萨拉大学学生联合会性别平等官期间，她曾撰写过一篇《报复宣言》（Revenge Manifesto），如何报复前情人的 7 步指南，其后在网上发布。这份教科书式的七步骤法，细致而缜密，阿丁不愧为整男人的专家。有网友在阿桑奇案发之后，将其搜索出来，摘要之后发在网上，内容如下：第一步，仔细考虑你是否真的要实施报复。宽恕几乎总是比报复要来得更好。第二步，仔细考虑你为什么要报复。你不但要清楚你要报复谁，还必须清楚为什么。报复永远不应该只是针对一个人，他还应该遭受一个特定的行动。第三步，比例原则。记住报复与行为不仅要在规模上而且要在性质上匹配。一个完美的报复总是同那些对你所做的事情联系起来。例如如果你想报复欺骗过你或抛弃过你的那个人，那么惩罚就应该和约会、性、忠诚这些事情有关系。第四步，对于你要进行的报复的重点采取适当的手段，做一个头脑风暴。继续上面那个例子，你可以欺骗你的受害者现在的伙伴，修理他以致他的伙伴感到被欺骗或者确信那个家伙背后是个疯子。用一下你的想象力。第五步，想一想你如何能够系统地实施报复。……第六步，对你的系统报复计划就实施成功的可能性从低到高评级，需要将你在成功后的满足感输入。理想的报复当然是这些指标越高越好，但常常需要花费更大的精力和金钱，才能在另外两个更加重要的参数达成更好的输出。第七步，开始干吧。在你实施报复的时候，要记住你的目标是什么，确保你的受害者遭受报复的方式正是他伤害你的方式。

阿桑奇高而清瘦，有玉树临风的姿态，一头银发虽显怪异也不失特点，很多女人被他的英雄形象和与他相处可能带来的危险所吸引，"男人不坏、女人不爱"指的就是这种男女关系。他手头总是有女人随时可以召唤，而他显然很享受这一切，有媒体评论说他做爱的次数比吃饭还要多。像索菲亚这样的粉丝主动送上门来，他来者不拒，但招惹阿丁却不是一个好主意。在落入了这名如此强势的女人设下的温柔陷阱之后，阿桑奇表示："瑞典是女权主义的沙特阿拉伯。"瑞典的女权主义还不仅限于此。阿丁明显地与一个"基督教"社会民主团体有牵连。瑞典教会还剩下为数不多的男性牧师：就是女权主义为平等所进行的斗争的结果，有效地将男牧师从侍奉上帝的岗位上赶走了。"现在，寥寥无几的瑞典男－女配偶在教堂里举行婚礼，甚至就不结婚；而大多数瑞典的同性恋夫妇非常自豪地在教堂里结成所谓的'男女'夫妇。这就是富裕的瑞典人的全部福音：被废弃的教会出售他们的教产（曾经是社区所享有的），在最新一轮的私有化浪潮中被暴发户买走，然后用篱笆围了起来。这就是瑞典的社会民主状况！"阿丁的女权主义"基督教"组织实质上正在瓦解基督教的基础，将基督教的传统从现代教堂里驱逐出去。

另一位起诉人，26 岁的索菲亚·维伦，沙米尔认为维伦是阿丁的朋友。他写道："这里有一盘阿桑奇媒体研讨会的录像，人们可以看见那些女孩们在一起。那些在研讨会的人对她的群体性举动感到诧异。虽然摇滚明星常常习惯于女孩子们铁了心同他们发生性关系，但是在严酷的政治新闻领域这种事却不那么寻常。按照她自己的证词，索菲亚千方百计地把阿桑奇弄到了自己的床上；她也是首先向警察起诉的。她默默无闻，并且动机不明。为什么一个年轻女人（同一位美国艺术家赛特·本森同居）卷入了这样一桩肮脏的政治冒险当中？"优秀的以色列作家吉拉德·阿兹蒙（Gilad Atzmon）在他的讽刺小说《我的那一个和唯一的爱》（My Oneand Only Love）描述了特工如何雇佣年轻美貌的美女，设下美人计，诱捕他们想抓获的目标。在阿桑奇案中，情形又如何呢？沙米尔认为："也许这只不过是一个淘金梦的故事。在瑞典和整个欧洲，新的立法已经使得男人异常轻易地就会成为这种骗局的牺牲品。据《每日电讯》报道，有一个瑞典女人，26 岁（名字保密），在她前往希腊度假期间成功地赢得了 100 万美元。她声称自己遭受了强奸。四名男子遭到了逮捕，他们的姓名被公布出来，他们的工作受到了损害。她回到家里，成了百万富翁，她那圣洁的身份被安全地保护了起来。她的成功引发了模仿潮：按照欧盟的报道，瑞典的强奸案比以行事冲动而著称的意大利人多了 20 倍。许多这类案子当场就打发掉了，而且确实如此。"

显然，阿丁和维伦是在商量之后向警察局报案的，串供的嫌疑极大。其间的动机非常复杂，有没有政治阴谋，尚不得而知，但是否是女人之间相互的争风吃醋心理演化成将怒气发泄到导致她们吃醋的阿桑奇头上，也未可知。维伦对阿桑奇的指控包括："（1）他与那个年轻女人共度良宵之后，第二天没有给她打电话；（2）要求她支付他的车票；（3）发生了不安全的性关系；（4）在一周时间内有了两次艳遇（强烈暗示她控告阿桑奇时的吃醋心理）。"不买车票，缺少甜言蜜语，在家里对维纶呼来喝去，一周几次性关系，这些跟性侵犯毫无关系的事儿也都成了瑞典方面起诉阿桑奇的证据。美国人目前的头号敌人、泄密英雄阿桑奇就这么落入了可能是精心设计的性圈套，如果这个圈套不是中情局布下的，也至少是这两个女人布下的。阿桑奇遭遇了两场美人计，他自作聪明，"将计就计"，只落得又一次亡命天涯，最终还是束手被擒、官司缠身。

检察官希望将阿桑奇拘留问话。律师杰玛·林德菲尔德表示，考虑到阿桑奇放荡不羁的生活方式以及毫无约束、无牵无挂，存在着逃跑的"真实的风险"。果然，2010年11月18日，国际刑警组织成员国瑞典警方对阿桑奇发出红色通报级别的通缉令，阿桑奇被控性行为不检。在瑞典检察官玛丽安·奈（Marianne Ny）的要求下，法庭发出了逮捕令。12月7日，阿桑奇于英国向伦敦警方自首被捕；同日稍后，法院拒绝保释阿桑奇，并暂时将他囚禁在一处秘密地点。但阿桑奇表示，若英国当局把他引渡回瑞典受审，他会抗争到底。在一条推特上，维基解密发布信息说："那些指控是毫无根据的，并且他们在那个时刻的问题是非常扰乱视听的。"另一条推特的信息说："我们曾经被警告有人要'玩阴的'。现在我们有了第一个例子。"阿桑奇对多家媒体说过，无论是在瑞典还是世界其他任何地方，他从来都没有和任何人在非你情我愿的情况下发生过性关系。

福勒在新书《世界上最危险的人》里非常详细地描述了阿桑奇投案自首的经过："12月7日，伦敦，2010年冬季的第一场雪来得比往年要早，夜里下个不停，早晨的整个威敏斯特区一片银装素裹，太阳穿透灰蒙蒙的云层照射下来，好歹让清晨起来排队等车上班的人们感到好过一些。那天清晨早些时候，阿桑奇的律师团打电话通知警方，他将前往伦敦北部肯特镇警察局，这个多少有点古怪的事件叫做'预约逮捕'。这里靠近记者们聚集的前线俱乐部,阿桑奇在帕丁顿(Paddington)的时候总是待在那里。人们一直在谈论调查型新闻的力量,尽管阿桑奇曾在该俱乐部呈现过,宣布了维基解密最大的秘密文件泄漏,然而当他被认为'隐匿'起来的时候,没有人想到到那里去找他。理所当然地关心他的安全,维基解密故意和媒体玩游戏,捏造出他行踪的虚假故事。一份报纸报道他可能在阿布扎比;他的媒体助理的手机语音说她现在不在英国。但到了那天9点25分,所有游戏都结束了,阿桑奇上路了,去了一个不那么有魅力的地方,去为阻止瑞典人引渡他接受性侵案审理而战。"阿桑奇自首,对他的强奸和性侵犯指控立刻成为全球各大媒体的头条。

  两名瑞典女人的律师克拉斯·博斯特罗姆马上表示这对于控方而言是一件好事,一切让法律决定。他于12月8日对媒体说:"如果全球正义运动仅仅依靠人们的无可指责的品格去推进他们的事业的话,我们可能还在努力结束奴隶制的过程中。"现在维基解密的创始人朱利安·阿桑奇因强奸罪的指控被捕了,而他的组织恰好是进行了史上最大规模的军事机密泄漏,这使得许多左翼人士假定他的清白是没有问题的。指控的内容交给法院去决定。博斯特罗姆追问,那么,左派认为阿桑奇是个好人——谁都知道好人是不会强奸的——特别是那些国际揭秘组织的公众人物不会这么做,为什么这种逻辑能够成立呢?博斯特罗姆表示:"我不知道,坚决否认对其指控的阿桑奇,8月份在瑞典实施还是没有实施过性侵犯。但是,如同我们会谴责任何在这个最初阶段就宣布他无罪的人一样,这么多自由主义者,他们中许多人还声称是女权主义者,匆匆地得出结论,阿桑奇一定是抹黑行动的无辜受害者,难道我们不应该关注到这个情况吗?一些人走得更远,积极地攻击事件中的女人,谴责她们串通起来,实施一个毁掉阿桑奇的阴谋。这很容易就落入这样的故事,大多数指控男人强奸的女人都是骗子,而受到此类指控的大多数男人只不过是莽撞汉,如评论家约翰·班德所说的'拙劣的床上礼仪'一样。"博斯特罗姆认为,阿桑奇接受强奸罪名审判的事实不应该改变维基解密所进行的工作的重要性,而且阿桑奇绝不是该组织唯一成员。但是维基解密所做的重要工作也不应该阻止我们承认"阿桑奇接受强奸罪的指控"。他说:"我们欢迎这样的新闻,起诉最有可能地在法院得到裁决;如果我们真心相信秘密和耻辱的时代已经过去,我们应当足够诚实地对强奸文化以及军事帝国主义提出疑问。"

博斯特罗姆认为强奸案阴谋论这种想法过于天真,没有看到女性在日常生活中遭受性侵犯或强奸的普遍性。他说:"无论阿桑奇案件的结果如何,一个令人不悦的事实是好人有时也强奸。毕竟,强奸并不是一个变态行为的发生。在任何一个城市和乡镇都发生,在全世界范围内,一天有数万起,英国每天就有170起,在交战区、卧室里以及会议室里,都可能有人——通常是妇女和儿童——遭受强奸。强奸是一种寻常的暴行,实施强奸的大多数人都是普通人,他们碰巧相信,尤其是在醉酒或愤怒的情况下,他们有权性蹂躏任何一个被他们身体制伏的女人。这些男人是兄弟、父亲和丈夫。他们有工作、朋友以及在他们社区中所扮演的角色;他们是医生、管道工、政客、法官和记者。"这位律师称其为"强奸文化"(rape culture),这些强奸犯并不是那些躲在角落里等待机会袭击女人的变态者,相反,最平常不过的事实是,女人大多数情况下是被他们的朋友、丈夫和男朋友强奸的,这使得强奸文化异常具有伤害性。博斯特罗姆说:"这是一个绝妙的想法,相信将阿桑奇告上法庭的决策的背后动机,是为强奸的受害者寻求正义的一种新找回的、神奇的冲动。"然而,在此时此境,也只有在此时此境,这个案子受到如此强烈关注的原因,却是某些政府正在追捕某人,而这些政府又有着强大的军事帝国主义的背景，这纯属巧合，却干扰了一个纯粹强奸案的审理。博斯特罗姆的辩词确实是巧舌如簧，看来阿桑奇不但遇到难缠的女人，也遇到了难缠的律师。

阿桑奇的律师称强奸案指控为"政治噱头"(political stunt)，而他的支持者则怀疑这是一个诱捕阿桑奇的政府阴谋。阿桑奇的律师团表示，那些指控的根源在于一个"关于两相情愿但未采取防护措施的性关系"的分歧，并且说两名女子仅仅在发现了二人与阿桑奇的关系之后才提出指控。在对自己的指控公之于众之后不久，阿桑奇表示他感到震惊。阿桑奇否认有任何过失，暗示这一案件是美国试图打击维基解密而实施的诬蔑手段。他告诉一家瑞典报纸说："在最近几年，我以五花八门的罪名被起诉，但没有一个罪名比这个更严重。"在接受各国媒体采访的时候，阿桑奇的律师马克·史蒂芬强调："许多人相信该指控是带有政治动机的"，指控是"毫无根据的"。

瑞典媒体和政客驳斥了外国政治压力对该国的司法体系施加了影响以确保将阿桑奇逮捕并引渡的说法。瑞典司法部长贝特里奇·阿斯克（Beatrice Ask）的发言人马丁·瓦尔弗里德森（Martin Valfridsson）12月8日说，这种意见是"完完全全错误的"。他说："据我所知，瑞典没有受到过此种压力。"瑞典TV4电视台的记者约拿斯·比约克（Jonas Björk）认为，最初强奸指控是一个要攻击维基解密创始人的阴谋的想法是难以置信的。他说："如果那是一个美人计的运作的话，真是太复杂了，我看不出它如何实现；果真如此的话，那么我要向CIA脱帽致敬了。"对于是否存在国际压力要求瑞典发出逮捕令，他认为这个假设比前一个稍稍合理一些，然而他还是说："那些官员说他们没有来自外国的任何压力的时候，我相信他们。"当著名澳大利亚记者和纪录片制片人约翰·皮尔杰（John R. Pilger）在12月7日对媒体宣称瑞典"应当感到耻辱"的时候，确实在现场引起了一阵骚动。瑞典 *Aftonbladet* 报的专栏作家奥辛·坎特威尔（Oisin Cantwell）对此言论不以为然，他说："在没有对正在进行的调查有任何认识的情况下，约翰·皮尔杰怎么能如此确定瑞典的司法体系缺乏正义性？"与两名瑞典女子发生性关系是最终导致阿桑奇被捕的主要原因。事件核心的两名瑞典女人声称，此事与解密文件毫无牵连，而仅仅和他对待女人的方式有关。对阿桑奇提出起诉的律师杰玛·林德菲尔德于2010年12月15日对媒体表示："这不是一桩有关维基解密的案子，而是一桩针对两名女性严重性侵犯的案子。"

在斯德哥尔摩支持维基解密的团体也拒绝了案件存在着政治动机的猜想。瑞典海盗党（Sweden's Pirateparty，或盗版党）是一个支持言论自由和反版权的组织，该党一直与维基解密合作，并将其位于防核打击地下工事中的20个服务器中的2个租借给了维基解密网站。该党领袖里克·法尔克文奇（Rick Falkvinge）说："在理论上，如果你想对维基解密进行反击的话，这是首选方案，但我没有看出什么迹象表明这个案件是存在政治动机的。"到底是"抹黑说"还是"强奸论"，是阿桑奇的辩控双方争论的焦点。就在伦敦法院2010年12月13日公布的一份CNN民调显示，44%的英国人相信，对阿桑奇的指控只是一个将其看押起来的借口，这样一来，美国就能够对他就美国外交电文以及其他文件的泄密进行起诉。但是，也有同样比例的英国人说阿桑奇应该被引渡到瑞典去接受审讯。《卫报》2010年12月9日刊登了一篇狄波拉·奥尔（Deborah Orr）的文章认为，阿桑奇应该前往瑞典，相信瑞典的司法体系，一举澄清对自己的强奸指控。瑞典一直有着世界上最强有力保护揭秘者的司法体系，作者甚至认为，阿桑奇在瑞典会在一种透明和公开的环境下赢得官司，洗清罪名，同时也可以寻求政治避难，反而比他在英国要更安全。

拯救阿桑奇的第一步是能够争取将他保释出来。2010年12月13日，阿桑奇的母亲克里斯汀已经从澳大利亚的昆士兰飞到了伦敦，参加当天下午举行的朱利安的保释听证会。阿桑奇的律师马克·斯蒂芬12日下午前往阿桑奇被关押的万兹沃斯监狱去探望他。斯蒂芬说他的当事人的状况与上个星期相比更为恶劣。阿桑奇每天只有一个半小时的活动时间，其他时候都被囚禁在单间囚室里，不得接触其他囚犯、图书或电视。"他必须服从最滑稽的监察，"斯蒂芬说，"《时代周刊》给他邮寄了一期以他作为封面的杂志，他们对它进行审查，不但扯掉了封面，而且还毁了整本杂志。"斯蒂芬还称，不少媒体机构写给阿桑奇的信没有交到他手上，并且他还被24小时监控录像。斯蒂芬还表示，阿桑奇的英国法律团队仍然没有看到对他的起诉证据。"他的瑞典律师得到了一些材料，但是不全，而且是瑞典语的，因此，我们无法得到正确的指导。"尽管诸多社会名流如电影导演肯·娄奇（Ken Loach）、记者约翰·皮尔杰以及人权活动家杰米玛·汗（Jemima Khan）等为阿桑奇凑了18万英镑的保证金，裁判法院的法官霍华德·里德尔还是坚持暂时还扣押阿桑奇。法官得出这样的结论是由于对阿桑奇指控的"严重"性，他与英国"相对较弱的社区联系"以及这样一个事实，人们相信他有财务手段和能力潜逃，存在一个实质的他不会到法院出庭的风险。12月14日，阿桑奇出庭就是否可以保释接受法庭聆讯。在他到达法庭时，媒体记者和大批支持者等候在那里，支持者喊着"释放阿桑奇、现在就释放"的口号，表达对他的支持。经过激烈的法庭辩论之后，法院终于判决阿桑奇可以获得保释。《时代》报道了克里斯汀·阿桑奇在伦敦为儿子能够获释而奔走。12月14日，在经过同阿桑奇在监狱内10分钟的交谈后，克里斯汀代表儿子发表了自阿桑奇入狱以来的第一个声明，她宣布阿桑奇决心继续维基解密的运作。

12月16日，在缴纳了总额为24万英镑的保证金当中的20万英镑之后，阿桑奇终于得以自由地走出一家伦敦法院。《卫报》16日的报道称："带着一脸微笑并发表了一个简短而平静的表示蔑视的声明，朱利安·阿桑奇今晚走出来，从看押状态得到自由，走进媒体争先恐后的抓拍当中，此种景象过多地在一个数十年监禁的判决中看到，而不是一个仅仅9天的还押判决。从世界各地——美国、瑞典、西班牙和荷兰——凌晨开始就排着队，要在法庭外面占个好位子，他们在位于伦敦中部的皇家裁判法院门口架起了照相机的金字塔，电视台的工作人员则小心翼翼地扛着摇摇欲坠的设备，媒体期待着那位澳大利亚人在某个时刻走出……"一时间，阿桑奇的名字立刻出现在第二天世界所有主要媒体的头条。在法庭里，阿桑奇显得有些疲惫，聆讯的时候，他把头靠在镶了红木的墙上休息。但一旦走到了法院的台阶上，阿桑奇立刻又来了劲头，首先说了一句"呼吸到伦敦自由的空气真好"。然后，他感谢"全世界那些对我有信心的支持者"，那些"还没有被完全哄骗的"媒体人以及"英国司法体系本身"，在英国"如果结果并不总是正义的话，至少正义还没有死"（仅仅在两个月后，他就感受到了英国的司法体系不总是正义的）。他表示关在那座维多利亚时代的监狱的最深处，他想到了在世界许多地方同样被关押的人士，他们的境遇可能比自己还糟糕，因而，维基解密所做的揭露真相、捍卫人权的工作就是值得的。他对兴高采烈的支持者们说："我希望继续我的工作，并继续为了我在这件事情上的清白而抗争。"之后，他乘车离开法院，等候下一次引渡的聆讯。

阿桑奇来到了埃林汉姆宫，作为保释条件的一部分，他必须待在这座位于萨福克郡的朋友经营的乔治式庄园里，此处距离伦敦有3个小时的车程。同时，他也要佩带电子标牌，遵守宵禁时间，并且每天都要向警察局报告。这里的互联网线路不是太好。他一直要在这里过完他的圣诞节和元旦，并等待法院的下次开庭。阿桑奇告诉BBC说："这是一次非常成功的抹黑行动，而且是非常错误的一次。"他说他正等着瑞典当局更多的抹黑，但并没有详述。阿桑奇还说，他的对手正抓住这些对他的指控的机会来打击维基解密。"一个人只要看一眼国防部长（罗伯特·盖茨）听到我被捕后的奸笑……就能明白此事对于这个组织的对手的价值。"阿桑奇说。盖茨前一个星期听说阿桑奇被捕后称这是一个好消息。阿桑奇告诉记者，他更关心美国有可能企图将他引渡过去，远胜于他担心被引渡到瑞典去。

2011年1月11日，贝尔马什裁判法院（Belmarsh Magistrates' Court）第一次就阿桑奇引渡的问题对他展开了聆讯。这次听证会只持续了10分钟，阿桑奇的律师杰弗里·罗伯森说，在下个月两天的引渡聆讯之前，所有的法律准备都将就绪。阿桑奇当天穿着一套深色西装、浅色衬衣，坐在一个采取了顶级安全措施的玻璃幕墙后面的座位上，仔细聆听整个过程。他只需确认他的姓名、年龄、住址（目前的庄园）以及处于保释状态，之后，地区法官尼古拉·伊文思（Nicholas Evans）释放了他。在走出法院的时候，阿桑奇对媒体表示，"对今天的结果感到高兴"，他和他的法律团队会很快将抗辩的要点公之于众，而"一些重要的问题则要等到2月7日、8日的庭审再进入细节的辩论"。阿桑奇补充说："我们在维基解密的工作继续，而且我们下一步将继续公布与'电文门'有关的事情和其他材料。在全世界与我们合作的报纸媒体——大大小小的报纸——以及人权组织的努力下，这很快就会发生。"在10日与一家瑞士媒体的访谈中，阿桑奇说，自从公布美国外交电文后，维基解密每周要遭受40万英镑的损失，他并没有向瑞士提出政治避难的请求。他的保释条件有所修改，他在2月6日、7日被允许可以待在记者前线俱乐部，但是不得旅行。律师团队表示，他们目前正在瑞典搜集更多的证据，而那里的政府则希望引渡命令早日生效。

2011年2月7日，英国伦敦贝尔马什裁判法院再度展开对维基解密创始人阿桑奇的引渡聆讯。8日，法院宣布暂时休庭，有关阿桑奇案件的下一次庭审推延至11日。阿桑奇在引渡聆讯的律师团由英国御用大律师杰弗里·罗伯森（Geoffrey Robertson）和马克·斯蒂芬律师以及一些人权专家组成。控方的律师团由英国御用大律师克莱尔·蒙哥马利（Clare Montgomery）领衔。此前，阿桑奇被瑞典有关当局以"性侵犯"的指称通缉。他在英国伦敦遭到逮捕后，瑞典当局发出了引渡他回瑞典受审的申请。有关此案件的角力并非人们所想象的那样简单，各方仍在相关问题上争执不已，作为备受关注的当事人，朱利安·阿桑奇的命运再度引发世人的关注。控辩双方的焦点在于以下几个问题：瑞典检察官是否有权力签署一份欧洲通缉令？引渡的目的是为了起诉还是审讯？所谓的罪行是否符合引渡罪行的标准？程序上是否存在一个司法滥用？如果被引渡到瑞典，他的人权是否会得到尊重以及他是否会接受一个公正的审判？

据"德国之声"的报道，在此次为期两天的听证会上，双方当事人展开了激烈的唇枪舌战。阿桑奇的律师代表团和瑞典代表展开了激烈的辩驳。听证会过后，双方在法庭外仍旧争吵不休。阿桑奇的辩护律师马克·斯蒂芬大声呵斥瑞典检察官玛丽安·奈，称其没有勇气出庭，因为"她的理论根本站不住脚"。阿桑奇自己也做了简短的发言。他要求指控他涉嫌强奸、性骚扰的瑞典检察官公正地说出真相。阿桑奇认为，瑞典和英国在此事件中有无限的资源可以利用，但他自己的资金却十分有限。报道称，在决定是否引渡期间，这位维基解密创始人的形象并没有在支持者的心目中被损害。相反，从很多瑞典高级法律专家的言词中可以感受到，他们认为斯德哥尔摩检察院在处理阿桑奇案件的方式上有很多不妥之处。例如一位瑞典的前最高检察官指责称，调查人员公开了朱利安·阿桑奇的名字，而这在瑞典性犯罪案件中十分少见，这就是正式判决之前做出的一种先行判决。到目前为止，瑞典方面的证词相对薄弱。瑞典方面称，阿桑奇在瑞典和两位女子发生性关系时，违背了她们的意愿，没有使用安全套。阿桑奇重申他的清白。他认为，自己是一场政治事件中的受害者。

引渡庭审的结果最终在2011年2月24日公布，英国伦敦贝尔马什地方法院宣判，引渡命令成立，阿桑奇可以被引渡到瑞典，接受强奸和性骚扰指控的审判。霍华德·里德尔（Howard Riddle）说："事实上，全面地考量一下所有情况，这个人（阿桑奇先生）已经越过了成为一个被起诉之人和正在等待诉讼的门槛。"法官还重新列举了当事的女人对阿桑奇的指控，他的举动旨在故意损害"她的性尊严"。因而，法官的结论是："我很满意，那些具体的罪行是引渡受审的罪行。"由于在瑞典不存在保释制度，一旦被引渡到瑞典，阿桑奇可能面临着立刻被关押，直到一个可能的判决或释放。一旦阿桑奇被引渡，澳大利亚驻瑞典大使保罗·斯蒂芬上一周写给瑞典司法部长的一封信坚持任何针对他的案件审讯"都要按照瑞典法律以及现行的欧盟法及国际法所设定的程序和规定进行，包括相关的人权法规"。对于引渡他到瑞典受审的判决，阿桑奇显得非常冷静和镇定，他平静地说："结果并不意外，然而，它是错误的。这是一个杀气腾腾的欧洲通缉令体系的必然结果。"朱利安·阿桑奇的代理律师团队表示就引渡裁决要向英国高等法院提出上诉。对于自己的判决，法官里德尔已经做出了评价，认为一个上诉"很有可能，也许是不可避免的"。按照司法程序，阿桑奇的律师团队须在该判决时间（2月24日）的40天内提出上诉。如果最终裁决支持将阿桑奇引渡到瑞典，则相关部门必须在10日内执行引渡。据法院官员透露，有关文件已经提交给高等法院，但目前尚未确定具体的听证会时间。如此一来，阿桑奇的命运还要在几个月之后才能最终决定。也许这就是这位传奇人物的魅力所在吧，每隔一段时间，他就会让世界为他胆战心惊一次，而他却每次都挂着一脸无辜，似笑非笑，镇定自若和滔滔不绝，仿佛那些喧嚣与骚动都是庸人自扰，我自处变不惊。

判决一出，第一个不干的就是阿桑奇的老妈。这位一向敢作敢为的艺术家老妈放出了狠话。《悉尼先驱晨报》（2011年2月25日）的文章《朱利安·阿桑奇的引渡将是一个'大卫和歌利亚'的局面》引述了阿桑奇老妈在听到儿子会被引渡到斯德哥尔摩受审之后所说的话："我想说的是我们在这里看到的一切是政治和法律对我的儿子实施的轮奸。"母亲克里斯汀说，朱利安被澳大利亚政府抛弃了，留下他一个人面对一个有缺陷的司法程序，他们滥用了欧洲通缉令制度，"这真是一个大卫和歌利亚的局面"。她说她原以为引渡会遇到一系列的司法阻碍，包括对维基解密资金链的攻击以及瑞典检察官拒绝用英语问讯她的儿子。"朱利安通过他的网站证明了人们需要维基解密，"克里斯汀说，"当然，作为一位母亲，我为他担忧，但是，这个世界应该担忧的是它的民主制度。"母亲担心的不仅是自己的儿子，还有世界是否存在让人说真话的地方，她说："我所具有的最大的恐惧就是西方世界正努力让各个国家说真话的人闭嘴，不惜拆毁立法制度，只为了抓住他，而且还要跨越边境来这么做。"

美国政府已经展开了一个对维基解密事件的调查，这更增加了人们对阿桑奇一旦被引渡到瑞典就会被同样交给美国政府的担忧，也很有可能遭到刑讯逼供。法官里德尔曾经说过："在这个阶段，存在着一种意见，阿桑奇先生可能被引渡到美国（可能送到关塔那摩监狱或者被当成一名间谍处死），关于这一点唯一的证据来自辩护方的目击证人……谁说它不可能发生。"法官的话让人联想到这种后果的可能性。为了缓和气氛，里德尔又表示："在没有任何证据证明阿桑奇先生会有受到虐待或处决的风险的情况下，（阿桑奇的律师）罗伯森是对的，不要去追究这一点。"虽然在法院的辩论中，无法证明是否存在一个对阿桑奇的系统性的阴谋，但这种恐惧是挥之不去的，美国已经被维基解密玩得死去活来的，这世界最强大的政府怎么也得做点儿什么挽回面子。

3月3日，阿桑奇的律师团队已经向伦敦最高法院提交了上诉的相关文件，最高法院方面已经证实收到了文件，但并未确定一个聆讯的日期。阿桑奇驳斥了贝尔马什地方法院将他引渡到瑞典接受强奸与性侵犯审判的判决，称其为一个"橡皮图章式的程序"。阿桑奇说："在整个审理过程中，没有考虑到那些指控可能对我产生的后果，甚至没有考虑或检视过瑞典方面的指控，当然，我们一直都清楚，我们会上诉。"自从他被逮捕和保释以来，他一直在同引渡做斗争，并矢口否认对自己的指控。他的律师团坚持，他在瑞典不会受到一个公正的审判。他们称通缉令是非法的，因为他并没有因任何犯罪被起诉，而那些捏造的罪名不应当成为引渡的根据。阿桑奇也担心，自己到了瑞典之后，就会使得华盛顿更轻而易举地将自己引渡到美国，并有可能以维基解密泄漏美国外交电文或军事文件相关的罪名被起诉。

一群阿桑奇的支持者为他交出了37万美元的保释金后，阿桑奇走出监禁了他10天的伦敦万兹沃斯监狱（Wandsworth Prison），暂时重获自由。"就在 2011 年即将开始的时候，朱利安·阿桑奇发现自己成了一座典型英国乡村别墅的一位锦衣玉食的座上客，穿着一件名贵的人字斜纹软呢夹克和 V 字领羊绒套衫。摆出世故的无动于衷姿态，他坐在高处，眺望着农场大门；另一些时候，他抛着雪球，品着马蒂尼，同精心挑选的记者和崇拜者在一间几乎有篮球场那么大的'会客室'里聊着天，炉火熊熊，暖意融融。即使一名是好莱坞的编剧作家，打破头也不会想到为阿桑奇找到一个前后反差如此之大的豪华住所，四面楚歌的维基解密创始人、浪迹天涯的背包客，此时陶醉在这暂时的栖居，抛开他所引发的整整一年的全球骚动，迎接着新年的到来。"阿桑奇所暂时栖居的埃林汉姆宫（Ellingham Hall）是一座三层乔治时代庄园，边上有一个优美的人工湖，离伦敦 100 英里，一派修剪齐整的东盎格鲁乡村景象，让人不禁想起 19 世纪画家托马斯·甘斯博罗（Thomas Gainsborough）和约翰·康斯坦博（John Constable）风景画。它有 650 公顷的私人牧场和灌木林，可以用来出租，举行婚礼，以及乡村射击协会举行猎野鸡和松鸡活动。

这座贵族庄园的主人，沃恩·史密斯，是一名前军官，在英国最为著名的贵族军团之一的掷弹兵近卫团服役，曾经是一名优秀的战地摄影师。沃恩的爷爷的爷爷曾经是英国大名鼎鼎的"老虎史密斯"，因猎杀了 99 头老虎而得此绰号，许多当年被猎杀的老虎都被制成标本，放置在庄园的不同厅堂之中。沃恩·史密斯现在是前线俱乐部（Frontline Club）的所有人，该俱乐部是一家记者们常去的舒适的地方，在过去一年里，那里成了阿桑奇长期的避难所。阿桑奇就是从这个俱乐部前往警察局自首的。在一次威敏斯特区法院的一次听证会上，阿桑奇写了一个邮箱作为自己的住址，当法官告诉他这个信息是不接受的，他在一张文件表格上填上了"派克维尔

(Parkville)，维多利亚州，澳大利亚"。他没有一个固定地址及他的游牧般的生活方式，法官援引这些作为拒绝他保释的理由。他最终被保释，由友人史密斯安排到这座梦幻般的庄园，在审理其引渡案这段时间，这里变成了阿桑奇少有的宁静居所。

从 2011 年初到 4 月份，因为阿桑奇的入住，维基解密的总部似乎暂时搬到了这座具有浓郁英国乡村风情的庄园里。阿桑奇自己的生活起居是近乎苦行僧式的，对吃什么从不讲究，但对待工作十分认真。在那间四周墙壁悬挂着沃恩·史密斯的祖先画像的巨大的起居室里，阿桑奇每天都在他的笔记本电脑上工作 16 到 18 个小时，有的时候，甚至连续 48 小时工作。阿桑奇将自己的角色定位为维基解密的一名首席执行官。他的工作就是监控维基解密在网络空间的巨大脚印，并在其他司法管辖区和时区同组织的合作者保持接触。史密斯说："他对工作非常投入。阿桑奇要理解维基解密所写的内容和真相是什么。他把这个工作叫做监控温度。"其他维基解密的成员也纷至沓来，聚集到了这座庄园，他们在楼上的卧室休息，然后，一同投入工作。其中包括刚刚加入维基解密团队的 24 岁的詹姆斯·波尔（James Ball），他具有处理大型数据集合的天分，是少数领取工资的维基解密雇员之一。为了跟上阿桑奇的工作节奏，同事们也开始改变工作习惯，变成了夜猫子。波尔说："我发现晚上做起事来更容易，你有时可以引起朱利安的注意。他工作起来十分投入，当别人喊他'朱利安！朱利安！'的时候，他可以 5 分钟注意不到别人。"还有撒拉·哈里森（Sarah Harrison）和约瑟夫·法雷尔（Joseph Farrell），都是新近加入的新闻实习生，负责处理阿桑奇的邮件和日志。

在阿桑奇等待上诉法院确定庭审日期的日子里，阿桑奇只能得到有限的自由，仍处于严格的保释条件中。就在这段时间里，瑞典方面也有一些对阿桑奇有利的报道。据一个瑞典的英语新闻网"本土"（www.thelocal.se）2011年3月10日的一篇题为《阿桑奇案的官员是原告的"朋友"》报道，负责审理阿桑奇性侵案的主检察官与原告中的一位相识。他们不但在网络上互传信息，而且还在他们各自的博客上公开了他们之间的友情，并且在脸书（Facebook）是朋友。一份当地的报纸《每日快报》（Expressen daily）更是报道了两人是同一政党的成员，此外，身为负责的检察官，还在自己的脸书主页上写了关于阿桑奇的负面评价。在得到伦敦法院裁决将阿桑奇引渡给瑞典方面之后，她写道："太刺激了，这下要弄爆阿桑奇这个气泡。"这种碍于个人情面而接手案子的可能性使得瑞典媒体对可能的审判的公正性提出了质疑。但瑞典警方的发言人乌尔夫·格兰佐（Ulf Göranzon）对该报否认了他对两位女人的友情一事知情，他说："我自己得到的信息都是道听途说，因而我不准备做任何评论。"

伦敦高等法院4月6日宣布，将于7月12日开始对维基解密创始人朱利安·阿桑奇引渡上诉举行两天的听证会。2011年2月，英国伦敦地方法院法官霍华德·里德尔裁定，阿桑奇需被引渡到瑞典，接受强奸和性骚扰指控的审判。3月，阿桑奇的代理律师就引渡裁决向英国高等法院提出上诉。伦敦高等法院日前宣布举行上诉听证会的时间。如果阿桑奇此次败诉，还可以继续向英国最高法院提起上诉。在《卫报》2011年4月6日的一篇报道《朱利安·阿桑奇得到一个引渡上诉听证日期》中，阿桑奇表示被迫到瑞典去面对性侵案的指控将违反他的人权。他的律师团谴责了瑞典首相弗雷德里克·莱茵菲尔德（Fredrik Reinfeldt），称他将阿桑奇描述为瑞典的"头号公敌"，在瑞典创造了一个"有毒的气氛"，损害了阿桑奇接受一个公正审判的机会。而在2月份的判决中，里德尔法官驳斥了阿桑奇关于他无法接受一个公正审判的论据，并拒绝了他关于在瑞典接受审判将违反他的人权的声明。此案扑朔迷离，很可能会拖很长时间，世界媒体和各国公众也都密切注视着阿桑奇的命运和维基解密的未来。

第六章 性侵丑闻与对簿公堂

◎第七章

支持与反对

在《娱乐至死》一书中，媒体文化研究者和批评家尼尔·波兹曼（Neil Postman，1931—2003）指出，一切公众话语日渐以娱乐的方式出现，并成为一种文化精神。我们这个时代的一切政治、宗教、新闻、体育、教育和商业都心甘情愿地成为娱乐的附庸，毫无怨言，甚至无声无息，其结果是我们成了一个娱乐至死的物种。波兹曼是以一种无比担忧的心态，像赫胥黎在《美丽新世界》中发出预言一样，为我们勾勒了一个被媒体控制的可悲图景，我们将毁于我们所热爱的东西：充分信息和娱乐。

在这个预言成为真实事件之前（就像《2012》所预示的毁灭之前），维基解密再次让全球网民在充分的信息自由面前如醉如痴，尽情狂欢。当然，如果仅仅是政治还不能完全激发人们对他的兴趣的话，（毕竟这已经不是切·格瓦拉的时代，）那么阿桑奇还带来令人产生无限想象的、刺激的性话题，交织着他同那两个女人之间的（性）爱与恨。阿桑奇事件成为各国媒体的头条和网络的爆炸性新闻正反应了媒体的娱乐精神，整个事件充满了媒体所期望造成轰动效果的一切关键要素：内幕、平行杀戮、战争日志、揭秘、黑客、网络罗宾汉、最危险的人、尴尬的政要、抓狂的白宫、花花公子般的遍施雨露、红颜祸水般的甜蜜网罗、性陷阱、破裂的避孕套、性情趣/性侵犯、神秘行踪、国际刑警通缉、投案自首、保释、大庄园的座上客……所有情节都那么地具有戏剧张力，所有细节都那么地耐人寻味。难怪名导斯皮尔伯格也愿意砸下重金，买断阿桑奇的题材，作为日后大片的素材。刚刚暂时重获自由的阿桑奇最近又在澳大利亚的一家网络说唱视频中客串演出，调侃美国发动伊拉克战争。尽管像阿桑奇这样的网络怪才多少有些忧郁型气质，但丝毫不妨碍他作为网络和媒体娱乐的材料，而他本人也索性直接加入这种娱乐的狂欢当中，在娱乐中呈现自己的思想。凤凰卫视则在《震海听风录》和《锵锵三人行》中分别以严肃的访谈和娱乐的调侃拿阿桑奇说事，"阿桑奇中了套"、"早知道用×××（一个著名安全套的品牌）就好了"、"古今中外，不管何人，只要查作风问题，一查一个准"等等，不一而足。

有多少人爱阿桑奇，就有多少人恨他。在BBC的网站上给出的阿桑奇的简历中，用了这样的话来评价这个颇具争议的人物："对于他的粉丝们来说，朱利安·阿桑奇是一名为真理而战的英勇斗士；然而对于他的批评者们而言，他是一个追求公开性的人，将大量敏感的信息披露到公共领域，从而威胁到许多人的生命。"他那游移不定的行踪、特立独行的风格、不屈不挠的执著、义无反顾的勇气都为他增添了大批支持者和敌人,"对于一些人而言,他是新媒体的弥赛亚;对另一些人而言,他是网络恐怖主义者"。他到底是"自由斗士还是反社会者?道德十字军斗士还是自欺欺人的孤芳自赏者"?人们对他的评价大相径庭。

关于维基解密的揭秘行动,支持者往往借助于西方政治哲学传统中关于言论自由、公民权利、公民不服从、人权保障、对政府的限制、宪法精神等等理念,找到揭秘的合法性和超越性。而反对者则主要基于现实考量,在国家机密、公共安全、反恐战争、揭秘带来的国家安全问题、个人言论自由的边界、爱国主义这些问题上同那些自由主义者、无政府主义者以及形形色色的左翼人士较量。就解密行为是否触犯法律,阿桑奇在各种场合为自己和维基解密进行辩护。《时代周刊》的责任编辑理查德·斯坦格尔(Richard Stengel,简称"斯")于2010年11月30日通过Skype对阿桑奇(简称"阿")所做的采访,我们可以从中看出阿桑奇的行为背后的伦理基础。以下是采访的部分内容:

斯:你如何为你的行为赋予特征,无论最近一次还是过去的解密?你是否会说你这是在实践公民不服从(civil disobedience),用一种违法来暴露更大的违法?那是否就是你用来为解密合法化的道德考量?

阿:不,绝对不是。这个组织实践公民不服从,也就是,我们是这样一个组织,试图让这个世界变得更加有公民权,并且行动起来,对抗试图将其推向相反方向的践踏公民权的组织。至于法律,在4年的过程中,我们已经遭遇了超过100起形形色色的法律攻击,并且我们在所有那些事情上都获得了胜利。所以,如果你想要谈论法律的话,非常重要的一点就是,记着法律不是、不仅仅是那些有权势的人希望其他人相信它是的东西。法律不是一个将军说它是什么，法律不是希拉里·克林顿说它是什么，法律不是一家银行说它是什么。相反，法律是一个国家的最高法院最终说它是什么，例如美国的最高法院就有一部令人羡慕的宪法，所有决策都是基于它做出的。而那部宪法来自于一个（美国）革命传统，和一个被詹姆斯·麦迪逊（James Madison）所赞赏的《权利法案》（Bill of Rights）精神，还有其他传统，都包含着对有关政府的国家权力平衡的一个细致入微的理解。于是，今天构成最高法院的地方就是保持了它的传统或者按照第一修正案对权力提出一个彻底的重估，因而，《美国宪法》还能够被理解。然而，美国《间谍法案》被普遍认为过于宽泛，也许这正是它从来没有在最高法院被正确检验过的原因之一吧。我认为它也许是被发现违反宪法的，并要被废除。现在，我们理解了为什么司法部长埃里克·霍尔德（Eric Holder）以及美国政府中的其他人努力将《间谍法案》特别是G部分的条款硬塞入合法的媒体活动中。那些努力会对最高法院产生一个挑战，是废弃《间谍法案》，还是在整体中至少废弃那一部分，在这个意义上那些努力是危险的。如果那个事情成功了，这当然对于维基解密是一个好事情，因为其他的美国媒体都会受到限制，那么，人们只管到我们网站来就好了。

斯：然而，显然存在相互竞争的公平性，甚至在宪法意义上，如你所知，在1917年的《间谍法案》和《第一修正案》的扩展之间就会导致那样的结果，但是，如你所言，法律最终成为最高法院所说的东西，而他们可以限制一些属于《第一修正案》的权利，并运用一些《间谍法案》的规定。这引起我对你提出的下一个问题：一个这些天来在美国政治中讨论很多的问题，部分因为对奥巴马总统的批评，就是美国的优越主义思想。你似乎在一个负面意义也相信美国的优越主义，美国在它对世界所造成的损失和破坏的意义是优越的。你能够用一个公平尺度来描述一下你对美国的观点吗？

阿：好的，我想那些观点都缺乏必要的微妙性。美国有着一些经久不变的传统，公允地说，那是建立在法国大革命和欧洲启蒙运动基础上的。美国的国父们将其发扬光大，而且信奉相对实力较强的各州的美国联邦主义者也试图限制联邦政府，以防止其变得过分集权化。也增加了一些重要的民主控制和认识。因而，历史上有许多好的传统来自于美国。但是，在二战当中以及二战以后，美国联邦政府开始将资源吸纳到中心，而州政府的权力开始萎缩。有趣的是在那个时候，《第一修正案》开始压倒一切各州的法律，这在我看来是作为美国日益增长的中央集权的一个作用。我想美国的问题产生于它作为一个外交大国，简言之，它的经济成功，至少在历史上成为一个人口众多、十分富强的国家……让我更好地解释这一点。美国看到了法国大革命，也看到了英国的表现以及其他国王和专制，因而，它有意识地创造了一个非常弱的总统。然而，总统被赋予了许多对外关系方面的权力，随着时间的发展，总统想方设法地通过其外交事务的功能来行使权力。如果我们看一下在奥巴马身上和医疗改革法案方面所发生的事情，我们就可以清楚这一异乎寻常的情形，奥巴马可以下令打击海外的美国公民，但是却没有办法通过医改方案，至少没那么容易或者不是以他所期望的方式在国内通过一个医改法案。而那看起来似乎是一个非常好的想法，要让国家免于专制独裁，就要弱化总统职位。但是，美国经济的成长导致了这样一个局面，外交事务的权力被中央政府所把持，从而增加了政府的权力，以此同州政府对立。我不认为按照世界标准，美国是一个例外，相反，既因为它的滥用权力，又因为它的建国原则，美国是一个非常有趣的案例。

2010 年，经过一致同意，阿桑奇被授予了萨姆·亚当斯奖。该奖项每年由萨姆·亚当斯情报正直协会授予，这是一个由一群退役的中央情报局（CIA）特工组成，从情报专业的角度，考察情报的正义性和伦理。它是根据越战时期的一名泄露机密的中情局特工萨缪尔·亚当斯（Samuel A.A dams）命名的，许多获奖者也都是泄密者。在《时代周刊》的年度人物，尽管在读者和网友的评选中，阿桑奇票数遥遥领先，但最终屈居亚军（读者评比的冠军），年度人物冠军是脸书网站的创始人马克·艾略特·扎克伯格（Mark Elliot Zuckerberg）。而在脸书网站的评选中，总计1249425张选票中，阿桑奇获得了382020票，为第一名，远远高于第二名、第三名的土耳其外交部长埃尔多安和歌星Lady Gaga，扎克伯格则排名第十。法国《世界报》是同维基解密网站合作的五家媒体之一，在他们的网站投票中，以56%的得票率将阿桑奇选为该报年度人物。2011年2月2日，悉尼大学所属的悉尼和平基金会宣布，阿桑奇被授予悉尼和平勋章，以表彰他"在追求人权事业中所表现出来的非凡勇气和首创精神"。基金会的董事长斯图亚特·瑞斯（Stuart Rees）教授评价说："从我们的观点来看，和平就是正义、公正和实现人权。"他说阿桑奇先生的工作就是托马斯·潘恩的《人权》和丹尼尔·艾尔斯伯格（Daniel Ellsberg）的"五角大楼文件泄露"(Pentagon Papers)的传统——"挑战在政治和新闻领域的旧有权力秩序"。在一份声明中，瑞斯说："在潘恩、艾尔斯伯格和阿桑奇的事例中，那些当权者反应迅速，通过颠覆正义事业的手段，试图要让他们的批评销声匿迹。"

2010年12月9日，为了回应负面反应，联合国高级人权专员纳威·皮雷（Navi Pillay）女士表达了对反维基解密的"网络战"表达了严重关切。她认为，围剿维基解密可能导致网络审查和言论管制的盛行，从而违反有关国际公约。"如果维基解密犯下了任何可识别的不法行为，那么这必须送交司法体系处理，而不是通过压力和恐吓，包括对第三方。"她是指在维基解密公开了美国外交档案后，一些银行、信用卡公司和网站服务拒绝为维基解密网站提供服务。在日内瓦召开的一次新闻研讨会上，皮雷女士认为，揭秘的文件显示美国在伊拉克的部分行为能够构成违反人权的罪行。她说："据说这些文件显示，除了其他事项，美国知道伊拉克军队中广泛存在对囚徒的施暴和虐待，然而，在2009年到2010年期间，美军仍然将所关押的数千人移交给伊拉克方面看管。""在我看来，这可能潜在地构成一起严重违反国际人权法的事件。"她补充说，呼吁由独立的联合国专家就维基解密公布的文件中所描述的施暴和虐待的报道展开调查，最终要得到美国、伊拉克和阿富汗当局对事件的澄清。她接着说："我敦促所有国家采取必要措施调查在这些报告中提到指控并将那些对违反人权负有责任的人绳之以法。"她说现在正在进行的针对维基解密的"网络战"简直是"令人震惊"，"让我说维基解密的案例提出了复杂的人权问题，有关平衡的信息自由、人民有知情的权利以及保障国家安全或公共秩序的需要。这种平衡的行动是一个困难的事情"。这种困境也正是言论自由、公民知情权与国家机密之间的冲突，这就是阿桑奇的支持者和反对者之间根本的分歧。

2010年12月9日，联合国意见与表达自由特别报告员弗兰克·拉吕（Frank La Rue）在接受澳大利亚广播公司（ABC）采访时说，阿桑奇和维基解密其他成员不应该对他们所传播的任何信息负法律责任。针对主持人的问题："您是否同意维基解密的支持者的意见：网站创始人朱利安·阿桑奇已经成为了一名言论自由的烈士？"他说："确实是这样。如果泄露信息真的要承担一个责任的话，那也是由泄露的那个人单独一个人承担，而不是由将其发布的媒体承担。这就是透明性起作用以及腐败在许多案例中遭到抵抗的方式。"他确实认为言论自由有某些边界，但这些边界必须是由法律所确立的，它们必须用来保护一个优先的目标和阻止迫在眉睫的危险。立法必须是优先的，必须非常清楚，人民能够真正很好地理解哪些是受到限制的。他并不认为美国政府能够针对阿桑奇立案，他警告说如果它真的采取针对他的行动，那对于言论自由将是一个非常坏的例子。阿桑奇要被引渡到瑞典去受审的罪名与言论自由毫无关系，拉吕对此不做评价，只是希望，阿桑奇要在瑞典或者任何国家受到审判，都应当给予他法律程序的完全保障和辩护的一个完全的可能性。

在阿桑奇被捕后，时任巴西总统的路易斯·卢拉表达了他同阿桑奇"团结在一起"。他还进一步谴责了逮捕阿桑奇，称其为"对言论自由的一次打击"，12月10日的BBC报道了此事。卢拉总统说网络公布美国秘密外交电文"暴露了一个似乎是不可捉摸的外交"。他还批评了其他政府没有批评对阿桑奇的逮捕。总统在巴西的一次公共活动中这么说："他们逮捕了他，而我还没怎么听说过，以此作为对言论自由的一个抗议。"同时，卢拉总统也一笔勾销了电文中有关巴西的部分，称其为"没有意义的"。

俄罗斯总理弗拉基米尔·普京也批评了对阿桑奇的逮捕。"为什么阿桑奇先生在监狱里？"他在一个媒体研讨会提出这个问题，"难道这是民主吗？"据《卫报》12月9日的报道，俄罗斯总统办公室的一个消息人士向俄罗斯新闻机构透露，总统德米特里·梅德韦杰夫（Dmitry Medvedev）提议提名阿桑奇先生为诺贝尔和平奖候选人，总统还说"公共与非政府组织应该考虑如何帮助他"。梅德韦杰夫是12月8日在布鲁塞尔参加一个俄罗斯–欧盟峰会时说这番话的。揭秘文件中将俄罗斯说成是一个腐败的"黑手党"和"盗贼"国家，普京被比喻为"蝙蝠侠"，而总统是他手下的"罗宾"。另一份文件提到了美国国务卿希拉里·克林顿对普京的评价是躲在幕后的木偶操纵者，普京曾对此评论说这是"傲慢的"和"不道德的"。不过这火应该撒到美国人头上，与只负责揭秘的阿桑奇无关。显然，俄罗斯领导人是经过一番考虑才这么表示的，维基解密揭秘的内容尽管也涉及到俄罗斯，但就揭秘内容的长远效应而言，显然对美国的损害较之对俄罗斯的损害要大得多。俄罗斯外长谢尔盖·拉夫罗夫（Sergei Lavrov）称揭秘美国外交电文是"哲学的"行为，他补充道："读这些电文很有意思。"不过，在揭秘的电文中，北约曾经秘密炮制了一份计划，如何应对俄罗斯可能对波罗的海三国的侵略。外长拉夫罗夫这下给惹火了，他表示北约必须解释，为什么在公开场合称俄罗斯为一个"战略伙伴"和盟友，而私下里却认为俄罗斯是一个敌人。没有揭秘，俄罗斯如何知道。

就在伦敦地方法院准备对阿桑奇的保释举行听证前夕，一群以记者约翰·皮尔杰（John Pilger）和林德赛·日耳曼（Lindsey German）为首的"阻止战争联盟"在12月10日的《卫报》上刊登支持阿桑奇的声明。声明内容如下："我们反对对维基解密的攻击，尤其是对朱利安·阿桑奇的攻击。揭秘有助于民主，它在一系列问题上揭露了我们政府的真实意见，原先是当做机密保守，现在不可避免地暴露在公众领域。我们所知道的关于在伊拉克和阿富汗发生的大规模屠杀、虐待和腐败的一切情况都得到了证实。全世界的领导人都无法通过向公众撒谎而隐瞒真相。谎言已经被曝光了。一些诸如亚马逊、瑞士银行和信用卡公司等大企业，屈从于美国政府的压力，阻止维基解密的行为是可耻的。美国政府及其盟友，以及他们在媒体界的朋友，联合起来对阿桑奇进行了一场讨伐，现在终于看到他身陷囹圄，面对不实指控，对待引渡判决，坊间传言此举最终的目的是要将他引渡到美国。我们要求立即释放他，洗清他所有罪名，并结束对维基解密的封堵。"署名是"阻止战争联盟"的18位成员。

在对待阿桑奇的问题上，澳大利亚分成了截然不同的两个阵营：

官方的谴责和民众的自豪。澳大利亚的政治有跟着美国走的传统，当美国政府谴责维基解密的时候，澳大利亚总理吉拉德等人本能地跟着一起放炮，谴责维基解密和阿桑奇。而维基解密公布的海量美国外交电文也有关于澳大利亚的文件，着实让澳大利亚前总理陆克文（Kevin Rudd）有些尴尬，美国外交官对他的评价是一个"爱控制的怪物"，另外一份文件包括美国关切澳大利亚支付其军事建设的能力。12月7日，吉拉德告诉记者："如果没有从事一个非法行径，维基解密网站上就不会有那些信息。"吉拉德断言"这个维基解密问题的基石就是一个非法行为"。她的办公室随即澄清，她是指原始的盗取信息行为。而司法部长罗伯特·麦克莱兰（Robert McClelland）也随声附和说非法，又说不出阿桑奇到底犯了哪门子法。据说澳大利亚联邦警察局要开展一个对阿桑奇行为的调查，时间可能长达1年。

墨尔本律师皮特·高登说，吉拉德和麦克莱兰的反应让人失望，因为他们忘记了澳大利亚的民主政治的核心：无罪推定，言论自由，保护海外公民权利。麦克莱兰宣称考虑取消阿桑奇的澳大利亚护照，结果被前总理、现外交部长陆克文不软不硬地顶了回去："是否取消某个公民的护照要由我这里来作决定吧？"尽管揭秘的文件中有对自己不利的内容，陆克文还是很大度地表示，应该怪美国没有把自己的信息保管好，而不应该让阿桑奇顶罪。陆克文还说，如果阿桑奇要求从领事官员那里得到一台笔记本电脑，他将很乐意提供帮助。（阿桑奇的律师团曾提出过这样的要求，以便阿桑奇来准备他的案子。）

一些澳大利亚的议员都对总理吉拉德的有关阿桑奇的言论表达了严重关切，（在这举国民众为阿桑奇喊冤的时候，正是议员们顺应民意获取选票最佳时机，）他们要求，政府停止像一名罪犯一样来对待阿桑奇先生，并将他作为一名澳大利亚公民和揭秘者来保护他的权利。吉拉德的言论即使是在她所在的工党内部也难得到广泛支持。议员拉里·弗格森（Laurie Ferguson）是吉拉德的朋友和政党同僚，被任命为负责多元文化和移民事务的议会秘书，他告诉《澳大利亚人》报，政府对维基解密泄漏美国机密文件事件反应过度，该报12月11日的标题是《朱莉亚·吉拉德的左翼开始倒向朱利安·阿桑奇一边》。弗格森说："并没有迹象显示有人由于这些信息而处于危险之中。"他认为，全世界知道这些信息，引起重视，是非常重要的。一位不愿透露姓名的左翼议员说，政府在阿桑奇问题上划了一道"严苛"的线，从而在内部激怒了左翼人士，动摇了它的基础。另一位议员表示，外交部长陆克文已经"搞定了"维基解密事件，而吉拉德又把它"搅浑了"。

负责经济学党团委员会的工党左翼议员沙龙·格瑞森（Sharon Grierson）说，她对阿桑奇先生抱有同情，因为他相信信息自由和公众利益要经受检验。格瑞森女士说，世界都在拥抱公开的、全球化的信息流，并应对它所带来的后果。她说："我们不得不找到应对之策，这是合理的，无论如何都不是非理性的。"西澳大利亚的工党议员梅丽莎·帕克（Melissa Parke）表示，瑞典人对阿桑奇的强奸指控是非同寻常的，他不应该被当做一名罪犯对待。帕克女士说："就目前掌握的信息来看，瑞典人的指控听起来十分非同寻常，我希望在做出任何引渡决定之前，英国法院要耐心持久地研究这个案子。至于维基解密的行为以及他们是否触犯了任何法律，事实是我们不知道。因而，我想对于任何人而言断言朱利安·阿桑奇是一名罪犯是错误的。"昆士兰的议员格雷厄姆·佩雷特（Graham Perrett）说，他是揭秘和透明度的一个强烈支持者。"然而，我不确定任何无差别的大规模揭秘信息会不会让一些人的生命处于危险之中。"他说，政府的工作就是确定每一个澳大利亚公民都得到完全的法律保障，"我建议我们需要照顾我们所有在海外的公民，无论他们受到何种罪名的起诉，我们必须保持法治，而一个公平审判是法治的实质部分。"

澳大利亚政府的公开表态立刻遭到国内民意的强烈反弹，悉尼、布里斯班，到处都有游行。2010年12月10日，大批的支持者聚集在悉尼和墨尔本，声援7日在伦敦被捕的维基解密网站创始人阿桑奇，抗议对阿桑奇的指控和可能的迫害。在悉尼市政厅外，大约有500名抗议者，他们的组织者表示："披露信息本身就是符合公众利益的，是合法的。"一位抗议者说："朱利安·阿桑奇是一名澳大利亚人。这使我非常自豪，""但对于我们澳大利亚政府，我丝毫都不感到自豪。"在布里斯班有350人抗议，阿桑奇的律师鲍勃·斯塔瑞（Rob Stary）批评吉拉德的立场，他对集会者大声说，澳大利亚政府是美国的"哈巴狗"。布里斯班的律师彼得·卢索（Peter Russo）对集会群众说，维基解密案件至关重要的实质问题就是自由，理解这一点很重要，"这不是一个人的自由，是我们所有人的自由。"12月11日，澳大利亚全国超过5万人在各地政府大楼前示威，抗议总理吉拉德较早前谴责维基解密的言论，促请政府改变立场支持阿桑奇。人们打出五花八门的标语口号来支持阿桑奇："没有透明度，没有民主，自由是个什么？""真相""我们都是阿桑奇！""释放阿桑奇""言论自由是一项基本人权""阿桑奇＝自由""公众需要知道""圣诞快乐、新年解密"。

《卫报》12月11日的文章《朱利安·阿桑奇的支持者计划世界范围内的抗议》，称人们在澳大利亚布里斯班拿着阿桑奇的面具走上街头示威，抗议逮捕阿桑奇，更多的抗议可能在全世界范围展开。示威计划在西班牙、荷兰、哥伦比亚、阿根廷、墨西哥和秘鲁的首都举行，要求释放阿桑奇，并重新建立维基解密的域名以及恢复维萨卡和万事达卡对网站的服务，以允许支持者向这个揭秘网站捐款。一个名为自由维基解密（Free Wiki Leaks）的西班牙语网站发表了一份声明："我们寻求在联合王国的土地上释放朱利安·阿桑奇。"该网站号召示威者在12月11日下午6点在马德里、巴塞罗那、瓦伦西亚、塞维利亚以及其他三个西班牙城市同时举行抗议示威。他们也要求恢复网站和信用卡捐款服务，因为没有任何人"证明阿桑奇有罪"，也没有任何人以任何罪名起诉维基解密。

在澳大利亚民众眼中，阿桑奇以黑客和媒体人的角色单挑世界最强的政权，是被政治陷害的孤胆英雄。澳大利亚人作为流放地居民和流放犯后裔，自认为骨子里流着反权威、反政府、追求自由的血。1880年在墨尔本监狱被吊死的挑战政府的奈德·凯利（Ned Kelly），是澳大利亚人的英雄。现在，阿桑奇同样是他们心目中的英雄。他说自己的核心价值观是扶助弱小、打击强权，澳大利亚报纸骄傲地称之为"澳洲罗宾汉"。就在阿桑奇被英国警方关押的这段时间内，澳大利亚数万名民众上街游行，要求政府出面保护阿桑奇的安全，一场轰轰烈烈的阿桑奇保卫战正式打响。民众发起了一个请愿，要筹款在《纽约时报》和《华盛顿时报》上刊登整版的广告支持阿桑奇，他们一共搜集到了5万个签名。12月14日，一份给吉拉德的公开信曝光，20多名澳大利亚最有声望的媒体机构的编辑签名，它谴责了任何将对电文的揭秘称为非法的潜在的威胁。与此同时，一个主要的法律联盟也声援支持。澳大利亚律师联盟的主任格里格·巴恩斯（Greg Barns）说："阿桑奇先生遭到了澳大利亚政府恶劣的对待。"他将政府要进行的调查说成是浪费纳税人的钱，"我不知道他触犯了哪一条澳大利亚法律"。阿桑奇和他的那个乌托邦的支持者正在进行一种新的抗争，它考验着西方世界的民主理念和司法公正。德雷福斯向媒体回忆起与她共同写作《地下》一书的阿桑奇，说他是一个聚精会神的人，会执著于自己认定是正确的事。磁岛的居民大卫·赫伦（David Herron）则回忆了阿桑奇小时候，认为他是一个真正的土生土长的嬉皮士（磁岛六七十年代的特产），具有反叛精神和追求真理的勇气。赫伦说："他为了自己的信念行事。他确实树立了典范。"

迄今为止，从大局来看，美国仍拿不出制伏阿桑奇的好办法，甚至连瑞典对这位维基解密创始人"强奸案"的起诉也遇到了麻烦。尽管它的创始人还身陷囹圄，但任何想要在网络世界绞杀维基解密的企图已经不战而败，目前有至少1800多个镜像网址公开承认自己存有维基解密的文件。数天之内，维基解密的内容已经在网络世界广为传播。基本上，如果不拆掉整个因特网，就不可能掌控和消灭这些信息。从某个角度来看，维基解密从来没有像现在这么安全过，也从来没有被如此严密和积极地保护过。在被英国警方逮捕后，阿桑奇被关押在一个单独的牢房里。此前，这间牢房关押的对象是英国才子奥斯卡·王尔德。"我们都生活在阴沟里，但仍有人在仰望星空。"王尔德的这句名言，或许也正是此刻阿桑奇及其支持者内心深处最坚强的呐喊吧。

阿桑奇的支持者们创立了一个"自由阿桑奇"网站（http://freeassange.org），在首页中，他们引用阿桑奇的话来捍卫这位揭露真相的斗士："你必须从真相开始。真相是引领我们到达任何地方的唯一途径。因为任何建立在谎言和无知基础之上的决策都无法达到一个好的结论。"他们还在该网站公布了他们这么做的理由：

全世界一半的人说朱利安是罪犯，应该被逮捕。而另一半则认为他是一个英雄……

因为他的才智、勇气和他的意志将某些隐匿的东西公之于众！

因为有太多的坏人、卑鄙的政客！

因为有太多的人需要听到真实的消息！

因为世界上有一半的人想说些什么！

21世纪，还在为自由奋斗吗？

我们在这里为你提供一点那样的自由。

我们在这里一起，说出我们的心声……

表达自己思想的自由不仅是个人自由的一个方面——因而就其自身而言是好的——而且总体而言对于公众对真理的探究以及社会的活力也是至关重要的。

因而，我们特别的警觉，以确保个人意见的表达免于政府强加的制裁。……

朱利安·阿桑奇，你不是一个人！

保障言论自由是《美国宪法第一修正案》所赋予的基本权利。《美国宪法第一修正案》是指1789年国会通过的宪法的前10条修正案（就是著名的《权利法案》）的第一条。"国会不得制定关于下列事项的法律：确立国教或禁止信教自由；剥夺言论自由或出版自由；或剥夺人民和平集会和向政府请愿伸冤的权利。"许多美国人坚持认为阿桑奇及其创办的维基解密网站是严重反美的。事实上，谜一般的阿桑奇坚信《美国宪法第一修正案》能够将言论自由置于神圣的地位。他说："如果你们愿意，我们正在将第一修正案实践到全世界。"这个世界上最危险的人正在为一个所有人的言论自由平台而战——一个高尚而危险的事业，然而，阿桑奇很少回避危险。他的两个最大的品质就是"他敢于为他所信仰的东西挺身而出"以及——就像他的一个朋友透露的那样——"他享受冒险"。第一修正案设想，在一个民主社会里发生的健全政治辩论，不时地会产生对公众人物的批评，而这些公众人物涉及到重要公共问题的决策，或者通过他们的名声理所当然地在社会广泛关注的领域主导历史事件。第一修正案所禁止的是异口同声、人云亦云,一个社会不能没有由言论自由所保障的批评的声音。

比尔吉达·荣斯多蒂尔（Birgitta Jónsdóttir）是一名作家和诗人,曾经是维基解密的早期成员,现在是冰岛议会的议员。她在 2011 年 1 月 12 日接受一家加拿大媒体采访时表示,尽管她已经离开了维基解密组织,但她愿意"坚定地支持他,不怕给自己惹麻烦",保卫这个解密机密文件的组织,反对美国政府和其他人对其攻击,因为这么做是自己义不容辞的责任。荣斯多蒂尔并没有过多地谈论阿桑奇,只是说:"维基解密比朱利安·阿桑奇要大得多。"荣斯多蒂尔回忆了 2010 年和阿桑奇的团队一同工作,完成了"平行杀戮"的视频。她记得,在一家拥挤的咖啡馆,阿桑奇第一次给她展示了这段视频,当她看到美军直升机向一辆平民车辆轰击的时候,忍不住大哭起来,自那一刻起,她决心帮助维基解密将这段视频公之于众。在编辑完这段视频之后,她又不遗余力地到处向各国媒体推介,该视频引起了公众的广泛关注。

在美国外交电文泄密之后,美国政府已经启动《反间谍法案》准备对阿桑奇立案起诉,同时,美国司法部已经接到了法院的命令,强迫推特透露一些信息,包括为维基解密工作过的荣斯多蒂尔、阿桑奇、荷兰黑客罗普·贡格里普（Rop Gonggrijp）和美国程序员雅各布·阿帕尔鲍姆的短消息、IP 地址以及其他细节。荣斯多蒂尔说她坚决抵抗这个命令,并且已经要求电子前哨基金会帮助捍卫她的权利。她说:"我们必须都站在维基解密背后并捍卫信息自由和言论自由。"她在 1 月 11 日出席一个在多伦多大学举办的活动时这么说,她同时号召媒体支持该组织,她还说:"即使他们将维基解密斩首,还会有一千个头冒出来。"(这气势大有"杀了我一个、自有后来人"的味道。)

荣斯多蒂尔提到了 2009 年她与阿桑奇在冰岛会面的时候,提起她所在的政党向冰岛议会提出了"冰岛现代媒体法动议案",当时阿桑奇正在寻找一个"透明度避风港"能够帮助维基解密,或者容纳其生存。IMMI 立法的目标是帮助保护信息自由和像维基解密这样揭秘文件的泄密者,冰岛作为一个整体也对此感兴趣,因为许多人相信如果有更多的揭秘者,就能帮助这个国家避免 2008 年的金融危机了。荣斯多蒂尔表示,尽管非常不适应从政的工作,作为作家和诗人,她对政治是外行,但也并非完全是不利的,有时她也能以独特而新鲜的视角来看待事物,包括推动 IMMI 的立法。她说该动议案背后的理念在 2010 年夏天进行的一次投票中得到了冰岛议会一致的支持,这个理念就是要创造一个世界上最先进的信息自由和揭秘保护的立法。为此成立了一个工作小组,他们考察了世界主要国家的保护言论自由和信息自由的法律,从中挑选出他们认为最好的,以备立法准备之需。"互联网正变得越来越工业化和公司化,"荣斯多蒂尔说,"我们必须确认我们不失去我们的言论自由和信息自由。"一旦《现代媒体法》正式通过,冰岛有可能变为世界上言论和信息最自由的国家。

阿桑奇最坚定的支持者就是他的前辈,1971 年以泄露五角大楼文件著称的丹尼尔·艾尔斯伯格。在其短暂的历史中,维基解密吸引了严肃的关注和崇敬,特别是来自这位(也许在阿桑奇之前)世界上最为著名的揭秘者。正是艾尔斯伯格在 1970 年代早期泄露了大量秘密材料,众所周知的五角大楼文件,揭露了美国政府是如何一再地对关于他们在越南战争中的行径撒谎的。艾尔斯伯格由于这样仗义执言而付出了一个高昂的代价——他是美国历史上第一个因为泄密给媒体而被起诉的人。而且,他指出他是第一个因为"向美国公众揭露信息"而遭间谍罪起诉的人。艾尔斯伯格曾经被美国总统尼克松的国家安全顾问亨利·基辛格称为美国最危险的人。现在,艾尔斯伯格,一位口齿清晰、精力充沛的75岁老人,将接力棒传给了阿桑奇,并且还要更进一步。他同意阿桑奇是"世界上最危险的人的一个很好的人选",并且阿桑奇"应该对此感到自豪"。他早就提醒阿桑奇,称五角大楼已经召集了一个行动小组来追踪阿桑奇,动用美国庞大的情报搜集和监控机器,试图抓到他。

丹尼尔·艾尔斯伯格(1931—)有着与曼宁同样的经历,只是时间早了近40年。1964年,艾尔斯伯格出任负责国际安全事务的助理国防部长约翰·麦克诺顿的特别助理,1971年因私自拷贝并向媒体提供五角大楼机密文件为世人所知。作为高级情报分析员,艾尔斯伯格有机会接触大量美国国防部的机密文件,在整理这些文件的过程中,他被一系列的越战真相深深震撼了,因为这些文件准确无误地告诉他,前约翰逊政府的一些高官如何为了一己私利和政绩,一步步地误导美国民众,使美国陷入战争,导致数百万越南人和36万美国官兵身亡。在所有接触的文件中,艾尔斯伯格决定将五角大楼文件公之于众,该文件也称《美国-越南关系,1945—1967:一份国防部预先研究》,是美国国防部对1945—1967年间美国在越南政治军事卷入评估的绝密报告。在搜集完这份长达7000多页的绝密文件后,他向以如实报道著称的《纽约时报》提供了这份文件。

1971年6月上旬的一个星期天,《纽约时报》首次以头版报道方式发布,引起公众广泛关注。在1996年纽约时报的一篇报道中称,五角大楼报告"说明在除其他一些事项外,约翰逊当局系统地撒谎,不仅对公众,对国会亦如此"。由于被披露报告主要涉及约翰逊和肯尼迪政府时期,并未直接针对当时执政的尼克松,起初尼克松对此并未有所作为。然而,基辛格却认为若不对出版施压,会对未来保密产生负面影响。尼克松这才决定对艾尔斯伯格下手,他于1971年6月被捕。于是,修理艾尔斯伯格的大幕拉开了,同今天美国整曼宁和阿桑奇如出一辙,在一盘后来被解密的录音带中,身为总统的尼克松说话的口气与"黑手党"老大一模一样。尼克松说:"让我们将这个狗杂种投进监狱。"基辛格说:"我们已经抓住他了。"尼克松又说:"不要担心对他的审判……我们要用新闻媒体审判他,用媒体将他整死……明白吗?"基辛格和司法部长约翰·米切尔附和着说:"明白。"他们决定威逼他的心理医生将艾尔斯伯格抹黑成一个同性恋,并通过媒体宣传把他搞臭,逼他自杀。同时,他们还计划派打手进入艾尔斯伯格家,摧残其肉体,只不过事情败露,才未得逞。尼克松政府随后以窃取军事机密等12项重罪起诉艾尔斯伯格,如果罪名成立,他将面临115年的牢狱之灾。幸亏后来尼克松因"水门事件"倒台,法官才在各方压力下宣布将艾尔斯伯格无罪释放,从此他成为了美国人的反战英雄。

阿桑奇在伦敦被捕之后,2010年12月7日,艾尔斯伯格连同包括5名萨姆·亚当斯奖获得者在内的前情报人员和政府官员联合签署了一份支持阿桑奇的声明。这份如战斗檄文般的声明表明了这帮老揭秘者对阿桑奇这样的后辈们的鼓励和支持:"维基解密逗引着透明性这个精灵逃出了一个异常昏暗的瓶子,而在美国靠着秘密发迹的最有权势的势力正拼命试图把这个精灵塞回瓶子里。……《真理报》最近的一篇评论指出:'维基解密所做的事情让人们明白了为什么那么多美国人对政治冷漠……毕竟当权者所犯的罪行可能是令人窒息的,而爆发出来的无力感也可能是令人瘫痪的,尤其是当那些政府中的罪犯几乎总是能掩盖他们的罪行。'……因而,巴拉克·奥巴马、埃里克·霍尔德(司法部长)以及所有那些满嘴仁义道德、正义责任的人应该感到耻辱,他们允许战犯和施暴者在地球上自由自在地走来走去……美国人民应该感到愤怒，他们的政府已经从一个标榜自由、正义、宽容和尊重人权的国家转变为一个有着犯罪、掩盖、不义和伪善倒行逆施的国家。"老艾找齐了一些老哥们为阿桑奇撑腰，他们一同谴责：美国一些媒体叫嚣着要捉拿阿桑奇，更有嗜血的政客要干掉他，瑞典政府试图给他抹黑。声明谈到维基解密的动机，称他们要的就是简单的真相和对人权的关怀。用狄金森的话来说就是："没有任何东西……比朴素的真相来得更有力。"用曼宁的话说就是："我只想人们看到真相。"用阿桑奇母亲的话说就是："靠你所信仰的东西活着，为一件好事站出来……他（阿桑奇）看到了他所做的事情对于世界是一件好事，如果你愿意的话，与坏事做斗争。"声明强调，美国人与世界人民一样，需要摆在面前的真相来进行价值判断。有了维基解密，人们就能更好地看到真相。

2010年12月31日，在接受民主当前电视台采访的时候，老艾将曼宁和阿桑奇的揭秘行动与自己的揭秘行动进行了比较。他说："我听了司法部长霍尔德刚才在你们的节目中的讲话，我意识到他同40年前五角大楼文件爆发时的司法部长米切尔处在相同的位置上。"其实，老艾并不是第一个揭秘的人，但在他之前的揭秘者却没有一人受到起诉。为了对付老艾，米切尔动用了1917年的《反间谍法案》来对付他。今天，曼宁很可能以同样的罪名受到起诉，阿桑奇也正因为其网站揭秘行动而被加上不实罪名。在美国的法治体系中，拥有光荣的保障言论自由、新闻自由的《宪法第一修正案》，"我们并没有一部法律能够判定他们——维基解密、《纽约时报》和朱利安·阿桑奇——所做的一切是非法的。"因而，艾尔斯伯格说："如果我今天泄露五角大楼文件的话，同样的修辞和同样的罪名就会落到我头上。我就不仅会被称为一名叛徒——那是我那时所给的罪名，是既错误又带诽谤的——而我现在会被称为一名恐怖分子……

我不是一个恐怖分子，阿桑奇和布拉德利·曼宁同样也不是。"不同的时代，措辞总会跟上时代，例如老艾说中情局在不同时候，都避免使用"杀掉"（kill）这个词，而是使用诸如"抵消"（neutralize）、"消除"（eliminate）、"极端偏见"（with extreme prejudice）和"终结"（terminate）等等措辞，以掩盖杀人的行动。

2011年3月15日，还处在严格保释条件下的阿桑奇受到邀请，在剑桥大学学生会（CUS）发表了一个演讲。因为这是阿桑奇在2月24日法院宣布他将会被引渡到瑞典受审以来的第一次公开露面，因而备受关注，现场被多层保安围得水泄不通。他在揭露别人秘密方面的技艺已达炉火纯青的地步，但阿桑奇自己在剑桥学生会的露面却远非一个透明的事件。在会场外面四周的墙上到处都贴着海报，警告任何学生不要将这位维基解密创始人的讲演内容泄露出去。海报写着："不得摄像、拍照或记录，违者将被驱逐并取消会员资格。"除了牛津大学的两家学生报纸的记者被允许进入会场外，所有英国媒体都被拦在了会场之外。演讲的开始，阿桑奇表达了对入场限制的看法。他说："对我而言，他们禁止录音的规定有点儿严格，但我在某种程度上支持它。否则，演讲就会变成一场媒体发布会。"同时，提到自己的保释状态，阿桑奇表示"能够走出房间真好"。剑桥学生会主席劳伦·戴维森（Lauren Davidson）说："我们有时让媒体进入，有时不让。我们是一个私人成员的俱乐部，并且我们的目标是给予我们的成员能够接触当今社会最有意思和影响力的人物的机会。"

阿桑奇在此次演讲中提到了突尼斯的局势，突尼斯的一名水果摊贩以自焚的方式抗议政府腐败从而引发了大规模群众运动，阿桑奇表示，维基解密所公布的美国政府外交电文中提到了美国对突尼斯当局的军事援助，也是引发群众对政府不满的重要原因。在此次演讲中，阿桑奇也表达了对网络空间已经达到了极限的担忧，就如同它被作为一种揭秘重要信息的手段，网络也被国家当做了压制言论和监控反对的声音的手段。"当互联网成为一股坚持政府应承担责任的巨大力量，同时，它也成了史上最强大的间谍机器，"阿桑奇说，"这并不是一种对言论自由有利的技术。"演讲结束之后，听众对于阿桑奇的意见也是激烈地分成两派。一位三一学院的 20 岁的数学系大学生乔纳森·李（Jonathan Lee）说："总的来说，我认为他所做的事情是异常杰出的。我认为他向我们证明了政府保存着大量信息列为机密，而其中的大多数应该向公众公开。"还没等他说完，他的朋友，一位 18 岁的法律系学生克里斯·蒙克（Chris Monk）回答道："噢，得了，大多数那些揭秘的东西我们已经知道了。而我不得不同意有些信息需要保守机密这样的想法。我的意思是，将恐怖袭击的目标清单揭秘有什么好处呢？"而另一些人则更关心阿桑奇个人的透明度。"我尊重他作为一个人，以及他所做的事情和维基解密所公布的信息，"一个 19 岁的住在剑桥的一名牛津的学生罗宾·麦基（Robin McGhee）这样说，"但是作为一个支持公开性和透明度的人，我严重保留对他的看法，他把自己的故事看得那么紧。"不过，相比于其他人，世界媒体连篇累牍的报道已经将阿桑奇的那点儿事差不多快抖落完了。

维基解密的工作并不因为阿桑奇身陷性侵官司、人在埃林汉姆庄园而停止，网站继续爆料，挑逗世界的神经。在经历了最近几个月的解密低谷期之后，2011 年 4 月 8 日，在接受一家以色列报纸《特快新闻》(*Yediot Aharonot*)的采访的时候，阿桑奇重新在新闻媒体露面，发表自己的观点。他在英国的那座庄园里否认了最近对他反犹主义的指控，指出这些指控是"彻头彻尾捏造的"，旨在损害维基解密同那些犹太捐助人和伙伴的关系；并表示将在他那备受争议的维基解密网站上公布更多的文件解密，这次网站的焦点将转向以色列。以色列在 2010 年的大规模揭秘事件中逃过一劫，未受到多少损失，但阿桑奇宣布要在近期解密 6000 份与以色列相关的文件，估计会让以色列好受。此次揭秘还将包括部分有关阿拉伯国家的文件，阿桑奇还告诉这家以色列报纸说："我们最近解密的文件对阿拉伯国家的反叛起到了火上浇油的作用。"另外有美国使馆的电文声称，如果在突尼斯出现一个由军方支持的民众反叛，美国将支持军方。

  阿桑奇并没有指出这些文件的具体内容，但强调它们涵盖一个很广的范围。文件包括以色列阻止伊朗获得核武器的种种努力，此外，还有在加沙地带拯救大兵吉拉德·沙立特（Gilad Schalit）的行动，以及以色列可能涉及在迪拜和大马士革对真主党（Hezbollah）和哈马斯（Hamas）核心人物的刺杀事件。这些文件有可能对摩萨德和以色列国防军造成潜在的损失，文件将这个犹太国家和若干匿名的阿拉伯国家之间出人意料的紧密情报联系的细节公之于众，很可能让以色列的那些秘密盟友感到难堪。以色列的政治领导人也可能遭受打击，如同他们与其美国同行之间的关系一样。这些文件据称包括美国的报道，嘲笑在以色列领导人之间发生的内部"自私的战争"，以及反映美国对以色列定居点机会的尖锐批评的文件。另外的以色列外交电文则称，最近发生民众抗议而岌岌可危的巴林国王与以色列情报机构摩萨德（Mossad）维持非常友好的联系。新揭秘的外交文件还包括以色列对真主党日益上升的直接打击特拉维夫的能力的评估，该组织已经获得了一个超过 2 万枚导弹的军火储备。另外一份电文则显示，按照以色列特种部队的说法，埃及现役将军的首领穆罕默德·坦塔维（Mohammed Tantawi）妨碍了以色列阻止向加沙地带偷运武器的行动。

  2011 年 4 月 11 日，阿桑奇现身伦敦，出席一场由《新政治家》

(the New Statesman)杂志和前线俱乐部资助的辩论会,这是他被捕以来参加的第一场公共论坛。在为维基解密筹款的发言中,他强调了维基解密网站的透明度,他对在场的700名听众说,"我们比政府更负责任",因为政府是4年选一次的大买卖,选民4年才掏一次腰包,而"我们(维基解密)得到你们的直接支持,是一周一周地捐款。你们每周都用你们的钱包投票,你们来评价我们的工作是否有价值。如果相信我们错了,你们就不支持我们。如果你们相信我们需要得到保护进行工作,你们就保持我们强大"。谈到自己所遭受的性侵犯指控和伊拉克战争时,阿桑奇说:"我们能够知道信息是否合法地保守为机密的唯一途经就是当它被揭秘的时候。"不过阿桑奇的这番言论也遭到了"社会凝聚中心"(the Centerfor Social Cohesion)主任道格拉斯·穆雷(Douglas Murray)的质疑,他一直不满于阿桑奇的筹款和雇佣否认犹太大屠杀的以色列·沙米尔。穆雷质问阿桑奇:"什么给了你权力决定该知道什么还是不该?政府是人民选举的。而你,阿桑奇先生,不是。"穆雷还就其他一些方面对阿桑奇提出了质疑,双方发生了唇枪舌剑式的争执。阿桑奇在此次研讨会上并没有回应所有问题,他的律师斯蒂芬表示,他要在晚上的宵禁时间之前赶回埃林汉姆庄园。

2011年4月24日,维基解密开始揭秘来自关塔那摩监狱的779份机密文件,在未来的一个月里,每一名囚徒的详细信息将在该网站公布。在这一次最新解密的美国文件中,维基解密让世人看到了布什政府"反恐战争"的一个臭名昭著的图像——位于古巴关塔那摩湾的监狱,自从2002年1月11日开始直到奥巴马政府一直在运作,尽管奥巴马承诺在他第一年任期内将关闭该监狱。这些从2002年到2008年数千页的文件此前从未对媒体公开过,此次公布了779份文件中的758份,包括关押在该监狱的大部分囚徒的详细资料,都是来自隶属于美军迈阿密的南方司令部的关塔那摩湾联合作战部队（the Joint Task Force at Guantánamo Bay，简称 JTF-GTMO）所发布的备忘录。这些文件被指控是一年多以前美军士兵曼宁泄漏给维基解密的几十万份文件中的一部分。它们后来被《纽约时报》获得，并同《卫报》一同分享，都在 4 月 25 日刊登出来，都对文件做了删减，以免暴露提供信息的线人。《纽约时报》称文件并非通过维基解密获得，而是"通过另外一个匿名的揭秘者"。

这些文件包括关押囚犯中一名基地组织高级指挥官哈立德·谢赫·穆罕默德（Khalid Sheikh Mohammed）向审讯人员的交代材料，他声称恐怖组织已经在欧洲藏匿了一颗原子弹，一旦奥萨玛·本·拉登被擒获或被打死，原子弹就将引爆。（不过，这个恐怖分子的交代随着本·拉登的死亡尚需时间检验。）美国政府发现过好几起基地组织试图获得核武器的阴谋，并担心恐怖主义者已经买到了铀。这些备忘录文件都由当时在任的关塔那摩狱方官员签署，将每名囚犯按照危险性分为高、中、低三等。文件还根据假设的情报详细地解释了关押每名囚徒的原因。对于普通读者而言，这是最为引人入胜的部分，这些内容似乎能够对美国的情报工作提供一个非同寻常的视角。尽管如此，许多文件似乎承诺给出囚徒与基地或其他恐怖组织的联系，阅读起来要特别小心。揭秘的文件还为人们提供了了解全球范围内恐怖分子分布的线索。

一些名字后面编号为"ISN"的囚徒就是被确定为"高价值囚徒"（high-value detainees）或者"鬼囚徒"（ghost prisoners）。这些人包括：阿布·祖巴达（Abu Zubaydah，ISN10016），恐怖组织秘密军事训练营保卫，2002 年在巴基斯坦抓获，接受多次水刑，2006 年被转移到关塔那摩；伊本·阿里-沙赫·阿里-利比（Ib nal-Shaykh al-Libi，ISN212），上述军事训练营的指挥官，曾作为本·拉登恐怖活动的骨干，在中情局的多座监狱服刑，接受多次水刑，2006年被转移到关塔那摩，后于2009年5月自杀身亡；还有诸如沙尔卡维·阿布杜·阿里·阿尔－哈吉（Sharqawi Abdu Ali al-Hajj, ISN1457），也门人，基地组织的调解人；沙纳德·伊斯兰·阿里－卡孜米（Sanad Yislam al-Kazimi, ISN1453），也门人，他们都遭受过关"黑囚室"和肉刑等虐待。就在本书写作期间，2011年5月1日，美国总统奥巴马于白宫发表全国电视讲话，确认恐怖大亨本·拉登于当天凌晨在巴基斯坦境内的首都伊斯兰堡以北150公里的城市阿伯塔巴德一住宅内被美军击毙，并确定已获得他的遗体。事实上，有关本·拉登藏身之地的情报也是通过对关塔那摩的囚徒进行刑讯逼供的情况下获得的，一名囚徒供出了为本·拉登送信的人。然后，再通过其他情报搜集和跟踪的方式确认了本·拉登的藏身之所，最后再派出美军精锐的海豹突击队展开突袭行动，在交火中击毙了本·拉登。

这些文件揭示了许多外界难以想象的内幕。一位89岁的阿富汗村民被关在关塔那摩监狱，身患重病，老年痴呆，情绪沮丧；而另外一名14岁的男孩，是一名无辜的被绑架者，也被关在那里。文件显示大约有100名在关塔那摩囚禁过的囚徒患过情绪沮丧或精神病。一些具有英国国籍的人士和居民也被囚禁在那里长达数年，尽管美国当局知道他们并非塔利班或基地组织成员。一名叫贾马尔·阿里－哈里斯（Jamal al-Harith）的英国人被送到关塔那摩监狱，仅仅因为他曾经被关押在一座塔利班的监狱中，而被认为掌握了他们的审讯技术。文件还显示有大约150名无辜的阿富汗人和巴基斯坦人被关押在关塔那摩监狱长达数年，而未经起诉和审判，他们中包括农民、厨师和司机。监狱当局严重依赖对一小部分囚徒实施肉刑来获取信息。美国当局还将巴基斯坦的主要情报机构三军情报局（the Inter-Services Intelligence Directorate，简称ISI）作为一个恐怖组织，与基地组织、哈马斯、真主党和伊朗情报组织列在一起。

维基解密自诞生之日起，就批评声不断，官司缠身，遭遇各种抹黑、封堵、威胁，阿桑奇甚至不止一次地遭到过暗杀恐吓。一部分媒体人和政治评论家对阿桑奇一意孤行，将一个国家的最高机密公布在网站上，有可能成为恐怖分子利用的工具而感到严重不安。现任和卸任的美国政府官员更是将阿桑奇视为眼中钉，称他为"高科技恐怖分子"（high-tech terrorist）。其实，有时这些批评不仅来自外部，维基解密内部也时常会传出不同的声音。批评有时也会转换为实际行动，除了阿桑奇已经以性侵罪名被捕候审外，针对维基解密各种封堵措施从来未断过。在2010年泄露美国外交电报时，维基解密网站每天持续受到DDoS攻击，维基解密官方推特声称这些攻击是由美国政府主导的。维基解密网站所利用的亚马逊（Amazon）网站托管服务、贝宝转帐服务皆被关闭或终止，EveryDNS 也终止了维基解密的域名服务。

2010年8月，维基百科创始人之一吉米·威尔士就批评维基解密准备公布所有获得的美军机密资料的行为是不负责任的，他强烈谴责维基解密泄露阿富汗战争情报的做法，称这种做法可能"导致一些人因此丧命"。维基百科另一创始人拉里·桑格（Larry Sanger）在推特发言称维基解密不仅是美国政府的敌人，更是美国人民的敌人。威尔士还表达了对维基解密网站使用"维基"一词的愤怒。"维基"一词主要指网站允许不同用户相互协作、贡献内容的运作方式。"我想与维基解密划清界限，希望他们不要使用这个名字，他们并不是维基模式。不幸的是，他们最早出名的原因就是因为他们用了维基这个词。"他在吉隆坡的一个会议上如此表示。他还说："在最近一轮的泄密事件中，纽约时报已经对部分可能置人生命于安危的信息进行了编辑，而维基解密仍然100%公布这些内容。""我认为，敏感信息需要经过负责任的记者加以筛选才能公开。这比直接把所有信息都放到网上，然后导致部分人因此丧命要好得多。"威尔士表示，可能因此丧命的人包括那些在阿富汗工作的民间团体的"好心人"，因为如果他们在泄密的文件中被提到，其生活就会受到影响。他还表示，"我想维基解密创始人朱利安·阿桑奇（Julian Assange）也不想因为文件导致别人丧命，但如果他坚持不负责任地将所有信息都公开，他的做法就会给很多人带来生命威胁。"

在一些媒体支持阿桑奇的同时，也有不少媒体对阿桑奇和维基解密提出了批评。《理性》（Reason）杂志的资深编辑麦可·C.莫尼汉（Michael C. Moynihan）批评维基解密创始人阿桑奇及其支持者非黑即白的思维方式，特别指出阿桑奇本人把任何批评者都当做是政府、大公司或者中央情报局的傀儡。莫尼汉还指责维基解密的工作方式不透明。俄国《新报》记者尤莉雅·拉提妮娜（Yulia Latynina）质疑维基解密为何要雇用反犹并否认犹太人大屠杀之历史的以色列·沙米尔作为和俄国媒体接洽的代表人。《华尔街日报》专栏作家格洛维茨（G.Crovitz）指责维基解密追求的并不是信息开放，而是通过阻碍信息交流而肢解美国政府机构。《大西洋月刊》批评维基解密泄漏的文件打击了津巴布韦的民主运动，强化了专制力量；维基解密没有意识到完全曝光机密文档会带来灾难。《每日电讯报》专栏作家詹妮特·达莱（Janet Daley）以维基解密泄露了一份对美国家安全至关重要的设施清单为例，指责维基解密让无辜者成为恐怖袭击目标。达莱认为维基解密不仅并未扩展言论自由，而且还是反民主的力量。一份人权组织的杂志这样写道："维基解密曝光了政府的欺诈和谎言而成为一个全世界轰动一时的事件。但是根据现有的国际关系的性质，我们是否真的对政府说一套做一套感到惊讶呢？当各地的运动家都拥抱维基解密将其作为要求真相和正义的一次十字军运动的时候，然而，要政府开放的高调却是十足地自命不凡。维基解密不会终结秘密文化。如果真的发生了什么事的话，那就是它会促使政府把机密隐藏地更深，更加远离公众的视野之外。"

《华盛顿时报》2010年12月2日刊登了杰弗里·T.库纳（Jeffrey T. Kuhner）的文章《刺杀阿桑奇？——网络挑衅者破坏了反恐战争，威胁了美国人的生命》，这篇文章代表了某种对阿桑奇的极度恐惧和厌恶，不惜使用最后手段干掉他。库纳写道："朱利安·阿桑奇对美国的国家安全造成了一个明显的和现实的危险。维基解密的创始人不过是一个鲁莽的挑衅者。他正在帮助和挑唆恐怖主义者反对美国的战争。当局者必须——有效地和永久地——解决这个问题。"最近的维基解密将外交文件的泄漏就是阿桑奇的危险行为的最新例证，他将25万份美国外交电文发到网上，是对美国外交政策的一个重大打击。"外交的本质——尤其是一个超级大国的外交——就是能够秘密地主导谈判和举行会谈的能力。如果他们的谈话内容会被散布到世界主要报纸的头版，外国领导人将不会同美国的使节们进行任何敏感的商谈。"阿桑奇已经对美国发动了网络战争。然而，奥巴马没有认识到阿桑奇的危险性，只把他轻描淡写地看成是公众讨厌的人，而美国正在为奥巴马总统的这个疏忽支付惨重的代价。

库纳的文章同时指出，阿桑奇所泄漏的美国外交与军事机密对美国的反恐战争造成了严重威胁，例如电文中揭露了美国正与也门的独裁者阿里·阿卜杜拉·萨利赫（Ali Abdullah Saleh）紧密联手对付在也门的基地组织。如此以来，以圣战者自居的萨利赫不得不对狭隘、仇外并越来越伊斯兰化的也门民众表示他不会支持美国。于是，阿桑奇这么做等于帮助基地组织将异教徒美国人从也门赶出去。"这就是他一直想要的。这个39岁的澳大利亚人以一种争取政府'透明度'的斗士自居。他喜欢在媒体面前哗众取宠，把自己打扮成一个理想主义、一个勇敢的揭秘者,只希望得到真相来对抗'美帝国主义'。阿桑奇先生是一位反美的极端分子,他希望看到美国被其伊斯兰法西斯敌人所击败。他的目标就是在世界舞台上羞辱美国,将美国的所有道德和法律的——尤其涉及伊拉克和阿富汗战争的——合法性耗尽。"阿桑奇直接威胁到了美国士兵的生命。"他是一个十分活跃、肆意妄为的伊斯兰恐怖主义的推动者。他同奥萨玛·本·拉登或者艾曼·阿里-扎瓦赫里(Ayman al-Zawahri)同样具有威胁。简言之,阿桑奇先生不是一个新闻工作者或者出版商;相反,他是一个敌军的战士,瑞典政府以性侵犯两名妇女对他提起诉讼,就应该像这样对待他。"文章最后再次呼吁奥巴马政府采取断然行动,因为"世界正在看着这场荒谬、几乎超现实的景象,美利坚超级大国正无助地站在一个孤独的黑客面前。她的外交机密不再安全;她的盟国和朋友正在遭受背叛;她的网络敌人自由自在、逍遥法外。美国不再受到敬畏和尊重"。

一些学者也加入了对阿桑奇进行口诛笔伐的阵营。据美联社2010年12月3日的报道,就在维基解密公布了美国外交电文之后,一些作家和历史学家在纽约举行了有关的研讨会。普林斯顿大学历史学家西恩·威廉兹(Sean Wilentz)撰写过《美国民主的兴起》(*The Rise of American Democracy*)和《里根时代》(*The Age of Reagan*)等著作,他拒绝将维基解密同五角大楼文件事件相提并论,他说:"仿佛我们要站起来反对越南战争而且每个人都有一个权利——而不要一个责任——去扮演丹尼尔·艾尔斯伯格,事情不是这样的。"威廉兹称维基解密对透明与机密的理解是头脑简单的,他们这帮人简直对任何隐匿起来的国家行为都感到愤怒。詹姆斯·曼撰写过美中关系方面的著作,将这些维基解密公布的电文放到情境当中去思考是历史学家的事。他说:"这些备忘录讲述一个个故事,有些是非常有趣的，但是它们没有讲述故事的全部。是的，它还会引起一个反弹，在某种程度上反对将机密信息放入国务院电文的反弹，然而，一个更为广泛的反弹是在美国政府内将分布相当广泛的这些电文收紧的反弹。"美国宪法第一修正案专家、曾在五角大楼文件案中为《纽约时报》辩护的佛洛伊德·阿布瑞姆（Floyd Abrams）认为五角大楼文件案不能作为维基解密的案例援引。他批评维基解密的泄密动机仅仅是认为机密不该存在，而不顾忌会不会破坏任何议程。阿布瑞姆认为维基解密的行为将给美国新闻界带来厄运，美国新闻自由将受到限制。

据伊朗媒体2010年12月5日报道，伊朗高级人权理事会秘书长拉里贾尼（Larijani）指出，维基解密对美国外交机密的表面攻击，实际上是一场狡猾的阴谋。拉里贾尼称："维基解密泄露的文件像是在制造公众舆论，以改变美国在各国眼中的灾难形象。"维基解密公布的约25万份外交密电中，有些坦率评估了美国盟友，激起部分国家的愤怒，令美国重新审视其分享内部信息的方式。许多人以为，维基解密披露美国大量外交密电让美国处于尴尬境地，但其实这是美国为改善自身形象而策划的阴谋。"可能有10%左右的文件是真实的，譬如针对各使馆的密电，但即使这些文件也价值普通，未包含任何不同寻常的内容。"拉里贾尼称："他们公布这批文件，是为减轻世界公众舆论对美国施加的压力。"

维基解密的外交文件泄密或许可以让各国的"丑陋的政客交易暴露在光天化日之下"。在这些文件中还包括有关俄罗斯的部分，俄官方目前尚未就此作出反应，但在俄纽斯兰（newsland）等网站上，这一消息吸引了许多网民。一位名为贝克的俄罗斯网民表示，尽快公布这一资料吧，这样可以清除在外交部门的腐败和叛节分子。一个名为vitok7的网民表示，这显然是美国使馆资助或贿赂一些国家反对派的丑恶内幕的曝光，俄罗斯对此并不用过于担心。它只会损害美国的形象，对俄罗斯影响不会太大。此前，维基解密曾威胁准备公布关于俄罗斯的秘密，但俄罗斯对外情报局官员发出强硬声明称，维基解密网站如果披露俄罗斯机密，将会永远消失。尽管俄总理、总统口口声声称支持阿桑奇，甚至建议提名他为诺贝尔和平奖候选人，那是支持他揭美国的秘，一旦揭秘到自己头上，哪个国家都会避之唯恐不及。

对阿桑奇批评最激烈的莫过于美国政府和政界，这也是理所当然的事。而美国不少政要都几乎口径一致地将阿桑奇与"高科技恐怖主义"联系在一起。2010年5月，参议院少数党领袖米奇·麦克康奈尔（Mitch McConnell）称阿桑奇为"一名高科技恐怖主义者"，并且说："他对我们国家造成了巨大的损失。我认为他应该受到法律最广泛程度的起诉。"还是在5月，曼宁泄密事件东窗事发之后，前国会发言人纽特·金里奇（Newt Gingrich）说："信息恐怖主义导致人命损失，就是恐怖主义，而朱利安·阿桑奇正在从事恐怖主义。他应该被当做一名敌军战士来对待。"他也激烈抨击了奥巴马政府监管不利，导致大兵曼宁轻易就获得了超过25万份的机密文件，金里奇说："这个（奥巴马）政府在国家安全方面是如此的浅陋、如此的业余，这是令人痛苦和危险的。"

2010年8月3日，在阿富汗战争文件泄露之后，在接受民主当前电视台所进行一次电话连线采访的时候，在屏幕上的美国参谋长联席会议主席迈克·穆兰（Mike Mullen）在电话中与阿桑奇隔空过招，针锋相对。穆兰先发言："你只管不赞成这场战争，就政策提出问题，挑战我或者战场指挥官，质疑我们在完成我们被赋予的使命时所做的决策，但是，不要将那些一意孤行走上错误道路的人再往更加错误的地方推，以此来满足你的观点的需要。阿桑奇先生可以说他认为更伟大的善的那些东西,这正是他和他的那些揭秘者正在做的事情,但是,事实是他们可能已经在他们的手上沾上了某个年轻士兵或一个阿富汗家庭的鲜血。"阿桑奇在电话中对此的反应是:"据我们所知,没有发生过那种事情。因而,那只是一个猜想的指控。理所当然,我们会认真地对待任何无辜者,避免他们的名字被泄露。那就是为什么我们保留了15000份文件没有公开。"进而,阿桑奇开始发力,对穆兰和盖茨猛攻,他说:"这真是一件荒诞不经的事,罗伯特·盖茨在伊朗门事件时当过中情局的头儿,并监督伊拉克和阿富汗战争,而穆兰作为伊拉克和阿富汗的军事司令官——我不太清楚他进一步的背景,他们每天都在命令杀人,却还试图领着人带着主观猜想,来看我们的手上是否沾着鲜血。可以说,这两个人就是在那些战争中趟着鲜血过来的。"

据《卫报》2010年12月19日的报道,美国副总统乔·拜登(Joe Biden)当天出现在美国全国广播公司(NBC)的录音访谈中,他将阿桑奇比喻成一名"高科技恐怖主义者",这是奥巴马政府对他的最严厉的批评。拜登称阿桑奇通过泄密美国外交电文,将人命置于危险之中,致使美国在全球开展各项活动困难重重。不过,相对于白宫其他高级官员的更加血腥的评论,拜登的讲话还算温和,他说揭秘尚未造成重大损失。在被问到政府是否能够阻止进一步的揭秘,就像阿桑奇在前一周表示的那样,拜登只是说:"我们正在注意那件事。司法部也正在注意此事。"他没有做进一步解释。司法部正在努力找到可以用来起诉阿桑奇的法律制度。在问到阿桑奇是否是罪犯的时候,拜登似乎暗示,如果能够找到这位维基解密创始人唆使或者帮助过涉嫌泄密的美军情报分析员布拉德利·曼宁的证据的话,他会被认为是罪犯。拜登称这与一个记者收到泄密材料是不同的。拜登说:"如果他密谋从一名美国军事人员那里得到这些机密文件,另外一种情况是有人在你的膝盖丢了一份东西,然后说'你是一名媒体记者吧,这是机密材料',二者就有本质的不同。"在拜登看来,阿桑奇的所作所为"将世界各个地方人们的生命和职业置于损害和危险之中"。拜登强调外交电文揭秘已经对他产生了影响,他说:"他让我们与我们的盟友和我们的朋友开展活动更加困难。例如,在我的会谈中——你知道,我会见世界上大多数领导人——现在出现了一个倾向,他们要单独同我会谈,而不是房间里有其他人员。这把事情弄得很麻烦,因而,这已经产生了损害。"国务卿希拉里·克林顿在11月份已经带头对维基解密进行了批判,她谴责该网站加剧了对世界的一个"攻击"。

　　正因为如此,如同当年防止共产主义渗透的麦卡锡主义一样,美国各个联邦机构开始反维基解密运动。美国联邦政府在2010年12月对联邦政府雇员与特约员工寄出电邮,禁止他们阅读维基解密披露的文件,因为尽管已经广泛流传,但这些文件仍被政府列为机密。美国联邦政府称,维基解密泄漏的文件伤害美国国家利益,联邦雇员与特约员工有保护机密的义务,联邦政府同时表示,除非具备国家安全授权,否则不能阅读尚未被政府解除机密的文件。不过,有白宫官员表示,联邦政府并未建议政府部门封锁维基解密网站,也不禁止联邦雇员阅读关于维基解密的新闻报道,但政府要求联邦雇员万一下载了机密文件,必须要通知相关部门。此外,美国顶尖大学的国际关系相关学系也收到联邦政府的信件,呼吁他们要求学生不要散播相关机密,否则学生将来若从事外交工作,他们的保密能力将会受到质疑,部分知名大学已经发出电邮要求学生注意。而应泄密案,联邦政府已经着手实施名为爱因斯坦二号与爱因斯坦三号的网络安全工程,爱因斯坦二号工程已经开始严密保护政府2400多个网络接入点,但这只覆盖美国110个政府机构当中的20

个,至于更复杂却能有效阻止黑客入侵的爱因斯坦三号工程,才刚完成测试,可能需要好几年才能够完全实施。

对维基解密的批判不但来自外部,也来自于内部。在技术上,维基解密几乎是立于不败之地了。贝宝、万事达和维萨也不太可能彻底截断它的资金来源。(这让人想起鲍勃·迪伦的一句歌词:"金钱不说话,它诅咒。")目前情况下,真正能威胁到维基解密生存的还是该组织自身。即使是那些对阿桑奇的管理风格提出挑战的人也会承认,维基解密所运用的错综复杂的计算机技术和财务结构,抵挡住了网站的敌人的攻击,全都依靠其创始人。若不是阿桑奇染上桃色事件,维基解密本可平安无事。通常阿桑奇可以通过互联网有效地控制维基解密,即使是远程管理,他的领导风格也是专横的。他警告其成员,没有他组织就会解体。他说:"我们曾经是一个团结的整体,也许以后几个月就会面临死亡境地。"到了2010年年底,由于性侵案缠身,阿桑奇有点儿自顾不暇,果然组织内部出现了管理混乱的状况。然而,除阿桑奇的被捕之外,组织内部的分裂是对维基解密的另一个重大打击。曾经帮助建立维基解密网站的杨说:"维基解密最终会被竞争对手,而不是政府打倒。现在已经有数百个网站在提供类似的服务,但多数人都没听说过。有些是为了钱,有些则为了更深的原因。"

《纽约时报》的文章《亡命天涯、丑闻缠身的维基解密创始人》(Wiki Leaks Founder on the Run, Trailed by Notoriety)称,维基解密面临了成立以来一次最大的内部危机,但他身边一些最密切的合作者还是开始纷纷叛离。一名置身事外的冰岛志愿者斯马利·麦卡锡(Smari McCarthy)说,"大约有十几个"失望的志愿者最近离开了。《纽约时报》的记者在冰岛、瑞典、德国、英国和美国采访了数十名与阿桑奇一起工作过并支持他的人士,浮现出来的这位维基解密创始人的形象，都是从一个最初具有原创精神和领袖魅力的人，随着名声日盛转变为一个刚愎自用、独断专行和变化无常的人。这可能是不少人离开的重要原因。赫伯特·斯诺拉森（Herbert Snorrason），一名25岁的冰岛政治活动家，在一次网上的交流中，他对阿桑奇先生的判断提出了问题，阿桑奇毫不妥协。"我不喜欢你说话的口气。"阿桑奇在给他的回复中这样说。"如果下次再这样，你就给我走人。""如果你对我有疑问……"阿桑奇对他骂了一句脏话，然后说他就必须离开。斯诺拉森说，在伦敦，阿桑奇对批评他的那些人不屑一顾。

维基解密前德国发言人、公开解密（Openleaks）创建者丹尼尔·多姆沙伊特伯格（Daniel Domscheit-Berg）指责维基解密背叛了初始原则，成为不中立的政治角色。多姆沙伊特伯格一直作为维基解密在德国的发言人的身份出现在公众目前，他当时使用一个化名：丹尼尔·施密特。多姆沙伊特伯格还批评维基解密的泄密方式创造了一个获取泄密资料的交易市场。多姆沙伊特伯格在脱离维基解密时指责维基解密公开了阿富汗美军线人的身份。阿桑奇拒绝承认多姆沙伊特伯格的离开给网站带来实质性的影响，他强调网站的40名核心成员同分散在全球的800名志愿者仍在努力为网站工作。多姆沙伊特伯格以及其他前维基解密成员所成立的公开解密于2010年9月开始筹划，2011年1月26日，该网站正式运营，其目标是"让揭秘更安全和更广泛"。

据英国《每日邮报》2011年2月11日报道，维基解密网站前媒体发言人丹尼尔·多姆沙伊特伯格（Daniel Domscheit-Berg）在其新书《维基解密内幕：我在全世界最危险网站的日子》中披露了阿桑奇鲜为人知的故事，同时也将他与阿桑奇的恩恩怨怨公之于众。他提到自己在一次计算机活动家的研讨会上第一次见到阿桑奇，他心里想:"这么酷的家伙。"2007年11月,当时在一家大型美国公司上班的丹尼尔进入了维基解密的聊天室,他问自己可以做点儿什么。两天后,阿桑奇给他一个回复:"还对一份工作感兴趣吗?"从那以后,他和阿桑奇的关系就变成了仆人和主人、门徒和教主(guru)、小弟和老大。丹尼尔自称愚钝而实心眼儿,死心塌地做了阿桑奇的跟班,甚至到了替他拎包的地步。而另一方面,39岁的阿桑奇才华横溢,但他是个自恋狂,很少注意到替他鞍前马后忙活的丹尼尔。多姆沙伊特伯格认为阿桑奇独裁专制,其网站已经偏离了创立的初衷,除此之外,维基解密在管理层面上也有诸多问题,遂萌生了自立门户单干的想法。他对他与阿桑奇之间的关系发展到今天的地步感到"遗憾",毕竟,按照他自己的说法:"我们曾经有过异常伟大的时刻。我们在一起成就过伟大的事业。"

该书将阿桑奇称为维基解密里的"皇帝",为了能够成为公众人物,他极力追求自己的曝光率。多姆沙伊特伯格在书中称,阿桑奇不一定是反美的,尽管在2010年中,维基解密所公布的资料都是针对美国的。一些批评阿桑奇的人也指出,他总是追着美国死掐。阿桑奇在伦敦曾经说过,美国正日益成为一个军事化社会并成为对民主的一个威胁。他还说:"我们曾经遭到过美国的攻击,所以我们被逼到一个必须保卫自己的地步。"然而,阿桑奇选择美国是由于对美国外交政策的反感以及他要寻找一个可能的最强大对手。"他必须挑选出世界上最强大的国家。"丹尼尔写道,"你自己的地位是由你的敌人来衡量的。为什么他要将他的战斗精神花在非洲或者蒙古以及同泰国王室吵来吵去呢?"告诉全世界他被美国中央情报局追杀,远比最后死在非洲的某个监狱里或者穿着水泥靴子沉入俄罗斯的某条河流来得更具吸引力。而且,他一夜之间就能登上世界媒体的新闻头条。

在新书中，阿桑奇的形象从"充满想象、活力四射、杰出卓越"到"变态偏执、充满权欲的自大狂"。该书还揭秘了阿桑奇个人生活方面的一些毛病，部分是个人习惯，另外一些则是人品道德。阿桑奇糟糕的个人卫生和饮食习惯表明，他似乎是被狼抚养大的。此外阿桑奇还喜欢虐待猫。阿桑奇从来在买单的时候都要别人付钱，吃东西的时候只顾自己。书中称阿桑奇追求女性的首要标准很简单，她必须足够年轻，最好22岁以下。而且他更喜欢那些"知道自己角色"、"不对他提问"的女人。丹尼尔说，朱利安并不像典型的男人那样分别喜欢女人的腿、胸部和臀部，相反，他是男人中的极品，他喜欢三合一通吃。丹尼尔还提到："阿桑奇经常夸耀他在世界各地有许多私生子，在调查他最近的出轨事件的瑞典法院很可能对这些信息感兴趣。"至于他是否尽到父亲的责任或者他们是否真的存在，则是另外一个问题了。他说："我的书中包括了维基解密网站的兴衰沉浮，里面有许多积极的故事，当然也有我对阿桑奇的公开批评。"

针对这本新书，维基解密网站现任发言人克里斯汀·拉芬森称，他们将起诉多姆沙伊特伯格。发言人还谴责多姆沙伊特伯格夸大自己在维基解密网站中的地位，称其只是该网站在德国的发言人。拉芬森否认他曾经是该组织的一名"程序员、计算机科学家、安全专家、建筑师、编辑、创立者或董事"，多姆沙伊特伯格在组织的角色非常有限，维基解密称他是因为"行为恶劣"而离开的。维基解密还指责多姆沙伊特伯格破坏了组织的基础设施以及"盗取资料"。多姆沙伊特伯格在自己的书中也提到，当他离开维基解密的时候，他带走了3000至3500份文件，他声称将它们留给阿桑奇是"不负责任的"，他并没有提到文件的内容或来源。

胡安·罗德里格斯在2011年4月27日的《温哥华太阳报》上

发表了一篇文章《在一个政治正确社会的言论自由》，文章强调，互联网的言论自由正带来前所未有的混乱，合理的控制是当务之急。作者写道："如果阿桑奇没有揭秘，其他人一样会做。只需要一两个人——在美国的例子中，只有被指控泄露了美军机密信息的大兵曼宁——让闸门打开。在我们这个互联网的潘多拉盒子式的世界中，机密的闸门不可能永远被打开。"喜欢它还是不喜欢它，开放性——发现材料并即时传播的能力——就是互联网的存在合理性，必须认真对待这种现象。理所当然，我们怀疑美国政府——事实上，所有政府——都撒谎，但是，现实一些的考虑是至少他们那样做是为了公众利益，阻止混乱。真相给出细节，而魔鬼就在细节中。斯拉沃热·齐泽克（Slovoj Zizek）在《伦敦书评》杂志撰文，将阿桑奇比喻为《黑暗骑士》(*The Dark Knight*)中的小丑："这部电影的信息在于撒谎对于维持公众士气是必须的。难怪唯一的真相角色就是那个小丑，超级坏蛋。"因而，莎拉·佩林敦促政府"要像追捕塔利班一样追捕维基解密的头目"。

　　文章指出，目前互联网没有建立真正有序的"思想的自由市场"，无差别地传播任何信息和当权者强力封杀成了两个极端。传统的秘密和隐私概念——从政府文件到脸书八卦——都乱哄哄地被互联网时代和网络黑客曝光到了网上。透明度是对撒谎和捏造事实的政府和政客的诅咒，公民很少走入紧闭的（政府）大门后面。仿佛政府正回响着杰克·尼科尔森（Jack Nicholson）在《几个好人》(*A Few Good Men*)一书中的那句话："真相？你们根本没法应付真相！"就如同传统媒体被博客所取代一样，只有精英才能分享机密的观念也同样被颠覆了。通过倡导极端的透明度，《新共和》杂志的杰弗里·罗森（Jeffrey Rosen）写道：维基解密"采取了这样的立场，秘密永远是非法的——这个观点没有认识到某种形式的揭秘可能导致可怕的非正义"。但是难道秘密就不会导致那样的结果吗？罗森继续写道，维基解密事件引起的"真正危险在于一个反对自由表达的逆流，会导致一个不断升级的冲突，一方面是权势，另一方面是混乱，因而理性的民主讨论变得不可能。那是维基解密想要创造的可怕世界"。然而，甚嚣尘上的"显赫人物"和沸沸扬扬的博客一族，难道我们不是正生活在那种世界中吗？文章最后指出，互联网还处在其婴儿期，而这是停下来思考一下的时候，在人类行为的深刻变化中，包括一个明显的尊严的缺失。同时，我们正等待着去把握它的成熟期。

◎第八章

阿桑奇启示录

维基解密形成了跨越国界的虚拟组织，其目的就是"通过不可追逐的大规模文件泄密和分析"，形成"未经审查的维基百科"，这样一来，维基解密就成为一个为所有人进行文件分析和评估的自由和匿名的论坛。同样地，维基"打开政府"（open government）的口号也表现在信息流动的跨国性上，正如该组织的宣言中称："我们相信不仅是一个国家的人民能够保证他们的政府诚实，还需要一直监督那个政府的其他国家的人民。"

阿桑奇不是一个基督徒，他在各个方面都是一个离经叛道者。然而，他秉承了西方文化中的信仰自由、言论自由和新闻自由的传统，并在一个互联网时代将这种传统发扬光大。这个传统来自于苏格拉底为了自己的思想饮毒鸩而死,来自于耶稣基督为了信仰殉难,来自于《圣经·路加福音》(12章2-3节)的教导:"掩盖的事,没有不露出来的。隐藏的事,没有不被人知道的。因此你们在暗中所说的,将要在明处被人听见。在室内附耳所说的,将要在房上被人宣扬。"这种传统也与启蒙运动以来的西方思想解放和宪政观念一脉相承,弥尔顿、洛克、孟德斯鸠、伏尔泰、美国国父们、托克维尔、密尔坚持的一个底线就是,让百姓有知情权才能遏制政府的可能的恶。

英国政论家、文学家约翰·弥尔顿(John Milton,1608—1674)于1644年撰写了《论出版自由》一书,书中提出:"让我凭着良知自由地认识、自由地发言、自由地讨论吧。"第一次明确提出,言论出版自由是一切自由中最重要的自由权利。他呼吁:让我有自由来认识、抒发己见、并根据良心作自由的讨论,这才是一切自由中最重要的自由。"思想的自由市场"最早是由弥尔顿提出的。弥尔顿认为真理是通过各种意见、观点之间自由辩论和竞争获得的,而非权力赐予的。必须允许各种思想、言论、价值观在社会上自由的流行,如同一个自由市场一样,才能让人们在比较和鉴别中认识真理。他在书的开篇引述了古希腊戏剧家欧里庇得斯在他的一部戏剧中的一段诗歌:

> 这是真正的自由,当生而自由的人,
> 必须对公众谏言时,能够自由表达,
> 能够且愿意如此而行之人,理应得到崇高赞美;
> 不能或不愿如此而行之人,也应保持内心平静:
> 难道还有比这样一个城邦更加正义的吗?

在弥尔顿的《论出版自由》发表之际，正值英国内战正酣之时。为了维护国王查理一世的统治，英国皇家的"星法院"规定国王的权力至高无上，任何对国王的指责都是被禁止的。《诽谤法》并不保护讲真话的人，因为其使命就是禁绝一切对政府的批评。"星法院"在1641年英国资产阶级革命之后被撤销，但是国会在1643年又制定了新的新闻检查法，规定未经检察官的审查批准，不许印发任何书籍和小册子。在1647年又先后发布《印刷限制令》和《印刷令》。斯图亚特王朝复辟后，1662年查理二世再次颁布印刷品检查法，强化对舆论的控制。在检查制度下，许多人因言获罪，受到人身迫害，或者仅仅因为法官一时的脾气而被罚款或入狱。1689年的《权利法案》是英国最重要的宪法性法律，该法第9条规定："国会内之演说自由、辩论或议事之自由，不应在国会以外之任何法院或任何地方，受到弹劾或询问。"这虽然只是就议员在国会的言论的特许权的规定，但是连同法案中规定的人民请愿权，可以认为是在宪法上最初就言论自由做出的规定。

孟德斯鸠男爵，名夏尔·德·塞孔达（Charles de Secondat, Baron de Montesquieu, 1689-1755）是法国启蒙时期思想家、社会学家，是西方国家学说和法学理论的奠基人。他认为人民应享有宗教和政治自由，并且他给出了"什么是自由"这个问题的经典答案："自由是做法律所许可的一切事情的权利；如果一个公民能够做法律所禁止的事情，他就不再有自由了，因为其他的人也同样会有这个权利。"他认为决定法的精神和法的内容是每个国家至关重要的。保证法治的手段是"三权分立"，即立法权、行政权和司法权分属于三个不同的国家机关，三者相互制约、权力均衡。法律的责任在于惩罚外部行为，孟德斯鸠强调对人的思想和言论定罪是暴政。他引用了一个古罗马的例子说明："马尔西亚斯做梦他割断了狄欧尼西乌斯的咽喉。狄欧尼西乌斯因此把他处死,说他如果白天不这样想夜里就不会做这样的梦。这是大暴政,因为即使他曾经这么想,他并没有实际行动过。"同样,如果不谨慎的言词可以作为犯大逆罪的理由的话,则人们便可最武断地任意判处大逆罪了。"语言可以做出许多不同的解释。不慎和恶意二者之间存在极大的区别,而二者所用的词语则区别很小。因此,法律几乎不可能因言语而处人以死刑,除非法律明定哪些言语应处此刑。"

美国的民主价值观有着捍卫人的知情权的强大传统。阿列克西·德·托克维尔在1835年写成的《论美国的民主》一书中论述美国的出版自由:"在某些自称自由的国家,每个政府工作人员都可能犯法而又不受惩罚,因为它们的宪法没有给予被压迫者以向法院控告官员的权利。在这样的国家,出版自由就不仅是公民的自由和安全的保障之一,而且是这方面的唯一保障。因此,如果这种国家的统治者宣布废除出版自由,全体人民可以回答说:'如让我们到普通法院去控告你们的罪行,我们也许同意不到舆论的法院去揭露你们的罪行。'在完全按人民主权理论施政的国家,设立出版检查制度不仅危险,而且极其荒谬。……因此,出版自由和人民主权,是相互关系极为密切的两件事;而出版检查和普选则是相互对立的两件事,无法在同一个国家的政治制度中长期共存下去。生活在美国境内的1200万人,至今还没有一个人敢于提议限制出版自由。"按照托克维尔的说法,任何一个个体将当权者的暴行公之于众是同恶势力做斗争的一种重要途径。美国建国之初的出版业(报纸、书籍、小册子)就是所谓"舆论法庭",其作用同今天的网络异曲同工。

以美国为代表的媒体文化本身是美国民主制度的一个重要组成部分,甚至在美国建国之前,媒体就以一种人们意想不到的方式影响着美国人的政治生活。在美国建立殖民地之时,已经有全世界最高的识字率,"不管人们对于那些新英格兰的新居民们有过怎样的评述,最重要的一个事实就是:他们以及他们的子孙都是热诚而优秀的读者,他们的宗教情感、政治思想和社会生活都深深植根于印刷品这个媒介。"17世纪早期,欧洲和世界其他地方,读书写字还都是上流社会、达官贵人、文人墨客的专利,而在美国,情况则大为不同。"在殖民地时代的早期,每个牧师都会得到10英镑来启动一个宗教图书馆。虽然当时的文化普及率很难估计,但有足够的证据表明,在1640到1700年之间,马萨诸塞和康涅狄格两个地方的文化普及率达到了89%—95%。这也许是当时世界上具有读写能力的男人最集中的地方了。(在1681年到1697年之间,殖民地妇女的文化普及率大约为62%)。"到了1650年之后,几乎所有的新英格兰城镇都通过了法令,要求建立"读写学校",一些大的社区还要求建立语法学校。这些法令都提到了撒旦,认为他的邪恶力量将被教育摧毁,人们普遍认为:"公立学校是知识的源泉,学习是人们神圣的权利。"

在这样一个阅读蔚然成风的地方,托马斯·潘恩1776年1月10日所出版的《常识》一书能在3个月之内就卖掉10万册(按人口比例,相对于现在2个月内卖掉800万册),也就不足为奇了。这种信息和知识的普及的一个很有趣的结果就是后来托克维尔所观察到的,在《独立宣言》中"人生而平等"起草之前,美国已经成为一个非常平等的社会:"在美国,人的知识处于一种中等水平。所有人都接近这个水平,有的人比它高一点,有的人比它低一点。因此,许许多多的人,在宗教、历史、科学、政治经济学、立法和行政管理方面,具有大致相等的知识。……至于一个人的智力对另一个人的智力的影响,在公民们的素质差不多完全一样的国家里,必定极其有限,因为大家的能力非常接近,谁也不承认别人一定比自己强大和优越,大家都时时以自己的理性进行判断,认为它才是真理的最明显和最近便的源泉。"除了表现在财富方面的平等外,获取信息的机会和能力方面的平等也正是美国人的平等传统之一。阅读的普及刺激了人们参与政治决策的诉求,报纸和小册子等媒体成为了大众获取信息和表达意见的最好媒介。《波士顿新闻信札》出版于1704年,它被认为是第一份连续发行的美洲报纸,此后一个世纪里,报纸的数量增加到了180种。到18世纪末,萨缪尔·米勒教士自豪地宣称,美国已经拥有相当于英国三分之二的报纸,而人口只占英国的一半。托克维尔观察到,在美国的各党派都是通过发行小册子(相当于今天的发帖子和博客)而不是写书来攻击对方,印刷术为各个阶层的人们打开了同样的信息之门。

由乔治·梅逊拟写并交弗吉尼亚议会于1776年6月12日通过的《弗吉尼亚权利法案》,对公民的基本权利做出了雄辩声明,最终上升为至高无上的法律。它宣称:"新闻自由是一切政治自由的基石,任何一个民主政权都绝不应妨碍这种自由。"同样规定:"出版自由乃自由的重要保障之一,绝不能加以限制;只有专制政体才会限制这种自由。"与之类似,在1780年的《马萨诸塞宪法》中规定:"新闻自由对于保障一个国家其他自由而言必不可少。在新的联邦政府中,这一自由不容妨害。"以此为基础,《美国宪法第一修正案》正式规定,国会永远不许制定妨害新闻自由和言论自由的法律。新闻自由制度在美国正式确立。

也许人们能够找到的对言论自由最为强有力的辩护来自于英国哲学家约翰·斯图亚特·密尔(John Stuart Mill,1806—1873)的名著《论自由》,书中第二章《论思想自由和讨论自由》中写到:"假定全体人类统一执有一种意见,而仅仅一人执有相反的意见,这时,人类要使那一人沉默并不比那一人(假如他有权力的话)要使人类沉默较可算为正当。……迫使一个意见不能发表的特殊罪恶乃在它是对整个人类的掠夺,对后代和对现存的一代都是一样,对不同意那个意见的人比对抱持那个意见的人甚至更甚。假如那意见是对的,那么他们是被剥夺了以错误换真理的机会;假如那意见是错的,那么他们是失掉了一个差不多同样大的利益,那就是从真理和错误冲突中产生出来的对于真理的更加清楚的认识和更加生动的印象。"密尔是将"思想的自由市场"理论化的第一人。"思想的自由市场"以及与之相关的"观点的自我修正"理论后来称为自由主义新闻学的理论根基,也是西方新闻自由和言论自由的理论根基。尽管在20世纪50年代受到了来自美国社会责任理论的修正,但至今仍对西方新闻界产生着强大而持久的影响。

密尔捍卫言论自由的理由有两个:一、我们永远不能确信我们所力图窒闭的意见是一个谬误的意见;二、假如我们确信,要窒闭它也仍然是一个罪恶。"所试图用权威加以压制的那个意见可能是正确的。要想压制它的人们当然否认它的正确性。但是那些人不是不可能错误的。他们没有权威去替代全体人类决定问题,并把每一个别人排拒在判断资料之外。若因他们确信一个意见为谬误而拒绝倾听那个意见,这是假定了不可能错误性。"如果政府或者大多数人确信某种意见是正确的,而禁止所谓有害的事,其罪恶在于可能导致不会有任何新思想的产生。"假如我们因为我们的意见可能会错误就永不本着自己的意见去行动,那么我们势必置自己的一切利害于不顾,也弃自己的一切义务而不尽。"因而,信仰自由和言论自由的重点就是通过自己的理性形成"最正确的意见",然后敢于表达。"但是一到他们确信了的时候,若还畏怯退缩而不本着自己的意见去行动,并且听任一些自己认为对于人类此种生活或他种生活的福利确有危险的教义毫无约束地向外散布,那就不是忠于良心而是怯懦了。"

密尔在书中通过四点分析让人们认识到意见自由和发表意见自由对于人类精神福祉的必要性（人类一切其他福祉是有赖于精神福祉的）。这四点就是："第一点，若有什么意见被迫缄默下去，据我们所能确知，那个意见却可能是正确的。否认这一点，就是假定了我们自己的不可能错误性。第二点，纵使被迫缄默的意见是一个错误，它也可能，而且通常总是，含有部分真理；而另一方面，任何题目上的普遍意见亦即得势意见也难得是或者从不是全部真理：既然如此，所以只有借敌对意见的冲突才能使所遗真理有机会得到补足。第三点，即使公认的意见不仅是真理而且是全部真理，若不容它去遭受而且实际遭受到猛烈而认真的争议，那么接受者多数之抱持这个意见就像抱持一个偏见那样，对于它的理性根据就很少领会或感认。不仅如此，而且，第四点，教义的意义本身也会有丧失或减弱并且失去其对品性行为的重大作用的危险，因为教条已变成仅仅在形式上宣称的东西，对于致善是无效力的，它妨碍着去寻求根据，并且还阻挡着任何真实的、有感于衷的信念从理性或亲身经验中生长出来。"

言论自由是按照自己的意愿在公共领域自由地发表言论以及听取他人陈述意见的权利。近来，它通常被理解为包含了充分的表述的自由，包括了创作及发布电影、照片、歌曲、舞蹈及其他各种形式的富有表现力的信息。言论自由通常被认为是现代民主中一个不可或缺的概念，在这概念下，它被认为不应受到政府的审查。然而国家可能仍然处罚某些具有破坏性的表达的类型，如明显地煽惑叛乱、诽谤、发布与国家安全相关的秘密等等。不过，如法国政治学者托克维尔指出，人们对于自由地发表言论有所疑虑，可能不是因为害怕政府的惩罚，而是由于社会的压力。当一个人表达了一个不受欢迎的意见，他或她可能要面对其社群的蔑视，甚至遭受猛烈的反应。因而，社会习俗、文化、宗教、传统、技术手段、社会结构都有可能成为决定言论自由程度的一个因素。例如在一个传统的长幼有序的社会中，年轻人就不太敢在年纪大的人面前说话（或者说实话），而在网络匿名条件下，就不再存在身份观念，诸色人等自由表达、讨论的空间加大。

在这些思想家的理论阐述基础上，欧美国家在18—19世纪普遍完成了对天赋人权下言论自由和新闻自由的立法。著名的法国《人权宣言》在其第11条中规定："自由传达思想和意见是人类最宝贵的权利之一；因此，每个公民都有言论、著述和出版的自由，但在法律所规定的情况下，应对滥用此项自由负有责任。"在随后的国际人权方面立法实践中，言论自由受到各种立法体系的保护。例如，《世界人权宣言》中的第十九条："人人有主张及发表自由之权；此项权利包括保持主张而不受干涉之自由，及经由任何方法不分国界以寻求、接收并传播消息意见之自由。"再者，《公民及政治权利国际盟约》第十九条："一、人人有保持意见不受干预之权利。二、人人有发表自由之权利；此种权利包括以语言、文字或出版物、艺术或自己选择之其他方式，不分国界，寻求、接受及传播各种消息及思想之自由。三、本条第二项所载权利之行使，附有特别责任及义务，故得予以某种限制，但此种限制以经法律规定，且为下列各项所必要者为限：（甲）尊重他人权利或名誉；（乙）保障国家安全或公共秩序，或公共卫生或风化。"

美国的整个宪法体系都依赖于自由表达，无论对于参与性民主的目的，还是对于确保人民拥有他们理智地进行投票所需的信息。美国最高法院表达过美国宪法体系的一个基本原则就是："保持自由政治讨论的机会，为着政府能够对人民的意愿做出反应。"一个相关的理念就是，自由表达作为对于滥用权力的一个制约是必要的。最高法院法官路易斯·布拉德斯（Louis Brandeis）将这一理念表达为现在的一句名言："阳光是所有消毒剂中最强有力的。"他警告说："打击思想、希望和想象是有害的；恐惧生压制；压制生仇恨；仇恨则威胁稳定的政府；通往安全的道路在于有机会自由地讨论假设的抱怨牢骚和建议的解决之道；对于恶意的忠告提出适当的解决办法，是将其转换为善意的最好办法。"换言之，尽管有些话我们可能不喜欢听，但允许人们表达出他们的观点，让他们的思想亮出来，这样我们就可以回应他们。让那些我们不同意他们观点的人闭嘴并不能改变他们的观点，只会增加他们的怨恨。自由表达对于"个人的自我完善"也是必需的。"通过交流，我们将自身与别人联系起来，表达我们的思想和情感，并发展我们的个性。同别人交谈在增长我们的思考能力方面是有指导性的。它帮助我们形成我们的信仰和观点，促进自我决策。当别人倾听我们所说的话的时候，我们发展出了自尊。对我们能够说的话设置界限，损害我们的尊严感。"

狄更斯在《双城记》开头的那段名言几乎可以用来描述任何时代，我们的时代也不例外："这是最好的时期，也是最坏的时期；这是智慧的时代，也是愚蠢的时代；这是信任的年代，也是怀疑的年代；这是光明的季节，也是黑暗的季节；这是希望的春天，也是失望的冬天；我们的前途无量，同时又感到希望渺茫；我们一齐奔向天堂，我们全都走向另一个方向……"在互联网时代，每一个可能性都是开放的。网络为我们开启一个最好的时代，人类终于有可能进入类似希腊神话中"丰饶之角"的信息充分的境地；同时，它也将装在瓶子里的妖怪放了出来。

今天，人们处于一个"自媒体"时代，人人都如同重要人物一样在博客或脸书上发表自己的观点，人们正进入了一个思想自由的"百花齐放、百家争鸣"的时代。此时出现了维基解密传奇，以及秘

·205·

密与透明度之间的拉锯战。信息带来透明度的提高，同时也可能导致混乱的蔓延。《在一个个人电脑社会的言论自由》一文指出我们的时代特征："言论自由在一个后9·11世界——推特、脸书和维基解密的时代——是一个热门和敏感的话题。如同北非和中东发生的事件所显示的那样，世界处于喧嚣骚动之中，革命蜂起，从民众游行到恐怖袭击，政权如同多米诺骨牌在我们眼前纷纷倒落，而互联网正处在这暴烈的飓风中心。"北非和中东的革命在很大程度上可以看成是维基解密革命，民众不但希望得到信息，还可能传播信息，利用信息，信息引起的飓风可能席卷一切原有的秩序。

学者巴克莱（Buckley, A.M.）在他的《无政府主义》一书中将当今基于互联网的维基解密看成是无政府主义在这个时代的典型代表。互联网是无政府主义发展到当代的一个重要例证。"从组织而言，不存在一个集中的权力来控制互联网。取而代之的是一系列相互作用、相互联系以及共同分享信息的自治的个体、社团、社会团体和新闻媒体。"但是，互联网上的自由也是脆弱的，它会遭遇政府的各种管制，因此需要互联网上的个体以某种方式对抗集权，以捍卫个人自由。由澳大利亚人朱利安·阿桑奇所创办的"维基解密，是由全世界的自治个体和集体构成，共同工作以实现在媒体和政府方面消除机密和促进透明度的目标。全世界的人都可以匿名地提供信息，而由维基解密将其公布"。维基解密的结构类似一个无政府主义团体。参与维基解密的工程师、行动主义者、记者这么做，几乎完全基于自愿，并且相信网站的目的。集中化的权威被组织化的参与所取代。"该组织也同样抱有无政府主义的理念，反对制度化政府的官僚主义和狭隘性。成立于这样一个时代，大公司的首要目的是利润而非新闻，正日益控制媒体组织，维基解密是对资本主义和权力集中化的一个有力的批判。"在颠覆了围绕政府和公司的信息保护传统边界中,维基解密消解了政府和公司的信息和宣传的力量。它的招牌式的反集权主义的立场,反对形形色色的强制,具有鲜明的无政府主义根源。

在网络媒体时代,国家与公民之间的关系一定程度上反映在对媒体技术的争夺。长久以来,国家可以通过技术手段侵入一个个人的私人生活领域,例如《1984》中国家使用摄像头监控每个个人在家中向老大哥请安,又如9·11之后,美国情报部门加强了对私人通讯的监控。现在变成了个体黑客或普通网民能够侵入政府网站或者在网上获得政府机密。在美国,"计算机媒体所实现的大规模监控和自动化可以用来强化现存的宪法科层结构,然后,同样这些数字工具也可以在那些掌握权力的政治公民手里,用来颠覆试图对公众实施警察统治的联邦政府机构的权威程序、安全协议和数据存储功能。更加广泛而言,这种叙述反映出了政府官员对于电子界面所提供的交互性的焦虑,而这种手段现在掌握在其公民手上"。

美国政府对阿桑奇的态度正是官员们的这种集体焦虑的爆发,在意识形态的相互竞争,电子手段更好地掌握在了普通网民手里,而他们又分散在全世界的各个角落,无法用传统的政府强制的办法压制。而且,互联网从一开始就是一个无政府主义泛滥的虚拟空间,互联网上的全球化根本不存在物理边界,不存在签证,不存在信息的绝对控制。类似于巴黎公社式的自治组织在互联网上如雨后春笋一般层出不穷,例如一个名为"互联网自由联盟"的组织,就致力于保卫互联网的公开性。该网站的宣言题目就是"不要让政府减缓互联网的进步",网站声称:"互联网已经成为一个强有力的交流平台和经济力量,因为它一直免于了政府干预。为了确保互联网的力量和承诺继续,我们需要维护它免于政府干预。我们反对三种对互联网自由的基本威胁:(1)征税;(2)管制;(3)任何联合国管理互联网的企图。"他们对抗的是任何管制,这又是一个类似于维基解密的无政府主义乌托邦。

阿桑奇对海量关于美国战争与外交文件的解密被美国媒体称为"信息珍珠港"。美国总是遭受到某些意想不到的攻击,在争夺太平洋的控制权的争斗中,被日本人奇袭了珍珠港,在文明的冲突中,被本·拉登撞了世贸中心,这些敌人在意识形态上都是美国不共戴天的敌人。然而,这次"信息珍珠港"的始作俑者阿桑奇正是美国主流传统价值观的真正信仰者,他似乎用揭秘的方式对美国政府说:"嗨,别忘了,你们所倡导的是一个信息自由的社会。"维基解秘的阿桑奇是一个典型的自由主义信徒,他相信亚当斯密的"最小的政府是最好的政府",他相信政府无非是必要的恶,他也相信对抗恶的一个选择就是公开信息的自由。无论他的行为是否触及了美国的国家利益,或者是否使得那些在伊拉克、阿富汗执行任务的美军陷入更大的威胁之中,在哲学层面的终极价值观上面,阿桑奇所倡导的媒体透明始终是传统的美国价值。国人常调侃,"天才"和"人才"之间的差别就是一个"二",阿桑奇这个"二愣子"就一根筋认准了"信息自由"的死理,而且这是你们美国人信仰的、你们的主流价值观,誓将揭秘进行到底。

对于美国政府而言,目前存在的难题依然是以什么罪名来起诉阿桑奇。美国这样的国家很难以危害国家罪或煽动罪来对付他,因为美国是"自由社会"或者卡尔·波普尔所称的"开放社会",而这样一个社会的最重要的特征就是不存在披露信息所获的罪。著名政治哲学家约翰·罗尔斯在其政治哲学名著《政治自由主义》中引述科尔文的观点:一个自由的社会乃是一个我们不可能诽谤政府的社会;也不存在任何这类犯罪——"不存在煽动诽谤罪乃是检验言论自由的真正实用的标准。我以为,这正是自由言论的含义。任何把煽动性的诽谤当做一种犯罪的社会都不是一个自由的社会,无论它的其他特征如何。"对煽动罪的反应界定着该社会。罗尔斯认为,科尔文的这段话的意思并不是说,没有煽动性的诽谤就是完整的政府言论自由;相反,这是一个必要条件,以至于一旦确保了这个条件,树立其他根本性的确定观点就要容易得多。"政府利用煽动性诽谤罪来压制批评和不同政见、以维持其权力的历史,证明了这种特殊的自由对任何一个完全充分的基本自由图式所具有的伟大意义。只要这种罪名还存在,公共出版和自由讨论就不能在给选民提供信息方面发挥它们的作用。而且很明显,允许煽动诽谤罪继续存在,将会削弱更广泛的自治可能性,削弱好几种保护自由所需要的自由。"

  电子传播的快捷、广泛地渗入权力渠道以及遍及全球,似乎以各种方式对现存的政治权力的宪政框架带来了挑战。司法实践也在受到电子媒介的影响。"但是为了在长期改变公众意见,注意到以下问题也非常重要:为什么在数字语境下的一些尝试比另一些更为成功?以及为什么一些被认为是更具有可信度或可持续的生命力,在作为美国司法体系之基石的英国习惯法传统中,在起诉程序中嵌入了一个对证权利。作证必须基于两个见证行为:证人必须看见某种犯罪事实并在视觉上亲自感知它,然后他或她必须见证那个犯罪。当录像或者闭路见证最初被允许在一些美国的法院使用时,它面临着一系列法律的挑战,官司一路打到了最高法院,大法官斯嘉丽亚(Scalia)抱怨这样的程序可能只是"虚拟地符合宪法"。计算机媒体的交流受到一系列类似的挑战。它同时代表行动和文字、话语和书面符号,直接和间接、第一人称的诉求和第三人称的行动以及诸多混合的表达,常常介于见证和证据之间。"

  事物总有两面性,如同硬币的正反面,有言论自由就一定会有对言论自由的限制。针对言论自由的限制,从限制的对象可分为两者，即针对言论内容的限制及非针对言论内容的限制。前者是指限制某一种类型的内容或某一观点的言论，目的是针对言论传播的影响力，例如：限制色情网站的接触、检查特定政治或宗教观点的出版品等。后者并非直接针对言论的内容，而是针对言论表达的方法或管道，例如：报纸的张数限制、集会游行的时间、地点管制，非针对内容之限制仍有可能会造成针对内容限制的效果。区分针对言论内容的限制、非针对言论内容的限制，即所谓的双轨理论。对言论内容的限制可分为三种情况，但都存在争议的空间：

  第一个受到限制的出版领域就是对色情内容的限制。这是在政治领域之外的对出版自由的挑战。如果出版自由是绝对的，那么对色情出版就不应该有限制。除了少数例外，绝大多数色情制品都是描述两个集团——女人和儿童——其中之一的个体，作为对象被另一个集团——男人——所使用，通常是带有暴力地对待。这样看来，色情出版物是一个带有强烈政治联想的问题。在这个问题中，谁的权利应该受到保护？是色情制品的出版商和消费者，还是被异化成消费商品的女人和儿童？这个问题随世界各国不同的文化传统、宗教背景、制度环境、法律体系有较大差异，但总体而言，还是倾向于对此类的出版物做出一些限制，至少不能对未成年人开放。

  第二个更为狭隘的政治问题涉及到通过暴力煽动推翻政府的出版物。绝对的出版自由会要求政府保证那些试图推翻它的人拥有出版号召人们起来推翻它的材料，甚至出版那些教会人们如何制造炸弹以及在何处及如何放置它们的手册。许多人认为这样一个观点太滑稽可笑了；而另外许多人则认为它实在太合情合理了。煽动一部分人对另一部分人的仇恨，例如种族主义也是在这个限制内，不过这一方面也存在诸多争议。例如恩斯特·宗戴尔（Ernst Zundel）因否认犹太大屠杀的言论，按照加拿大的《反仇恨言论法》，此法禁止

"虚假新闻"和"对公众利益有害"的言论，被判 15 个月的监禁。美国一流的公共知识分子乔姆斯基在他的《理解权力》(*Understanding Power*)一书中提到这个例子，他写道："一旦你进入到一个案子，没有人喜欢说过的那些东西，那么，捍卫言论自由就莫名其妙地消失了。"他还补充说，宗戴尔在美国不会被起诉，有《美国宪法第一修正案》的法宝，然而，许多美国知识分子都支持加拿大的决定。而美国标榜自己是世界最自由的国家，造成了《美国宪法第一修正案》与国家安全和战争状态之间的冲突。

第三个问题是政府的机密。有些人，尤其是那些媒体工作者，主张媒体应该拥有进入整个政府决策过程的自由。另一些人，尤其是那些在政府中工作的人，则坚持政府应该自由地选择什么是媒体应该知道和出版的。许多人则处于两者之间，认为政府的一些活动应该是秘密的，而另外的活动，从很少到大多数，都不应该是秘密的。问题是政府决定什么必须是秘密的，而这导致了不信任。在这个问题上没有别的出路，媒体和政府将不可避免地就许可的机密的范围争执下去。在这个问题上，围绕维基解密的种种纷纷扰扰的争论为公众、媒体、学者和政府提供了关于什么是言论与新闻自由的最佳案例。至于谁对谁错，从本书的分析来看，绝对没有标准答案，而且关于此问题的讨论将一直持续下去。

对言论自由的管制主要依据两个原则：伤害原则（harm principle）和冒犯原则（offense principle）。支持对色情出版物进行管制认为它对妇女和儿童人群造成伤害；同样地，支持对泄露国家机密的信息发布进行管制，其理由是此行为将一个国家的安全置于危险之中，可能造成该国的军人或平民的损失。而冒犯原则最为突出的例子就是仇恨言论。仇恨言论是指在法律以外基于一些诸如种族、性别、族裔、国籍、宗教、性取向或其他特征贬损一个人或一群人的任何方式的沟通。例如美国佛罗里达的牧师特里·琼斯，他举行了一个模拟的审判，然后就烧了《可兰经》。他完全知道这么做的后果将引发全世界穆斯林民众的怒火，这就像在座无虚席的剧院里突然喊一声"失火了"一样。事实也是这样，琼斯的荒唐举动和言论在阿富汗引起了民众骚乱，造成了数人的死亡。

在互联网环境下，语言暴力成了各国网上言论的一大特色。如果说言论自由赋予了人类根本"尊严"的话，就像《美国宪法第一修正案》律师和学者罗德内·斯莫拉（Rodney Smolla）在他的经典著作《一个开放社会的言论自由》(Free Speech in An Open Society, 1992)所称的那样，它也充满了丑陋，在这个互联网时代尤为如此。在魅力十足的哥伦比亚广播公司（CBS）记者劳拉·洛根（Lara Logan）在埃及骚乱期间采访时遭到了性侵犯之后，《纽约时报》的专栏作家茂林·道德（Maureen Dowd）在一个保守主义的博客上写道："噢，我的上帝，要是我当时抓到了她，而那里对于干这个又没有任何制裁，我绝对会强奸她。"这不仅是政治讲话的青少年化，而且这已经算是数字技术时代大量"性虐文化"泥沼中最好的一个了。"性虐文化"(a culture of sadism)一词出自一位电脑科学家加伦·拉尼尔最新所著的新书《我们不是小零件》(We Are Not Gadgets)。互联网时代非但没有消除言语冒犯，反而使其在没有管控的条件下泛滥成灾。

对言论自由进行管控的一个相关的问题就是媒体的自我审查制度。私人拥有的媒体，大多在发达国家，必须吸引和留住读者、观众或听众以赢利。一些依靠耸人听闻的材料来吸引更多受众；另一些则限制他们报道的内容，或者规范他们所使用的语言，以避免惹恼他们的雇主、公司赞助商或者他们已经吸引的受众。就历史而言，报纸和新闻杂志划分了报道和观点，分别用清晰界定的版面给予不同的关注。今天，无论平面媒体还是电子媒体都不那么小心翼翼地做这样一个区分，获得准确而平衡的新闻变得比以前更难。与此同时，电子媒体提供了一个前所未有的广泛的新闻来源，尤其是互联网成为严肃的调查报道、少数观点和表现为客观性的偏见表达的一个来源。基于民主思想，避免政府基于家长主义来管制言论内容，进而由人民自行判断并形成社会观念。对于非内容限制，西方政治理论认为只有做到以下几点才能促进和保障言论自由：宪法赋予政府管制之权力；不涉及言论内容；可增进政府的重要或实质效益；增进的利益不是为了压制言论自由；限制措施所造成的限制不应超过追求上述政府利益的必要；尚有其他管道供该言论表达使用。

在西方媒体及公众场合的表达自由常常要受到"政治正确"观念的限制。政治正确（Political correctness，或者写作 politically correct，缩写为 PC）是这样一个术语，用来表示语言、观念、政策以及观察到的行为要尽可能减少在职业、性别、种族、文化、性取向、宗教信仰、残疾和年龄相关的语境中的社会的和制度的冒犯，并且这么做到了一个过分的程度。在目前的语境中，这个词常常带有贬义。政治正确强化了一种在涉及选择的那些问题上的责任或服从意识。在诸如语言、观念、行为规范和价值等方面被认为是"可接受的"或"合宜的"事物，它具有较强的影响。在政治正确的核心存在着一个反题，由于它在目的上是自由的，而在实践方面常常是不自由的，因而，产生了诸如正面歧视（positive discrimination）和自由正统性（liberal orthodox）的矛盾。例如，在主流的所谓"政治正确"的价值观中，布什政府发动的阿富汗和伊拉克战争被认为是为了捍卫美国的自由主义生活方式不受"伊斯兰教法西斯"（为了反恐需要新造的一个词儿）的攻击。然而，当乡村摇滚乐队迪克西·奇克斯（Dixie Chicks）批评小布什（George W.Bush）2003年侵略伊拉克的时候，诸如安·考尔特（Ann Coulter）和比尔·奥莱利（Bill O'Reilly）

这样的名流就谴责他们是"叛国的"。专栏作家唐·威廉斯（Don Williams）注意到："任何时候有一场战争，政治正确最丑陋的形式就产生了。那时，你最好小心你所说的话。"在这种情况下，政治不正确意味着言语、思想和行为没有被一个公众感知的正统性所限制。其实这种所谓政治正确的委婉说法，乔治·奥威尔早就注意到在斯大林时代的苏联就已经普遍存在，他写道："几百万农民的农庄被剥夺，他们被迫长途跋涉，全部财产只有随身携带的一点东西：这叫做人口迁移，或调整疆界。不经审判就把一些人监禁多年，或者从脑后开枪处死，或者送到北极劳动营去，让他们死于坏血病——这些都叫做消灭不安定分子。"还有，一个人失踪后被处决，家庭收到的一张通知书写着此人"被剥夺通讯权"。所有这些委婉语，只有发挥强大的想象力才能弄清楚这些术语具体代表的东西。

政治正确经历了一个产生、发展、强化和转向的过程。政治正确起源于英国宗教改革时期（16—17世纪），例如在克里斯托弗·马娄（Christopher Mallow）的戏剧中的浮士德博士说出了一句离经叛道的话"我想地狱只是一个寓言"，就引发了此说法是否与基督教正统教义相符合的争论。而在斯威夫特倡导的净化语言运动中得到强化，其中一些问题在维多利亚时代（19世纪下半叶）的圣贤马修·阿诺德（Matthew Arnold）、约翰·斯图亚特·密尔纽曼大主教（Cardinal Newman）和托马斯·卡莱尔（Thomas Carlyle）那里被提出。20世纪80年代以后在美国知识界和媒体政治正确问题受到广泛关注。然而，到了现在，却成为了一种语言代码，用来压制和禁止带有攻击性的语言。例如过去常常使用的WASP（white Anglo-Saxon Puritan）以及最近使用的DWEM（dead white European male）都分别带有种族主义和性别主义，但都还在使用。政治正确是一个严肃的问题，根植于受苦、偏见和差异，而且确实使得每个人考虑到别人的境遇，重新强调了对人的尊重。然而，它也引发了大量的讽刺、反讽和幽默。于是，在西方的公众语言中，出现了许多雷人的表述：人们用"行为过度"来形容一个行为不端的孩子，一个醉鬼是"因化学物质造成不便"，一个穷人是"经济上处于不利地位的"，一个少数群体是"未充分代表群体"，一个瘾君子是"药物依赖者"（而非法毒品是"非合法的物质"），某个失业的人是"没有位置的"、"非志愿处于休闲状态"、"正经历一个事业转型"、"处于项目之间"或者简单地"没拿工资"，以及不成功的人是"未充分成功者"或者"具有暂时不匹配的目标的个人"。

在实际操作层面，政治正确往往成为控制言论的利器。比尔·马赫尔（Bill Maher）的电视节目显示了政治不正确会遭受的后果，他在9·11袭击之后说，无论你怎么想恐怖分子（被广泛地痛骂为"懦夫"），"在飞机撞上建筑物的时候，还待在里面的人不是懦弱的"。这马上引起了白宫媒体负责人阿瑞·弗莱舍（Ari Fleischer）不详的警告："人们要注意他们的所言所行。"当华盛顿记者协会的负责人海伦·托马斯于2010年撰文批评以色列对巴勒斯坦政策的时候，她马上被迫辞职。她的机构开除了她，她的合作者抛弃了她；白宫记者协会（她曾经是负责人）称她的言论是"站不住脚的"；专业记者协会收回了颁发给她的终身成就奖；奥巴马总统说她的观点是"攻击性的"和"脱节的"。在阿桑奇的例子中，政治正确也隐藏着一个合理性。无论是政府官员还是社会名流所说的话，按照政治正确的底线，都是阿桑奇滥用解密将人命置于危险之中。20世纪60年代兴起的女权主义、公民权利、同性恋平权运动、学生民主运动被认为是政治正确运动的先驱。政治正确的目标是要避免任何蛛丝马迹的偏见、侮辱和优越感，特别是在那些世界观和态度或者个人责任的分配上，抑制那些被认为不可取的特征。但是，这个运动最后发展到了一种吹毛求疵的委婉语文化。作家弗莱克斯纳（Flexner）和苏哈诺夫（Soukhanov）写道："一张由政治正确警察编制的网导致了原来准确和描述性的语言的消失，引起了一个政治正确的逆流，一些电台谈话秀节目主持人又激励去重复那些政治正确运动试图禁止的言论。"还有一些保险杠上贴着"政治不正确并以此为荣"。

为了克服互联网的信息泛滥及政府的压制言论，人们有必要重新思考密尔提出的"思想的自由市场"，让各种言论和思想在有序的互联网环境下自由竞争。按照美国最高法院大法官奥利弗·赫尔姆斯（Oliver Wendell Holmes）一句非常有影响力的名言就是"对真理最好的检验就是思想的力量在市场竞争中让自身为人所接受"。在密尔的时代，思想自由市场是通过书籍、报刊、公众演讲等方式展开，今天，除了传统媒体方式外，思想的自由市场也同样拥抱网络、博客、推特、脸书、微博、短信等等各种电子媒体方式。互联网有效地拓展了思想的多极化，给了言论以令人炫目的空间传播，也让人们获得对某件事物一致的看法越来越难。然而，是否能够建立健康的思想市场仍遭受到各种挑战。信息技术使得复制几乎不花费任何成本，于是，名人精彩的博客被无限地复制模仿成了平庸的无数人的帖子四处散播。乔治·奥威尔早在1945年的一篇文章《政治与英语》就指出："思维的浅陋让我们的语言变得粗俗而有失精准；而语言的懒散凌乱，又使我们更易于产生浅薄的思想。……正统的言论，不管带有何种政治色彩，看来都是层层模仿、毫无生机的。"在沸沸扬扬的网络世界，零星的思想火花可能立刻就被铺天盖地的各种信息、意见、想法所淹没，而且被模仿得平淡无奇。互联网上思想市场的形成必须依靠所有个体和机构，发展出相互尊重的礼貌，如同我们在日常生活中的礼貌一样，发表言论的时候知道合理表述，同时，尊重别人的权利和隐私，如同我们在现实的论坛一样，不使用攻击性的言语，这样，每个人的意见才能充分表达。这种思想市场理论"使言论自由作为到达一个目的的某种手段合理化，"斯莫拉说。"然而，言论自由本身也是目的，是一个同人的独立与尊严紧密交织在一起的目的。"

信息自由是言论自由的一种扩展，其表达媒介是互联网。信息自由也可以指在互联网和信息技术语境下的个人隐私权（保护）。如同表达自由一样，隐私权也是一项被认可的人权，因而信息自由也必须扩展这项权利。信息自由也涉及在信息技术的环境下的审查，例如进入互联网网页的内容是未经审查还是受到限制。加拿大安大略省目前出台了《信息自由及保护隐私法案》(the Freedom of Information and Protection of Privacy Act of Ontario)，明确了在这一方面的限制和权利。信息自由概念的出现是为了应对政府主导的对互联网的审查、监控和监视。互联网审查包括对互联网上发布信息或登陆网站的控制和压制。例如美国政府禁止机关、大学等机构登录维基解密网站。全球互联网自由协会（The Global Internet Freedom Consortium）在其网站上宣布，要解除对"自由信息流"的封锁，否则将导致被他们称为的"封闭社会"。

阿桑奇的理想就是要"开放政府"，打破封锁，建立一个信息充分的社会以保障个人的权利。这个理想就是将言论自由和新闻自由推向极致。然而，他个人的隐私也因性侵案而被暴露在公众面前，他被一种近乎荒谬和反讽的方式限制了个人自由，等待引渡宣判。无论是走向审判还是重获自由，阿桑奇都是西方世界的某种英雄。拉登死了，美国最大的恐怖主义敌人被消灭了，拉登如果被恐怖分子看做烈士的话，那么他在信仰、价值观上更是真正的美国的敌人。而被美国人称为"高科技恐怖主义者"的阿桑奇却是真正美国主流价值观的倡导者，阿桑奇在具体做法上确实有值得商榷的地方，但他在哲学上毫无疑问是自由主义的。

　　西方的民主历程经历了印刷机的统治、电视机的统治和计算机的统治。一次比一次更完全地促进了公众的知情权和有效地限制政府的权力膨胀。无论如何，互联网及信息技术是人类前所未有的信息互换的平台，网络技术正如同当年美国立国之初的印刷术一样将海量的信息传播到地球的任何角落。我们虽然可能因为信息的充分而不再珍惜它，因为娱乐快感而遗忘一些严肃的主题，但我们还是相信当我们真正严肃起来的时候，躲在幕后的老大哥会害怕这种来自网络的力量。毕竟，在道德哲学层面，阿桑奇及其支持者开启的盒子，放出的不是撒旦，而是捆绑撒旦的力量。这恐怕就是阿桑奇带给我们最大的启示吧！

参考文献

Ardin, Anna. *The Cuban Multi-party System*. Is the "democratic alternative" really democratic and an alternative after the Castro regime? (《古巴的多党制》，阿丁的硕士论文), Uppsala University, Department of Government, Masters Thesis, Spring Semester 2007. anna@ardin.se.

Assange, Julian. *Wikileaks Versus the World: My Story by Julian Assange*. Text Publishing Company, 2011.

Barrowclough, Nikki. *The Keeper of Secrets*. (《守口如瓶的人》), The Age. May 20, 2010. http://www.theage.com.au/national/keeper-of-secrets-20100521-w230.html

Buckley, A. M. *Anarchism*. (《无政府主义》), ABDO Publishing Company, 2011.

Burns, John F. Somaiya, Ravi. *WikiLeaks Founder on the Run, Trailed by Notoriety.*(《亡命天涯、丑闻缠身的维基解密创始人》), New York Times. October 23, 2010. http://www.nytimes.com/2010/10/24/world/24assange.html?_r=1

Burns, John F. Somaiya, Ravi. *Who is Julian Assange?*(《谁是阿桑奇》), In Star, Alexander. (ed.) Open Secrets: WikiLeaks, War and American Diplomacy. The New York Times Company, 2011. II. Background.

Catlin, James D. *When it Comes to Assange Rape Case, the Swedes are Making it up as They Go Along*. (《在他们处理阿桑奇强奸案的时候，瑞典人在伪造证据》), 2 December 2010. http://www.crikey.com.

au/2010/12/02/when-it-comes-to-assange-r-pe-case-the-swedes-are-making-it-up-as-they-go-along/

Domscheit-Berg, Daniel. Klopp, Tina. *Inside WikiLeaks: My Time with Julian Assange at the World's Most Dangerous Website*. (《维基解密内幕：我在全世界最危险网站的日子》), New York City: Crown Publishers. 2011. 本书的德文版书名：Inside WikiLeaks: Meine Zeit bei der gefährlichsten Website der Welt.

Dreyfus, Suelette. Assange, Julian. *Underground: Tales of Hacking, Madness & Obsession on the Electronic Frontier*. (《地下：黑客与疯狂的传奇及对电子前沿的痴迷》), Mandarin, Random House books Australia, 1997.

Fowler, Andrew. *The Most Dangerous Man in the World*. (《世界上最危险的人》), Melbourne University Publishing Ltd., 2011.

George, Roger Z. Rishikof, Harvey. *The National Security Enterprise: Navigating the Labyrinth*. (《国家安全事业：在迷宫中航行》), Georgetown University Press, 2011.

Glanz, James. Lehren, Andrew W. *Use of Contractors Added to War's Chaos in Iraq*. (《启用合同工，为伊拉克战局添乱》), The New York Times. October 23, 2010, http://www.nytimes.com/2010/10/24/world/middleeast/24contractors.html?_r=2&hp

Guilliatt, Richard（May 30, 2009）. "Searching for Assange". (《寻找阿桑奇》), The Australian Magazine（Nationwide News Pty Limited）.

Hughes, Geoffrey. *Political Correctness: a History of Semantics and Culture*. (《政治正确：一个语义学与文化的历史》), Language Arts & Disciplines, 2009, p.4.

Humanity: *Voice of the Global Citizen*. (《人文：全球公民的声音》), January 2011. Rurik Kaihan.

Keller, Bill. *The Boy Who Kicked the Hornet's Nest*. (《踢了马蜂窝

的男孩》), In Star, Alexander. (ed.) Open Secrets: WikiLeaks, War and American Diplomacy. The New York Times Company, 2011. I Introduction.

Kingara, Oscar Kamau. Oulu, John Paul. *Kenya: The Cry of Blood - Extra Judicial Killings and Disappearances*.(《肯尼亚:鲜血的哭泣-司法审判之外的杀戮和失踪》) http://www.wikileaks.ch/wiki/Kenya:_The_Cry_of_Blood_-_Report_on_Extra-Judicial_Killings_and_Disappearances,_Sep_2008

Kuhner, Jeffrey T. *Assassinate Assange? Web Provocateur Undermines War on Terror, Threatens American Lives*.(《刺杀阿桑奇?——网络挑衅者破坏了反恐战争,威胁了美国人的生命》) The Washington Times. Thursday, December 2, 2010. http://www.washingtontimes.com/news/2010/dec/2/assassinate-assange/

Leigh, David. Harding, Luke. *WikiLeaks: Inside Julian Assange's War on Secrecy*.(《维基解密对世界:阿桑奇的故事》), Guardian Books, 2011.

Losh, Elizabeth M. *Virtual politic: an electronic history of government media-making in a time of war, scandal, disaster, miscommunication, and mistakes*.(《虚拟政治:在一个战争、丑闻、灾难、误解和错误时代的政府媒体塑造的一个电子历史》), MIT press, 2009.

MacIntosh, Jeane. Calhoun, Ada. *My Wiki Dad's Just Awful with the Ladies: Leaker's Son Speaks out on Sex Case*.(《我的维基老爹同女人打交道糟透了》) New York Post, August 27, 2010. 见 http://www.nypost.com/p/news/international/my_wiki_dad_just_awful_with_the_lPuc6BTUKeNNMwZLeUTFJK

Milton, John. *Areopagitica: A Defense of Free Speech - Includes Reproduction of the First Page of the Original 1644 Edition*.(《为言论自由辩护》), Arc Manor LLC, 2008.

Packard, Ashley. *Digital Media Law*.(《电子媒体法》), John Wiley and Sons, 2010.

Raffi Khatchadourian, *No Secrets: Julian Assange's Mission for Total Transparency*. (《没有秘密：朱利安·阿桑奇为了完全透明化的使命》), New Yorker, Jun. 7, 2010. 见www.newyorker.com/reporting/2010/06/07/100607fa_fact_khatchadourian#ixzz1FbzZNMh3

Rintoul, Stuart. Parnell, Sean. *Julian Assange, Wild Child of Free Speech*. (《朱利安·阿桑奇：自由言论的野孩子》), The Australian. December 11, 2010. 见http://www.theaustralian.com.au/ in-depth/wikileaks/julian-assange-wild-child-of-free-speech/story-fn775xjq- 1225969230839

Rice, Xan. *The Looting of Kenya*. (《洗劫肯尼亚》), The Guardian. Friday 31 August 2007. http://www.guardian.co.uk/world/2007/aug/31/kenya.topstories3

Rodriguez, Juan. *Free Speech in a PC Society*. (《在一个政治正确社会的言论自由》), Vancouver Sun. April 27, 2011. http://www.vancouversun.com/news/decision-canada/FREE+SPEECH+ SOCIETY/ 4682273/story.html

Toberer, Severin. *WikiLeaks*. (《维基解密》), In Krebs, Lutz F. Pfändler, Stefanie. Pieper, Corinna. Gholipour, Saghi. Globale Zivilgesellschaft: Eine kritische Bewertung von 25 Akteuren. (《全球公民社会》), pp.221-228. BoD – Books on Demand, 2009.

Sargent, Lyman T. *Contemporary Political Ideologies: A Comparative Analysis*. (《当代政治意识形态》), Cengage Learning, 2008.

Shamir, Israel. Bennett, Paul. *Making a Mockery of the Real Crime of Rape-- Assange Beseiged*. (《对真正强奸罪的一个嘲弄——被困的阿桑奇》), Counterpunch, September 14, 2010. http://www.counterpunch.org/shamir09142010.html

Star, Alexander. (ed.) *Open Secrets: WikiLeaks, War and American Diplomacy*. (《公开的秘密：维基解密、战争与美国外交》)The New York Times Company, 2011.

United States Department of the Army（2007-07-17）Investigation into Civilian Casualties Resulting from an Engagement on 12 July 2007 in the New Baghdad District of Baghdad, Iraq,（《美国国防部对2007年7月12日巴格达空袭的报告》），Washington DC, United States: United States Central Command.（Report）.

[英]约翰·密尔.论自由.北京：商务印书馆，1959.

[英]乔治·奥威尔.一九八四.北京：中国致公出版社，2001.

[英]乔治·奥威尔.政治与英语.南京：凤凰出版集团·江苏教育出版社，2006.

[美]约翰·罗尔斯.政治自由主义.南京：译林出版社，2000.

[美]尼尔·波兹曼.娱乐至死.桂林：广西师范大学出版社，2009.

[法]孟德斯鸠.论法的精神（上、下册）.北京：商务印书馆，1961.

[法]阿列克西·德·托克维尔.论美国的民主（上、下卷）.北京：商务印书馆，1988：204-205.